Flammen schlagen aus dem Fenster, mit quietschenden Reifen hält das Löschfahrzeug vor dem Haus, harte Männer in martialisch aussehender Kleidung laufen mit der Axt in die brennende Wohnung – und kommen kurze Zeit später mit einem Kind auf dem Arm wieder heraus. So sieht Feuerwehralltag in Hollywoodfilmen aus. Tatsächlich besteht die Arbeit eines Feuerwehrmannes aus zahlreichen kleinen Einsätzen, die zwar wenig spektakulär sind – dafür aber an Kuriosität oft kaum zu überbieten. So werden Ingo Behring und seine Kameraden etwa alarmiert, weil ein verwirrter Mann hilflos in seiner Badewanne steht, da er beim nächtlichen Klogang die Tür mit dem Fenster verwechselt hat, oder weil in der Stadt eine orientierungslose Entenfamilie gesichtet wurde – und fünf Männer in voller Montur dürfen daraufhin versuchen, die an hüpfende Tennisbälle erinnernden Küken einzufangen.

Ingo Behring, geboren 1971, wuchs in einer Kleinstadt in Ostwestfalen auf, wo er im Alter von 12 Jahren in die Freiwillige Feuerwehr eintrat. Heute arbeitet er im Ruhrgebiet bei der Berufsfeuerwehr.

Ingo Behring

112 Der tägliche Wahnsinn
Ein Feuerwehrmann erzählt

Rowohlt Taschenbuch Verlag

4. Auflage Februar 2015

Originalausgabe
Veröffentlicht im Rowohlt Taschenbuch Verlag,
Reinbek bei Hamburg, Mai 2013
Copyright © 2013 by Rowohlt Verlag GmbH,
Reinbek bei Hamburg
Umschlaggestaltung ZERO Werbeagentur, München
(Fotonachweis: © Thorsten Wulff)
Redaktion Regina Carstensen
Innengestaltung Daniel Sauthoff
Satz Swift PostScript (InDesign) bei
Pinkuin Satz und Datentechnik, Berlin
Druck und Bindung
CPI books GmbH, Leck, Germany
ISBN 978 3 499 61989 2

Inhalt

Vorwort 7
1 «Heizt die Betten an! Ich will jetzt raus!» 13
2 Alkohol ist keine Lösung 27
3 Tod in der Badewanne 34
4 Für eine Handvoll Dollar ... 44
5 Entenjagd – die Natur funktioniert auch ohne uns 58
6 Wieso ich eine Neunzigjährige küsste 65
7 Wasserspiele in der Nacht 74
8 Die Hose hinter der Schlafzimmertür 84
9 Von Badenixen und Heimwerkern 92
10 Heinz hat Herz 103
11 Florian Silbereisen in der Tiefgarage 108
12 Angst vor dem tropfenden Wasserhahn 115
13 Drei alternative Heilmethoden – eine echte Win-win-Situation 123
14 Der ganz private Winterdienst 131
15 Wenn es Zeit ist zu gehen ... 138
16 Gulaschsuppe in Scheiben 145
17 Leichenbergung mit Hindernissen 151
18 Gefangen im Wurmloch 157
19 Reanimation mal anders 164
20 Schnitzeljagd bei der Feuerwehr 176
21 Nähen? Nein, danke 185
22 Bandenkriege im Hinterhof 193
23 Sprengkörper auf den Straßen 202
24 Suizid am Betonmast? 216
25 Gynäkologischer Notfall. Oder auch nicht 224
26 Ein Jedi-Ritter mit Atemmaske 229
27 Akuter Wahnsinn 241
28 Die Dame ohne Unterleib 249

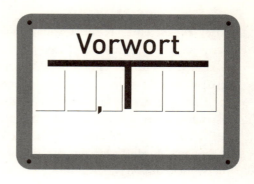

Vorwort

Flammen schlagen aus dem Fenster! Mit quietschenden Reifen hält der Löschbomber vor dem Haus, harte Männer in martialisch aussehender Kleidung laufen mit der Axt in die brennende Wohnung, erwürgen das Feuer mit bloßen Händen und stiefeln dampfend, mit einem Kind auf dem Arm, wieder aus Rauchschwaden heraus. Das Kind bekommt am Löschfahrzeug einen Teddy überreicht, der Held die Telefonnummer der überglücklichen alleinerziehenden jungen Mutter.

Konzentriert dreinblickende Männer drücken auf einer wunderschönen Fünfundzwanzigjährigen mit blondem Haar herum, bis sie einmal kurz hustet, die Augen aufschlägt und sich, noch leicht benommen, bei dem strahlenden Notarzt bedankt, während das dramatische Dauerpiepsen des EKG-Geräts wieder in einen regelmäßigen Rhythmus übergeht.

So weit die «Schulungsvideos» aus Hollywood, also die Filme, in denen es um Feuerwehreinsätze geht. Da hat man es immer mit Geschichten von Helden zu tun, die permanent ihr Leben riskieren, um das von anderen aus einem Inferno zu retten.

Der Dienst eines Feuerwehrmanns sieht aber anders aus. Doch wie? Wie ist seine Wirklichkeit?

Zunächst einmal: Bei den Berufsfeuerwehren in Nordrhein-Westfalen – und zu einer solchen gehöre ich – wird auf den «multifunktionalen Feuerwehrmann» gesetzt, der sowohl im klassischen Brandschutz als auch im Rettungsdienst einsetzbar ist. Bis auf einige Spezialaufgaben, für die Höhenretter oder Taucher angefordert werden, beinhaltet die Ausbildung eines Feuerwehrmanns das gesamte Spektrum im Bereich Hilfeleistung. So werde ich aus diesem Grund von Schicht zu Schicht mal auf dem Löschfahrzeug oder der Drehleiter eingeteilt, mal auf dem Rettungswagen oder dem Notarzt-Einsatzfahrzeug.

Das tägliche Geschäft der Feuerwehr ist oft unauffällig. Eine Dienstschicht ist bei den meisten Feuerwehren vierundzwanzig Stunden lang, darauf folgen achtundvierzig Stunden Freizeit. Während der Dienstzeit werden – unterbrochen von den Einsätzen – die Fahrzeuge und Geräte in Ordnung gehalten, die auf der Wache anfallenden Instandhaltungsarbeiten durchgeführt, man hat Unterrichtsstunden, Übungen und macht Sport. Dieser Rhythmus wiederholt sich, ganz gleich ob es Sonntag ist, Weihnachten oder Ostern. Der Schichtplan ist so regelmäßig, dass ich heute schon sagen kann: Sollte ich nicht in eine andere Dienstgruppe versetzt werden, gehe ich nach einer Donnerstag-/Freitag-Schicht in Pension. Bis dahin werde ich bestimmt noch viele belanglose Einsätze erleben, aber mit Sicherheit auch einige ungewöhnliche und spektakuläre Fälle.

Die Heldengeschichten und Großeinsätze der Feuerwehr werden regelmäßig in den Boulevardmedien breitgetreten. Ihre Dramatik ist aber schnell erschöpft, denn wird man zum Beispiel zu einem Großbrand gerufen, weiß jeder, was zu tun ist. Die einen stellen ein paar Wasserwerfer auf, die anderen rollen Schläuche aus, dann spritzt die Feuerwehr Wasser in den Brandherd, bis das Feuer gelöscht ist. Zu erzählen gibt es da wenig.

Andere, weitaus kleinere Einsätze, die von der Öffentlichkeit unbeachtet bleiben, sind dagegen an Kuriosität kaum zu überbieten. Wenn ich in meinem Freundeskreis von solchen Aktionen berichte, ernte ich oft ungläubiges Kopfschütteln. Das brachte mich irgendwann auf die Idee, einiges von dem, was man als Feuerwehrmann erfährt, in einem Buch festzuhalten – selbstverständlich anonymisiert: Die Namen der handelnden Personen und die Orte sind frei erfunden, die hier zu lesenden Geschichten sind aber wirklich so passiert. Und wenn Sie einmal jemanden von der Feuerwehr oder dem Rettungsdienst fragen, ob das denn überhaupt stimmen kann, wird er zweifellos nicken: «Ja, so etwas Ähnliches habe ich selbst schon einmal erlebt ...»

Von all den Facetten des Lebens, mit denen man im Dienst konfrontiert wird, ahnte ich noch nichts, als ich im Alter von zwölf Jahren der Jugendfeuerwehr einer ostwestfälischen Kleinstadt beitrat. Mit achtzehn fuhr ich dann als aktiver Feuerwehrmann etwa einhundert Einsätze pro Jahr, um «für den Nächsten da zu sein». Mein Traum war es, bei der Berufsfeuerwehr zu arbeiten. Trotz aller Unkenrufe von Eltern und Freunden, die mir geringe Einstellungschancen prophezeiten, bewarb ich mich bei verschiedenen Feuerwehren, bis ich 1997, nach gut zwei Jahren, bei einer großen Berufsfeuerwehr eingestellt wurde: Mein Traum war in Erfüllung gegangen! Ich zog aus der ländlichen Gegend in die Großstadt, um hauptberuflich das zu tun, was ich jahrelang als begeistertes Hobby betrieb.

Heute bin ich auf einer kleinen Nebenwache eingeteilt und mache hauptsächlich Dienst auf einem Löschfahrzeug oder einem Rettungswagen. Das Löschfahrzeug, abgekürzt LF, ist das Rückgrat einer Feuerwehr. Die Ausstattung ermöglicht nicht nur eine umfassende Brandbekämpfung, sondern es werden auch viele Geräte und Werkzeuge für technische Hilfeleistungen aller Art mitgeführt. Dadurch ist das Einsatzspektrum, für das dieses Fahrzeug eingesetzt werden kann, sehr breit. Der Rettungswagen, kurz RTW, sorgt wiederum für medizinische Hilfe und den schnellen Transport bei lebensbedrohlichen Notfällen. Dass dieser Zweck vielen Menschen nicht ganz klar ist, musste ich oft genug – so auch in einigen der hier gesammelten Begebenheiten – erleben.

Um meine Kollegen nicht zu verraten, habe ich auch deren Namen geändert. Ihre Zahl ist recht überschaubar – und in ihrem jeweiligen Charakter sind sie unverwechselbar:

Manfred ist ein Mensch, der gern die anliegende Arbeit vor sich herschiebt und möglichst «minimale Lösungen» anstrebt, damit er mehr Zeit für seinen privaten Kram hat. Im Einsatz kann man aber durchaus etwas mit ihm anfangen – wenn man seine Qualifikationen berücksichtigt, die aufgrund des Mehraufwands, der nun einmal mit Lehrgängen verbunden ist, sehr überschaubar sind.

Kevin hingegen ist sehr bemüht, kann prima kochen (was auf einer Feuerwache einen enormen Beliebtheitsvorsprung verschafft) und werkelt bei der täglichen Arbeit ohne Murren vor sich hin. Er hat ein gesteigertes Harmoniebedürfnis, weswegen er möglichst allen Konflikten aus dem Wege geht. Ab und zu ist er allerdings etwas döselig und muss dann sehr genaue Anweisungen erhalten, damit etwas Sinnvolles bei seiner Arbeit herauskommt.

Des Weiteren ist da noch Dieter. Ein Feuerwehr-Urgestein, schon nahe der Pensionierung. Er hat in seinem Leben viel gesehen und ist dementsprechend pragmatisch, manchmal wirkt er deswegen wohl rau und gefühlskalt. Das ist aber nur Oberfläche. Dieter ist auf der Wache der väterliche Kollege, der stets ein offenes Ohr hat, wenn ein jüngerer Kollege ein Problem bei der Verarbeitung eines Einsatzes hat.

Steffen ist ebenfalls ein äußerst erfahrener Kollege, fast so erfahren wie Dieter. Allerdings ist er der Meinung, dass er aufgrund seiner vielen Dienstjahre keine Fehler mehr macht, weshalb immer andere Schuld haben, wenn etwas schiefgeht. Man muss ihm aber zugutehalten, dass seine Einschätzung meistens stimmt. Steffen kann sehr aufbrausend sein, wenn man ihn ärgert, daher muss man ihn zur Vermeidung einer Beschwerde manchmal im Einsatz etwas einbremsen.

Und dem Wachführer gebe ich lieber erst gar keinen bestimmten Namen. Er ist unser Herbergsvater, Anstaltsleiter, einfach der Chef. Das ist bei der Feuerwehr so: Chef bezeichnet oft nur den nächsthöheren Vorgesetzten. Der Amtsleiter der Feuerwehr müsste nach dieser Logik der Chef-Chef-Chef sein.

Am Ende dieses Buches wird der Leser vielleicht einen etwas tieferen Einblick in unsere Arbeit haben. Feuerwehr ist nicht jeden Tag hochdramatisch, aber auch nicht nur belanglos. Es ist der abwechslungsreichste Job, den ich mir vorstellen kann. Und dafür liebe ich ihn.

Kapitel 1
«Heizt die Betten an!
Ich will jetzt raus!»

Es scheint ein Mythos zu sein, dass man mehr oder weniger regelmäßig Kinder im Rettungswagen zur Welt bringt. Menschen, die in der Rettung tätig sind, werden oft nach dramatischen Einsätzen mit viel Blut, zerknautschten Autos und schreienden Menschen gefragt, gleich danach aber nach Notfallgeburten. Jedoch ist eine Geburt im Rettungswagen oder mit Hilfe des Rettungsdiensts in der häuslichen Umgebung sehr selten; in den meisten Fällen schafft man doch noch den Transport ins Krankenhaus. Routinierte Mehrfachmütter, wie wir sie nennen, fahren oft rechtzeitig in einem Taxi mit dem werdenden Vater oder allein in die Klinik, und bei den nervösen Erstgebärenden ziehen sich die Wehen häufig so lange hin, dass die eine oder andere Schwangere auch schon mal des Kreißsaals verwiesen und auf einen späteren Termin vertröstet wurde. Von daher bleibt man nach einigen Dienstjahren recht gelassen, wenn ein entsprechendes Alarmstichwort auf dem Piepser erscheint.

So war es jedenfalls bei mir, als ich mit einem «Schwangerenalarm» konfrontiert wurde. Ich dachte mir: Es passiert sowieso nichts, es bleibt nichts weiter als ein «Krankentransport» wie so oft zuvor ... Wie man sich doch täuschen kann.

Manni und ich hatten Dienst. Manni hieß eigentlich Manfred und war Mitte dreißig, ein ewiger Sanitäter ohne Ambitionen, sich zum Rettungsassistenten fortzubilden. Zusammen saßen wir in der Unterkunft für die Rettungswagenbesatzung, die in dem unserer Feuerwache nahe gelegenen Bezirkskrankenhaus für uns eingerichtet worden war. Man war dort mehr oder weniger unter sich und konnte – sofern der Dienstbetrieb ordentlich erledigt wurde – seine Zeit frei einteilen. Aber als gemütlich konnte man den Ort nicht gerade bezeichnen: Er bestand aus einem Ruheraum mit zwei Betten (es war nicht so, dass wir dort schlafen würden, Feuerwehrleute «ruhen» ja nur!) sowie einem Dienstzimmer mit einem einzigen Bürotisch, der mit Computer, Drucker, Ablagekästen und Dienstanweisungen hoffnungslos überfrachtet war. Außerdem war dieser Bereich mit einem Fernsehgerät und einem kleinen Tisch ausgestattet, der schon mal bessere Zeiten gesehen hatte. Beide Einrichtungsteile waren vor einem abgewetzten roten Ecksofa drapiert, auf dem jetzt Manni saß und nachdenklich in einem Flyer der «Pizzeria um die Ecke» blätterte.

«Salat?», überlegte er laut. «Nö, da bekomme ich bloß einen Vitaminschock ... Aber die Calzone war letztes Mal gut. Die kannst du für mich bestellen. Du bestellst doch so gern.»

Ich grinste Manni an. «Zugeklappt?» Man mag es nicht glauben, aber zumindest im Ruhrgebiet ist es nicht in allen Pizzerien selbstverständlich, dass eine Calzone (wörtlich: «Hose») zugeklappt in den Ofen geschoben wird. Auch das musste ich über die hiesige Kultur lernen, als ich vor ... Also auf jeden Fall weit nach dem Krieg ins Ruhrgebiet zog, um meinen Traumberuf zu ergreifen.

«Ja sicher, zugeklappt!» Manni grinste zurück.

«Okay, also die Nummer 34, groß, oder?»

«Klar, groß. Ich will doch nicht verhungern.»

«Und ich werde den Salat nehmen, den du für zu gesund hältst. Bin fett genug. Natürlich mit Dressing, und dazu Pizzabrötchen mit Kräuterbutter.» Dass der Versuch einer bewussten Ernährung mit dem Dressing und den fünfzig Gramm Kräuterbutter bereits im Ansatz scheiterte, musste ich wohl in Kauf nehmen, wenn auch ich satt werden wollte. Aber der gute Wille allein zählt ja schon ...

Gleichzeitig telefonierte ein aufgeregter Mann mit der Leitstelle der Feuerwehr – die in Nordrhein-Westfalen auch für den Rettungsdienst zuständig ist – und forderte einen Krankenwagen an. Wobei die meisten Anrufer, die «dringend einen Krankenwagen» verlangen, eigentlich einen für Notfälle ausgerüsteten Rettungswagen meinen. Der Anrufer fuhr fort: «Meine Frau, die ist schwanger ... also, noch. Und jetzt hat sie Wehen, und die Fruchtblase ist eben geplatzt!»

Der Leitstellendisponent musste herausfinden, wie dringend die Sache wirklich war. «Wann ist denn der errechnete Geburtstermin?»

«Nächsten Dienstag! Jetzt kommen Sie aber doch schnell!»

Während der Disponent die weiteren nötigen Informationen in Erfahrung brachte, tippte er sie parallel in den Rechner ein. Die endlose Fragerei mag für einen Anrufer, der aufgeregt ist und unter dem Eindruck eines Notfalls steht, zwar unverschämt und zeitverschwendend erscheinen. Manche fühlen sich auch nicht ernst genommen, wenn sie nach «Hallo, hier brennt's!» nicht unmittelbar darauf im Hintergrund den Alarmgong hören. Aber der Leitstellendisponent der Feuerwehr muss sich erst ein möglichst genaues Bild machen, um die richtige Hilfe schicken zu können. Und die Adresse ist manchmal sehr von Vorteil.

So erfragte unser Callcenter-Agent den Namen der Patientin, den des Anrufers sowie Straße und Hausnummer, bevor er auf seiner Computertastatur «Enter» drückte und ihm vom Einsatzleitrechner das Rettungsfahrzeug vorgeschlagen wurde, das sich in größter Nähe befand. Nach einem weiteren Knopfdruck besorgte der Leitstellenrechner den Rest: Die Piepser an unseren Gürteln klingelten in unsere abendliche Essensplanung hinein, der Alarmdrucker auf der Wache spuckte parallel ein Schreiben aus. «RET. Gyn. Notfall. Eggeweg 12. Fruchtblase geplatzt», stand dort zu lesen. Übersetzt hieß das: Ihr sollt mit dem Rettungswagen eine Schwangere ins Krankenhaus bringen.

Für gewöhnlich ist das, wie gesagt, wenig explosiv: Eine Geburt ist im Grunde kein «echter» Notfall. Hat man die werdende Mutter mit dem gepackten Täschchen in den Kreißsaal verfrachtet, passiert dort bei normaler Kindeslage das, was in Brasilien bei der Rohrzuckerernte nicht selten auf dem Feld vollzogen wird. Nur aufwendiger und mit mehr «Tamtam» vorweg und hinterher (sogar bis ins Esoterische hinein). Folglich gingen mein Kollege und ich ohne große Anspannung zum Rettungswagen und schickten der Leitstelle per Knopfdruck am Funkgerät die Information, dass wir zu dem Notfall ausrücken würden.

«Kann ja nicht so schlimm sein, die Leitstelle hätte sonst einen Notarzt mitgeschickt. Immer diese Taxifahrten, die sich die Schwangeren damit ersparen», brummelte Manni.

Am Wagen zog ich mir meine rote Jacke an. «Tja, wenigstens haben wir nicht schon bestellt», sagte ich. «Der Pizzabäcker wäre bestimmt knatschig geworden, hätten wir die Calzone nicht abgeholt.»

Mit Blaulicht und an den erforderlichen Stellen auch mit Martinshorn fuhren wir Richtung Eggeweg. An den Kreuzungen mussten wir ein paar Autos «beiseite schubsen», wobei aber auf dieser Tour die Fahrer angemessen reagierten. Manchmal ist es schier unglaublich, wie für einige Verkehrsteilnehmer eine rote Ampel zur imaginären Betonmauer werden kann. Wir stehen dann mit brüllendem Horn hinter einem Wagen, die Einsatzdisco blitzt wie blöde, man kann mit dem Fernlicht blinken und zusätzlich hupen, und trotz der nicht zu übersehenden Tatsache, dass der gesamte Querverkehr auf unseren Auftritt hin wohlwollend die Kreuzung freihält: Der Autofahrer vor uns wirft verzweifelt die Arme in die Luft, sein Pkw bleibt wie festgetackert stehen und schiebt sich keinen Millimeter an dem in der Ampel glühenden 40-Watt-Birnchen vorbei. Dabei sind die meisten Kreuzungen so markiert, dass man hinter der Haltelinie noch etwa fünf Meter Platz hätte, um sein Auto etwas an die Seite zu bugsieren, ohne in den Bereich des ohnehin wartenden Querverkehrs zu geraten. Ich könnte regelmäßig ins Armaturenbrett beißen …

Nun gut, dieses Mal ließ man uns ziehen.

Manni war etwas nervös: «Na, da bin ich ja gespannt, ob es wirklich so dringend ist, wie der zukünftige Vater behauptet hat. Nicht, dass die uns auf dem Weg ins Krankenhaus ein Kind ins Auto legt!»

«Wenn es so aussieht, als wenn es wirklich gleich losgehen könnte, holen wir den Notarzt dazu und schieben die werdende Mutter für den Transport verkehrt herum ins Auto. Dann haben wir um die Beine herum mehr Platz zum Arbeiten.»

Normalerweise werden Patienten mit dem Kopf in Fahrtrichtung transportiert. Am Kopfende der Trage (also in Fahrtrichtung vorne) befindet sich im Patientenraum der Medikamentenschrank sowie eine Fläche zum Ablegen und Vorbereiten von Geräten und Arzneimitteln. Außerdem kann man dort den eingebauten Sitz hochklappen und hat so jede Menge Platz. Aus diesem Grund ist die Front des Patientenraums für eine eventuelle Geburt vorteilhafter als das hintere Ende, das durch Einbauten eingeengt ist. Außerdem schließt sich am Ende der

Trage sofort die Tür an, sodass man nur wenig Freiraum hätte, um bei der Geburt zu helfen. Aber so weit war es bei meinen Einsätzen noch nie gekommen.

Wir fuhren an der angegebenen Adresse, einem mehrstöckigen, etwas marode wirkenden Stadthaus der vorletzten Jahrhundertwende, nach etwa drei Minuten vor. Ich klemmte mir den Notfallkoffer unter den Arm, der Infusionen, einige Medikamente, Verbandmaterial, Messgeräte, eine Blutdruckmanschette sowie den Defibrillator enthielt. Manni schulterte den Beatmungsrucksack und nahm zusätzlich den «Kinder-Notfallkoffer» mit. In diesem befinden sich neben Beatmungsbeutel und -masken «in klein» unter anderem verschiedene Sachen zur Geburtshilfe, etwa OP-Tücher, Nabelklemmen, Schere, Skalpell und Windeln. Wir rechnen zwar nie damit, ihn zu gebrauchen, aber man muss schließlich vorbereitet sein.

Die Haustür stand offen, in der Wohnung im ersten Stock empfing uns ein etwas hektisch agierender Mann, Mitte dreißig, also ähnlich alt wie Manni, der uns schwitzend mit den Armen entgegenfuchtelte.

«Guten Abend, Feuerwehr. Haben Sie uns gerufen?», meldete ich uns höflich an, denn nicht jede Tür, in der jemand steht, wenn wir auftauchen, führt uns zum Notfall. Neugierige Nachbarn neigen dazu, erwartungsvoll vor ihren Wohnungen zu stehen, um herauszufinden, was man weitertratschen könnte. Daher fragen wir immer vorsichtig nach.

«Gehen Sie durch, schnell!», rief der Mann. «Meine Frau ist im Wohnzimmer!»

Aus dem schallte ein Geräusch, das ich eigentlich nicht hören wollte: das für die einsetzende Geburt typische «Gnnniiiiiihh!» der schwangeren Patientin, das ich aus einer meiner Fortbildungen kannte. Im Rahmen einer solchen hatte uns einmal eine Hebamme in Geburtshilfe unterrichtet und uns zur Verdeutlichung einige Filmsequenzen von Geburten vorgeführt.

Durch sie lernten wir den Unterschied zwischen «Oooohhh ... das zieht ... ich glaube, da ist schon wieder eine Wehe» (das wir üblicherweise bei Einsätzen dieser Art zu hören bekommen) und dem dramatischen, pressenden Geräusch kennen, das Frauen von sich geben, wenn das Kind wirklich auf die Welt will. Und genau diese Presslaute vernahm ich aus der Wohnung. Die Frage: «Wo müssen wir hin, wo ist das Wohnzimmer?» hatte sich also erledigt.

Manni und ich schoben uns am hilflos wirkenden Mann vorbei und trugen unsere Ausrüstung dorthin. Zwischen Familienfotos und kitschigen Bildern aus dem Baumarkt fanden wir die werdende Mutter vor. Sie saß nach hinten gelehnt auf der Kante eines Sofas (wo das doch so schlecht für die Wirbelsäule ist ...), die Knie an einen Glastisch gestemmt. Offensichtlich durchlebte sie gerade wieder eine Presswehe – bereits die zweite in der Minute, in der wir angekommen waren. Hier kündigte das Baby unmissverständlich seinen Wunsch an: «Heizt die Betten an! Ich will jetzt raus!»

Zunächst setzte ein Fluchtinstinkt bei mir ein. Trotz jahrelanger Erfahrung in meinem Job kannte ich diese Situation nur aus der Theorie. Und jetzt stand ich live vor einer solchen. Ohne Arzt. Aber um umzukehren und um den Block zu fahren, bis alles vorbei war, dafür war es zu spät. Da mussten wir jetzt durch ...

Manni und ich breiteten unser Equipment aus, anschließend räumte ich den Sofatisch beiseite, um mehr Platz zu haben. (Falls Sie mal den Rettungsdienst zu Hause haben, wundern Sie sich nicht: Wir bauen uns die Wohnung so um, wie wir es gerade brauchen. Das beginnt beim Wegrücken von Tischen und Sesseln und geht über das Tragen von Kommoden in den Hausflur bis zum Aushängen von Türen.) Als das geschehen war, fing ich mit der Befragung an, um mir einen Überblick über das zu verschaffen, was hier gerade ablief.

«Äh, nicht pressen! Bitte! Schöööön durchatmen. – Haben Sie den Mutterpass mal da? – Wie oft kommen die …»

«Gnnnniiiiiihh», unterbrach sie mich.

Mein Gott, schon wieder! Was war denn an dem «Schöööön durchatmen» nicht zu verstehen?

Der werdende Vater brachte uns den geforderten Pass, in dem der schwangerschaftsbegleitende Arzt alle Untersuchungsergebnisse, Besonderheiten und den errechneten Geburtstermin festgehalten hatte. Während ich die Seiten hektisch nach den für mich wichtigen Infos durchsuchte, wies ich den etwas panisch dreinblickenden Manfred an, bei der Leitstelle ein Löschfahrzeug anzufordern, damit wir weitere Kollegen zum Tragen der werdenden Mutter bekamen. «Laufen iss nicht mehr. Und ohne Tragehilfe bekommen wir das Frollein nicht alleine runter ins Auto …»

Von meiner eigenen Nervosität versuchte ich nichts durchblicken zu lassen. Denn auch die Kunden unseres Dienstleistungsunternehmens sind der Überzeugung, dass man sich im Rettungsdienst ständig mit Geburten herumschlägt. Aber wer mich kennt, weiß, dass mir unter Stress der Schweiß ausbricht. Er lief mir bereits die Schläfen hinab und hing als kecker Tropfen an der Nase. Manni rannte also zum Rettungswagen, dankbar, eine Aufgabe zu haben, die er bewältigen konnte, und bestellte über Funk die Verstärkung.

Irgendwie fand ich dann im Mutterpass endlich die Informationen, die ich haben wollte: Kind liegt normal, dritte Schwangerschaft, die ersten beiden ohne Komplikationen. Anscheinend eine Schwangere zum Anlernen. Danke, lieber Gott!

Während Manfred noch unterwegs war, rutschte die werdende Mutter von der Sofakante hinunter auf den Boden. Und fing wieder zu pressen an. Mir dämmerte, dass der Drops mit dem Transport wohl auch schon gelutscht war. Das Kind würde nicht bis zum Krankenhaus warten, um in die kalte Welt zu rutschen.

Jetzt wollte ich genau wissen, wie weit das Kind war, um mir die letzte Hoffnung auf «das Übliche» (gemächlicher Transport zum Kreißsaal) zu zerstören: War der Kinderkopf nämlich schon so tief im Becken, dass man ihn durch die Scheide erfühlen konnte, war es nur noch eine Sache von wenigen Minuten, bis alles vorbei war. Da ich aufgrund meiner Erziehung aber nicht so gern fremder Leute Frauen in den Schritt fasse, forderte ich die Patientin auf, selbst zu fühlen, ob der Kopf des Kindes zu ertasten ist. Sie steckte sich den Finger ins Höschen und sagte deutlich: «Ja.»

Shit!, dachte ich. Kann ich diesen Einsatz nicht noch schnell gegen einen anderen tauschen?

Aussagen der Hebamme, die uns fortbildete, kamen mir in den Sinn. Wie war das? «In 99 Prozent der Fälle hat man genug Zeit, ins Krankenhaus zu fahren.» Okay, heute war anscheinend «ein Prozent». Die gelernte Information war also nutzlos. Und sonst? «Habt ihr keine Zeit mehr, weil die Geburt eingesetzt hat, geht es oft sehr schnell. Und fast wie von selbst.» Ah! Ein Silberstreif am Horizont. Ihre Erkenntnis musste nur noch auf unseren Fall zutreffen.

In diesem Moment erschien Manni wieder auf der Bildfläche. «LF ist unterwegs.»

«Ich glaube, das wird nichts mehr mit dem Transport», stellte ich fest. «Lass mal den Akademiker nachkommen. Ich denke, wir holen das Kind hier im Wohnzimmer …»

Der Ehemann glich seine Gesichtsfarbe noch weiter der weißen Raufasertapete an, als er das hörte. Aber um wohl keinesfalls zu stören, gab er weiterhin keinen Ton von sich.

Manfred war froh, eine neue Aufgabe fern vom direkten Geschehen zu haben. Er lief zurück zum Fahrzeug, um die Leitstelle über die geänderte Lage zu unterrichten. Sie sollte uns einen Notarzt schicken und das Notfallteam aus der Kinderklinik anfordern, das aus einem Kinderarzt, einer Hebamme und dem Inkubator, dem sogenannten Brutkasten, besteht, also einer Versorgungseinrichtung für Neugeborene. Währenddessen drapierte ich die Gebärende aus Platzgründen in eine günstigere Position auf dem Wohnzimmerteppich, zog ihr die Unterwäsche aus und klappte den Kinderkoffer auf, um das erforderliche «Werkzeug» auszupacken. Denn das hatte ich gleich zu Beginn meiner Lehre als Kfz-Mechaniker, die ich vor meiner Feuerwehrzeit absolvierte, noch vor dem obligatorischen Kopfschütteln beim ersten Blick unter die Motorhaube gelernt: «Hast du keine Ahnung, was du machen sollst – erst mal Werkzeug auspacken. So gewinnt man Zeit zum Überlegen.» Na dann: «Lass es kommen, Lady ...»

Erst einmal aber drückte das Kind mit dem Kopf den Darm der Mutter leer. So als Vorhut. Passiert schon mal. Roch prima. Aber da hinein will man ja kein Baby gebären. Weil der Vater so unbeschäftigt in der Tür stand und mir bei meinen Putzarbeiten zwischen den Beinen der Gebärenden langsam die Kompressen aus dem Koffer ausgingen, schickte ich ihn los, Küchentücher und einen Eimer zu holen. Als er wieder aufkreuzte, durfte er gleich ein weiteres Mal laufen: Mir war eingefallen, dass ich zum Säubern und Einwickeln des im Schritt der Mutter drängelnden Schreihalses später ein paar weitere Handtücher gebrauchen könnte. Außerdem war der nervöse Mann auf diese Weise beschäftigt. Auch was wert, weil er dadurch nicht um einen herumsprang. Das ist wohl der Grund, warum bei einer Geburt im Film immer nach heißem Wasser verlangt wird: Die Hebamme will sich keineswegs ein Ei kochen oder Skalpelle sterilisieren, aber der werdende Vater ist eine Weile abgelenkt. Nach einer Minute war er jedoch wieder da und wartete darauf, mehr tun zu können.

Zwischenzeitlich tauchte Manfred erneut auf und stand, auf

Befehle wartend, im Zimmer, so nach dem Motto: «Sonst rede ich dir zwar gern rein, aber ausnahmsweise überlasse ich dir heute die Führungsrolle.» Wie großzügig ... Durch das mehrmalige Treppauf, Treppab standen auch ihm die Schweißperlen im Gesicht. Also sagte ich zu ihm: «Gib mir mal bitte das dicke Tuch aus dem Kinderkoffer. Und dann brauche ich Nabelklemmen. Und die Schere. Mach danach die Absaugung bereit. Hast du die kleine Beatmungsmaske schon gefunden? Gib mal ein Handtuch ...» Und die hektische Sucherei zwischen all den steril verschweißten Tütchen und Verpackungen ging los.

Das nachbestellte Löschfahrzeug, dessen Anfahrt nicht weit war, traf nach einigen Minuten ein. Die Köpfe der vier Kollegen, die eigentlich beim Tragen einer Patientin helfen sollten, erschienen nacheinander am Türpfosten des Wohnzimmers, um festzustellen, dass sie wohl gleich zwei Patienten zu transportieren hatten. Anschließend zogen sie sich mit Blockflötengesichtern in den Wohnungsflur zurück. Musste ja nicht sein, dass sich eine Horde Feuerwehrmänner um einen entblößten Unterleib versammelte, um die Mutter beim Pressen anzufeuern. Verständlicherweise konnte ihr das etwas unangenehm sein.

Einer der Männer jedoch war Steffen, mit wenig Haaren und vielen Dienstjahren, der bereits bei zwei Hausgeburten dabei war (allerdings zusammen mit einem Notarzt) und deswegen ein gewisses Maß an Geburtshelfererfahrung besaß. Er sah, wie Manni hektisch den Kinderkoffer auf links drehte, und beschloss, dass er eine bessere Hilfe als der Sanitäter sein könnte. Steffen schob also Manfred beiseite, der ihm nur allzu bereitwillig das Feld überließ, und fing zu meiner Erleichterung augenblicklich an, aus dem Chaos die benötigten Utensilien herauszufingern. Manfred hielt sich weiter im Wohnzimmer bereit, wirkte aber sichtlich entspannter, seitdem Steffen eigenmächtig eingegriffen hatte. In der Wohnung unter uns bildete mein Schweiß bestimmt schon Flecken an der Decke.

Da der mütterliche Darm mittlerweile leer war und der Kinderkopf sich mehr und mehr zeigte, beauftragte ich den Vater damit, den Kübel mit den stinkenden Küchentüchern bitte zu entsorgen. Was er im Bad auch laut würgend tat. Ob er nun vor Aufregung würgte oder ob er des gut durchwachsenen Aromas wegen mit seinem Mittagessen kämpfte, war nicht eindeutig herauszuhören. Jedenfalls war, als er zurückkehrte, nicht nur der Eimer leer, sondern vermutlich auch sein Magen.

Unterdessen machte die mittlerweile zweieinhalbfache Mutter einen guten Job: Während ich ein dickes Tuch gegen den Damm drückte, um einem möglichen Riss wenigstens etwas entgegenzuwirken, wurde mit der nächsten Presswehe der Kopf des Kindes sichtbar, den ich etwas bremste, damit das umgebende Gewebe mehr Zeit hatte, sich zu dehnen. Nach einer kurzen Pause kam dann auch der Rest. Fluppte problemlos. Das hätten wir also schon mal! Ich drehte das Baby auf den Bauch und rieb leicht die Wirbelsäule, um es zum Atmen anzuregen. (Kind kopfüber aufhängen und Klaps auf den Po? Ich schlage doch keine Kinder!) Daraufhin beschwerte sich das Neugeborene lautstark. Es gefiel ihm nicht so recht, was hier passierte.

Kurzer Check: Alles dran, atmet, zappelt, ist rosig. Die Mutter schien ebenfalls okay zu sein, keine Blutungen, sie atmete normal, das Gesicht genauso rosig wie das des Babys – und wesentlich entspannter als noch vor zwei Minuten! Na, besser hätte es nicht laufen können. Die Geburt hatte von unserem Eintreffen bis zum ersten Schrei nicht einmal eine viertel Stunde gedauert.

«Glückwunsch!», sagte ich zur Mutter. «Das Kind ist offensichtlich gesund, wird aber später vom Arzt noch näher untersucht.» Zu Steffen: «Gib mir mal die Klemmen.»

Das Baby legte ich auf ein Handtuch zwischen den Beinen der Mutter ab und setzte die drei Nabelklemmen. Drei Klemmen deshalb, um etwas Nabelblut für spätere Untersuchungen zu sichern. In diesem Augenblick tauchte die Notärztin mit ihrem Team auf. Toll, wie bei John Wayne: Wenn die Kavallerie in Erscheinung tritt, ist bereits alles gelaufen ...

«Tja, Pech, Frau Doktor. Wir konnten da leider nicht mehr warten», sagte ich.

Bei allen Anwesenden löste sich jetzt die Anspannung. Mein Shirt klebte am Körper, und Tropfen hingen an Kinn und Nase, die ich gar nicht so oft wegwischen konnte, wie sie neu entstanden. Bevor mir Steffen die verlangte Schere zum Abnabeln gab, raunte er mir zu: «Willst du nicht erst den Vater fragen, ob er das machen möchte?» O ja, da war ja noch was: Höflicherweise sollte man erst einmal den frischgebackenen Vater darauf ansprechen, ob er nicht selbst abnabeln will. Auf meine gut gelaunte Frage trat der Vater allerdings erschrocken zwei Schritte zurück: «Äh, nee, machen Sie ruhig ...»

Noch immer war er etwas blass um die Nase, aber in gewissem Maße konnte ich ihn verstehen: Es musste etwas durchschnitten werden, was gut durchblutet an einem geliebten Menschen hängt. Dass das nicht wehtut, weiß ich zwar aus der Ausbildung, aber auch mich kostete es eine gewisse Überwindung.

Nach dem Abnabeln untersuchte die Studierte kurz Kind und Mutter, bevor wir beide Patienten ohne Zwischenfälle ins Krankenhaus brachten. In Ruhe konnte die Mutter dort nachgebären.

Die Hebamme aus der Fortbildung hatte uns erzählt, dass man mittlerweile fast 50 Prozent der Schwangerschaften als Risikoschwangerschaften einstufen würde, das bei normaler Kindeslage aber in den meisten Fällen eher übertrieben sei. Während ihrer Berufsjahre in der Schweiz habe sie Dutzende Geburten problemlos in irgendwelchen Hütten auf der Alm begleitet. Nach dieser Hausgeburt glaubte ich ihr, dass viele

Geburten ohne handfeste Risikofaktoren völlig natürlich ablaufen könnten. Wenn man es denn zuließe.

Übrigens haben die Eltern ihr neues Kind nicht nach mir benannt. Ob es jetzt aber daran lag, dass es ein Mädchen war, weiß ich nicht. Jedenfalls fühlte ich mich nach diesem Einsatz etwas dehydriert, auch wenn die Kollegen vom Löschfahrzeug keinen Wassersauger in der Wohnung unter dem «Not-Kreißsaal» einsetzen mussten.

Kapitel 2
Alkohol ist keine Lösung

Als Rettungsdienstler dringt man in die Lebensbereiche verschiedenster Bevölkerungsschichten ein. Und zwar nicht wie ein Besucher, für den noch das Bad geputzt und der Tisch hübsch eingedeckt wird, sondern ganz ungeschminkt, in einer Momentaufnahme, die nichts versteckt. Manchmal tun sich dabei Abgründe auf, die man so eigentlich nicht sehen will: Verwahrlosung, Armut, Dreck, psychologische Dauernotstände, Gleichgültigkeit. Und wenn man dann einmal vor dem Scherbenhaufen einer solch hoffnungslosen Existenz steht, ist das ganz anders als in den geskripteten Reality-Dokus, die im Nachmittags-Verblödungsprogramm der Privatsender ausgestrahlt werden. Mitleid leiste ich mir in diesen Fällen selten (jedenfalls nicht bei Erwachsenen), denn wenn man die Gründe vernimmt, die für das kaputte Leben verantwortlich sein sollen, fallen einem oft Beispiele aus dem eigenen Umfeld ein, Verwandte, Freunde, Bekannte, die das Gleiche erlebt haben – und trotzdem nicht im Elend versunken sind. Kausalketten wie «Viel gearbeitet – Frau (Mann) geht fremd – Alkohol – Frau

(Mann) trennt sich – mehr Alkohol – Job weg – nur noch Alkohol» hört man oft, sind aber keine zwangsläufige Konsequenz, sondern in meinen Augen eher eine Ausrede, diesen Kreislauf nicht durchbrechen zu müssen. Es sind die Kinder, die in solchen Familien großwerden, die mir grundsätzlich leidtun. Die Eltern sind hauptsächlich mit sich selbst beschäftigt, und die Kinder wachsen auf wie der Brombeerstrauch an der Hofmauer: Man kümmert sich nur darum, wenn er stört, und sonst darf er wuchern, wie er will. Da kann man froh sein, wenn es in einem problematischen Haushalt keine Kinder gibt, die mit in das Desaster hineingezogen werden.

Ich hatte Dienst mit Manfred. Der Tag war bisher ruhig verlaufen, nur zwei Krankentransporte – im Gegensatz zu Rettungstransporten werden diese ohne Alarm gefahren – hatten unsere alltäglichen Aufgaben wie Gerätekontrolle, Medikamentenbestellungen und Fahrzeugdesinfektion unterbrochen. Gerade wollten wir unsere «Bereitschaftszeit» beginnen, da bekamen wir einen Alarm mit dem Allerweltsstichwort: «HP Intern», also einem nicht näher bezeichneten internistischen Notfall. Wir besetzten den Rettungswagen und fuhren mit Sondersignal los. Manni, der Optimist, sah in dem Zeitpunkt des Alarms auch Vorteile: «Immerhin sind wir mit der Arbeit fertig geworden, und das Abendprogramm hatte noch nicht angefangen.»

Vor einem heruntergekommenen Altbau hielten wir an, nahmen unser Equipment und stiegen die Holztreppe in den zweiten Stock hinauf. Der Mann, zu dem mein Kollege und ich gerufen wurden, teilte sich eine Wohnung mit seiner Schwester und ihrer Tochter. Ärmlich, spartanisch, aber annehmbar.

Die Schwester, die uns angerufen hatte, empfing uns an der Wohnungstür und führte uns zum Zimmer des Patienten. Im Gegensatz zum Rest der Wohnung herrschte hier allerdings das nackte Elend.

Der Raum, den er seit Wochen anscheinend nur verließ, um

Glühwein in Tetrapaks und Schnaps zu holen, war eigentlich unbewohnbar. Wenn man ein derartiges Zimmer noch nicht selbst gesehen hat, kann man es sich nur schwer vorstellen: in der Mitte die Trümmer eines Couchtischs, der kürzlich wohl unter der Last des Halt suchenden Alkoholikers zusammengebrochen war, an der Wand ein Bett, die Matratze durchweicht von frischen und alten Exkrementen, Siff, erbrochenem Blut und Glühwein, auf dem Boden eine große Pfütze des gleichen Mixes. Überall lagen leere Tetrapakkartons und Schnapsflaschen herum, seitlich vom Bett stand eine klebrig aussehende Kommode mit einem stumpf schimmernden Fernseher darauf, und mittendrin, auf der durchnässten Matratze, mit nackten Füßen im eigenen Erbrochenen, saß der Patient, Baujahr 87, im mit Urin und Mageninhalt verdreckten Trainingsanzug. Mit seinen dreiundzwanzig Jahren hatte er eigentlich das ganze Leben noch vor sich.

Der Mann war reichlich abgefüllt mit Alkohol und Beruhigungsmitteln und erbrach unter anderem auch Blut. Auf mehrfache Ansprache reagierte er kaum, schaute uns nur aus verquollenen Augen an, als sähe er einen Film.

Die Schwester war niedergeschlagen. «Hören Sie, der war erst vor zwei Wochen mit Magenbluten im Krankenhaus», erzählte sie. «Und jetzt geht das schon wieder los!»

Manni hakte nach: «Woher kommt das denn? Magengeschwüre? Oder hatte er eine OP?»

«Na ja, der säuft doch nur. Und nimmt Medikamente. Der Arzt meint, daher kämen die Blutungen. Aber er schluckt das Zeug trotzdem. Ich weiß nicht mehr, was ich machen soll, der hört nicht auf damit!» Sie war sichtlich verzweifelt.

«Hat Ihr Bruder denn schon mal eine Therapie gemacht?», fragte ich.

«Ja sicher. Wegen seiner Depressionen. Auch wegen seiner Alkoholsucht. Hat aber nicht lange gehalten. Und vor zwei

Wochen, beim letzten Krankenhausaufenthalt, wurde er entgiftet. Der Hausarzt hatte ihm für die Zeit danach einen Therapieplatz besorgt. Der Vorstellungstermin war vor zehn Tagen. Aber zum Aufnahmegespräch ist er nicht nüchtern erschienen, da hatte sich das wieder erledigt.» Sie hatte Tränen in den Augen. «Können Sie ihn nicht mitnehmen? Auch wenn er das nicht will, er muss doch eine Therapie machen. Der stirbt sonst bald!»

Ich musste sie enttäuschen: «Eine Therapie wird er im Krankenhaus nicht bekommen, das wissen Sie ja. Höchstens eine weitere Entgiftung. Und einen Platz in einer Entziehungsklinik erhält man auch nicht per Notfalleinweisung. Da muss er schon selbst beweisen, dass er es wirklich will. Und das hat ja anscheinend bislang nicht geklappt.»

Sie fragte, nein, sie flehte uns an, ihren Bruder doch zwangsweise in einer Klinik unterzubringen. Sie fragte auch, wie lange er denn wohl noch zu leben hätte, wenn er so weitermache.

«Das kann ich Ihnen nicht sagen», erwiderte ich. «Ich denke aber, dass bei dem Alkohol- und Medikamentenkonsum Leber und Niere mit Sicherheit arg geschädigt sind. Na ja, und der Magen und die Speiseröhre … Der Zustand ist Ihnen bekannt. Sie haben uns ja wegen der Blutungen gerufen. Zumindest können wir ihn mitnehmen, sodass die Ärzte sich Ihren Bruder noch einmal anschauen. Auch wegen der Medikamente. Wer weiß, wie viele er heute schon genommen hat.» Ich blickte auf die zahlreichen leeren Tablettenblister, die in dem Zimmer verstreut waren.

Der Patient, der kaum aus den Augen schauen konnte, weil sein Gesicht vom Drogenmissbrauch so aufgeschwemmt war, saß wackelnd auf der Bettkante und bettelte uns in lichten Momenten an: «Hamse nich was für mich? Nur 'n bisschen Diazepam oder so.» Seine schwierige Karriere, die uns jetzt seine Schwester wiedergab, sah so aus: keine Arbeit, Depressionen, deswegen Alkohol, und weil der nicht gegen die psychischen

Probleme half, zusätzlich Medikamente. Dadurch bekam er zwar kurzfristig einen Rausch, auf die Dauer aber Magen- und Speiseröhrenblutungen, unter anderem.

Manni schaute mitleidig auf seine etwa zehnjährige Nichte, die in der Tür neben ihrer Mutter stand und uns erwartungsvoll anschaute. Wieder einmal musste ein Kind mit der Situation fertig werden. Doch wirklich helfen konnten wir ihrem Onkel nicht. Mein Kollege wandte sich an mich: «Den können wir nicht hier lassen. Wer weiß, wenn der im Delirium sein Blut oder Erbrochenes einatmet, erstickt der noch.»

Ich seufzte. «Aber die zwei Stockwerke runterstolpern kann der auch nicht», gab ich zu bedenken. «Selbst mit Unterstützung wäre mir das zu heiß: Stürzt er, können wir dem Staatsanwalt erklären, warum der Mann sich das Genick gebrochen hat. Wir brauchen Tragehilfe, alleine packen wir das nicht.»

Ich rief unsere Leitstelle an und ließ zur Unterstützung ein Löschfahrzeug kommen.

Nach etwa fünf Minuten Wartezeit, in denen uns die Schwester des Alkoholikers ihre Leidensgeschichte berichtete, wie sie unter den Depressionen ihres Bruders gelitten habe, unter seinen Aggressionen und Räuschen, trafen die Kollegen ein. Zwei der drei ins Zimmer eintretenden Kollegen kannten den Patienten.

«Hey, den habe ich doch schon mal gefahren», meinte Steffen. «Da habe ich ihn an einer Haltestelle aufgesammelt.»

«Ja, richtig, ich kenne den auch», ergänzte Dieter. «Hat nach mir getreten, weil er dachte, ich wollte ihm den Schnaps klauen.»

Mit vereinten Kräften bugsierten wir den übergewichtigen jungen Mann auf unser Tragetuch und transportierten ihn das enge Treppenhaus hinunter. Auf der Straße legten wir ihn auf die vorbereitete RTW-Trage und verfrachteten ihn ins Auto.

Unterwegs zum Krankenhaus erbrach er immer wieder.

Heimlich träufelte ich bei einer günstigen Gelegenheit ein paar Tropfen Minzöl auf seinen Rücken und seine Hose. Das Öl habe ich immer in der Jackentasche dabei, weil es derart penetrante Gerüche zumindest etwas überdeckt. Schließlich versuchte ich den Patienten immer wieder davon zu überzeugen, doch in die Nierenschale und nicht daneben zu spucken. Zu etwa 50 Prozent gelang ihm das trotz meiner Hilfe nicht. So verbrauchte ich jede Menge Zellstofftücher, um ihm wenigstens die größten Verunreinigungen vom unrasierten Kinn und der Brust zu wischen. Immer wieder durchquerte Erbrochenes unkontrolliert seine kariösen Zähne. Kurz vor dem Eintreffen im Krankenhaus wollte er in einem unbeobachteten Moment die halbvolle Nierenschale auf dem Fahrzeugboden abstellen – was misslang: Die Schüssel war wieder leer. Bingo! Eine halbe Stunde Putzen konnte ich mit Sicherheit für das Fahrzeug einplanen.

In der Klinik musste ich erst einmal erklären, warum ich ihn an der Pforte für die Intensivstation angemeldet hatte. «Was soll der Mann hier?», fragte mich die Ärztin. «So viel Blut hat er doch gar nicht erbrochen, dass es bedrohlich sein könnte.» Natürlich wusste sie: Dieser Patient musste entkleidet und gewaschen, das Bett womöglich im Lauf des Abends mehrfach neu bezogen werden, und wenn man Pech hatte, fing der Mann zu randalieren an, wenn er etwas «aufklarte». Eine Spezies wie ihn hatte keiner gern auf der Station ...

Der Ärztin gab ich den Tipp, nicht nach der verlorenen Blutmenge, sondern nach dem konsumierten Alkohol und der dazu eingenommenen Menge verschiedenster Medikamente zu fragen. «Der Patient kann einiges geschluckt haben. Da lagen mehrere leere Tablettenblister in der Gegend rum, Paracetamol und Diazepam zum Beispiel. Mir konnte er nicht sagen, ob er die alle heute genommen hat. Seine Schwester, die mit ihm zusammenwohnt, wusste über den Tablettenkonsum auch nicht weiter Bescheid. Aber nach ihren Aussagen hat ihr Bruder an diesem Tag schon mindestens eine Flasche Korn und drei Liter Glühwein getrunken.» Aus dieser Perspektive betrachtet befand auch sie, dass der Patient unter Beobachtung bleiben sollte. Sie unterschrieb unseren Transportschein und übernahm den Mann, der auf der Trage vor sich hin döste und in den wacheren Momenten nach Beruhigungsmitteln bettelte.

Solche Einsätze sind jedes Mal gruselig. Man kann sehen, was Alkohol und Medikamente aus einem jungen Menschen machen. Der Typ war mit seinen dreiundzwanzig Jahren schon so gut wie fertig. Selbst wenn die Leber die kommenden Jahre aushielt, würde er sich das Hirn matschig saufen.

Alkohol ist eben keine Lösung, sondern nur ein Destillat.

Kapitel 3
Tod in der Badewanne

Es war später Abend. Gerade hatte ich meinen Kontrollrundgang durch die Wache beendet. Alles war in Ordnung. Die Lichter waren ausgeschaltet, die Außentüren verschlossen. Die Nachtruhe konnte beginnen.

Doch plötzlich ging das Alarmlicht an. Die Neonröhren klimperten im ganzen Haus und aus den Alarmlautsprechern, die in jedem Raum der Wache angebracht waren, klang die Stimme einer Person aus der Leitstelle, die uns einen Wohnungsbrand meldete. Hatten sich zu dieser Zeit schon einige Kollegen in die Ruheräume zurückgezogen, kam jetzt wieder Leben in die Wache. Die Mannschaft lief zum Löschfahrzeug und schlüpfte schnell in die Brandschutzüberhosen. Noch den Mantel angezogen und ins Fahrzeug gesprungen, da startete der Maschinist bereits den Motor. Ich bildete in dieser Schicht mit Dieter den Angriffstrupp, also das Team, das das Feuer bekämpfen soll.

«In der Wohnung soll noch jemand sein, die Anruferin hatte bei ihm angeklingelt. Der Bewohner hatte aufgemacht, aber sich geweigert, sein Zuhause zu verlassen. Angeblich hat er gesagt, er würde die Sache alleine regeln können», so die weitere Info der Leitstelle über Funk. «In der Wohnung war laut der Anruferin aber schon alles verraucht.»

Na super, dachte ich. Hoffentlich hatte der Bewohner recht behalten mit seiner Behauptung, die Angelegenheit selbst regeln zu können. Ansonsten gibt es eine Menschenrettung!

Von der Nachbarwache, erfuhren wir, würde weitere Unterstützung eintreffen, auch eine Drehleiter. Aber erst nach uns, die ersten Minuten müssten wir mit unserer kleinen Mannschaft klarkommen.

Dieter und ich streiften uns die Atemschutzgeräte auf, die sich in den Sitzlehnen der Kabine befanden, das schwere Löschfahrzeug rollte aus der Halle. Uns gegenüber saßen zwei weitere Kollegen, Steffen und Kevin, sie bildeten den Wassertrupp. Während Dieter und ich unseren Luftvorrat in den Atemschutzgeräten checkten, holten sie die Handfunkgeräte aus den Ladehalterungen und schalteten sie ein, damit wir sie in der Brusttasche der Brandschutzjacke versenken konnten. Wir setzten die Atemmasken und unseren Helm auf, bevor wir die Schutztücher, die an den Helmen angebracht sind, nach vorne klappten, um auch am Hals keine Angriffsfläche für die zu erwartende Hitze zu bieten. Dieter teilte den Wassertrupp ein: «Kevin, du suchst für den Maschinisten den nächsten Hydranten, und du, Steffen, unterstützt uns beim Legen der Angriffsleitung.»

Da man als Träger eines Atemschutzgeräts schlecht an seinen Maskenanschluss kommt, schraubten uns Kevin und Steffen unsere Luftleitungen an die Masken. Hohl und zischend hörte man fortan jeden unserer Atemzüge. Mir war etwas flau im Bauch. Erst vor einigen Wochen hatte ich den Alarmdienst aufgenomen, und wenn sich der Wohnungsbrand bestätigte, war heute Nacht mein erster «heißer» Atemschutzeinsatz, womöglich mit Menschenrettung. Gleich musste alles ganz schnell gehen, unnötige Fehler würde dem Vermissten nur wertvolle Zeit kosten – Zeit, die er zum Überleben brauchte. Bei einem Brand füllt sich die Wohnung sehr schnell mit giftigem Rauch, der einem den Atem und die Sicht nimmt. Kann man sich dann nicht schnell genug ins Freie oder in ein rauchfreies Zimmer retten, fehlt einem innerhalb kurzer Zeit die Luft …

Die Fahrt dauerte vielleicht zwei Minuten bis zum Ziel – ein dreigeschossiges Wohn- und Geschäftsgebäude. Hohe Fenster und bröckelnde Stuckarbeiten beherrschten die heruntergekommene Fassade, im Erdgeschoss war ein Schreibwarenladen untergebracht. Einige Hausbewohner und Nachbarn standen auf der Straße und winkten uns aufgeregt zu. Als wir vorfuhren, sahen wir dichten Rauch aus mehreren Fenstern im ersten Stock herausquellen. Unser Gruppenführer gab über Funk Rückmeldung an die Leitstelle: «Bestätigter Wohnungsbrand, ein Trupp mit C-Rohr im Innenangriff vor!»

Das Löschfahrzeug hielt. Dieter schnappte sich eine Handlampe und den Behälter mit einer Fluchthaube, einer Art Kapuze mit Filter, die es einer gefundenen Person ermöglicht, sich mit uns durch den Rauch ins Freie zu retten. Er stieg aus, und um sich vor unserem Einsatz noch zu orientieren, fragte er die Bewohner vor dem Haus: «Gibt es besondere Zugänge zur Brandwohnung? Werden noch weitere Menschen in dem Haus vermutet? Oder sind mittlerweile alle sonstigen Bewohner draußen?»

Rasch sprang ich aus der Kabine und holte mir einen Schlauchtragekorb – darin liegen drei gekuppelte Schläuche in Buchten – sowie ein Strahlrohr aus den Gerätefächern. Den Schlauch schloss ich an den Verteiler an, den Steffen schon vor die Haustür gelegt hatte, bevor er ihn mit der Pumpe des Löschfahrzeugs verband. Dieter stand jetzt neben mir: «Die rechte Wohnung im ersten Stock, da soll es brennen. Dort wird auch der Mann vermisst.»

Alles war jetzt so weit geregelt, um in den Hausflur zu gehen.

Dieter mit der Lampe vorweg, um den Weg zu erkunden, ich mit dem Schlauchtragekorb hinterher, aus dem die Buchten nach und nach ausliefen. Bereits beim ersten Treppenabsatz waberte uns eine dicke Rauchdecke entgegen. Da wir dadurch nicht erkennen konnten, wo das Feuer war und wann wir Löschwasser brauchen würden, hielt Dieter einen Moment lang inne. So konnte ich ausreichend Schlauchreserve aus dem Tragekorb auf die Treppe ziehen und das Strahlrohr anschließen. Er griff zum Funkgerät. «Maschinist für Angriffstrupp, Wasser, marsch!», klang es hohl aus seiner Maske. Der Maschinist quittierte den Befehl, einen Moment später füllten sich die Wasserdärme und schlugen auf der Treppe hin und her, bis der vollständige Druck in ihnen aufgebaut war. Jetzt konnte es weitergehen.

Eine Wärmebildkamera hatten wir damals noch nicht, um durch den Rauch sehen und uns orientieren zu können. Der Qualm war so dicht, dass wir trotz unserer Handscheinwerfer keine Armeslänge nach vorn blicken konnten. Es ging nur noch kriechend und tastend vorwärts. Dieters zischende Atemgeräusche waren ein guter Wegweiser, und so robbte ich an der Flurwand entlang, zerrte am Schlauch und hielt mich an den Stiefeln meines Kollegen, die ab und zu kurz vor meinem Gesicht aus der dichten Wand aus Brandgasen auftauchten. Dieter suchte die Wände des Hausflurs nach der Wohnungstür.

«Hallo? Ist hier noch jemand? Hallo?», hörte ich ihn immer wieder rufen, bis ich mit dem Helm gegen seinen Hintern stieß. Dieter hatte eine Tür ertastet und vor ihr haltgemacht. Dann richtete er sich auf, sodass ich nur noch seine Stiefel erkennen konnte. Jetzt wird er die Tür auf Wärme abtasten, um auszuschließen, dass uns bei ihrem Öffnen eine böse Überraschung in Form einer Stichflamme erwartet, dachte ich. Anscheinend war das Türblatt aber nicht durch Brandeinwirkung aufgeheizt, denn ich hörte, wie mein Kollege einen Moment später seine Masse gegen die Tür warf. Holz splitterte, irgendetwas fiel polternd um. Dann konnte ich nur noch den Lichtstrahl seines Handscheinwerfers im Dunkeln fahl durch den Rauch tanzen sehen. Ihn selbst vermochte ich nicht mehr auszumachen: Er musste etwa einen Meter vor mir sein – zu weit weg, um ihn durch den dichten Qualm zu erkennen.

Ich wartete darauf, dass er weiterging, damit ich die Angriffsleitung nachziehen konnte. Doch dies war nicht möglich. Dieter tastete rundherum nur Wände. «Mist! Wo geht das denn hier weiter? Verdammt!», fluchte er.

Die Besenkammer im Hausflur kostete uns wertvolle Zeit. Wenigstens befand sich ein Fenster in diesem vielleicht zwei Quadratmeter kleinen Raum. Sofort öffnete er es, um für etwas Belüftung zu sorgen, bevor er sich wieder heraustastete. Irgendwo musste doch diese verflixte Wohnung sein. «Hallo! Ist hier noch jemand?»

Von draußen drangen die typischen Geräusche einer Einsatzstelle durch das Besenkammerfenster: der dröhnende Motor des Löschfahrzeugs, der die Pumpe betreibt, der ratternde Generator, der den Lichtmast am Fahrzeug mit Strom versorgt, das Klingeln der Schlauchkupplungen, wenn eine Leitung verlegt wird, und in den Straßenschluchten das sich nähernde Einsatzhorn weiterer Fahrzeuge. Unsere Verstärkung ist gleich da, dachte ich, und dann unterstützen uns weitere Atemschutztrupps.

«Hier!», erscholl es plötzlich aus dem zweiten Stock. «Hier oben!»

Ein dünnes Frauenstimmchen wies uns den Weg. Es war also nicht nur ein Mann in der Brandwohnung gefangen, sondern in der Etage darüber noch einer Frau der Rückweg versperrt.

«Sie muss in ihrer Wohnung sein», bemerkte Dieter. «Die Stimme klang nicht so, als würde die Frau im Treppenhaus stehen.»

Ein Teil des Rauchs zog mittlerweile aus dem Fenster der Besenkammer ab, sodass wir etwas mehr sehen konnten. Zügig konnten wir deshalb die Treppe zur Wohnung hinaufsteigen, in der sich die Hilferufende befand. Dieter warf sich erneut mit Schwung gegen die Tür – sie ächzte kurz, und er fiel der Länge nach in den Flur. Mit seiner Masse hätte er durch die Tür hindurchlaufen können, denn sie war genauso altersschwach wie die Dame, vor deren Füßen sich mein Kollege jetzt in voller Ausrüstung kugelte. Das weißhaarige, zierliche Mütterchen sah uns in ihrem Nachthemd erschrocken an. Mit diesem martialischen Auftritt zweier ihr fremder Männer hatte sie wohl nicht gerechnet. Vielleicht hatte sie ein dezentes Klopfen erwartet. Die Vorstellungsrunde musste aber erst einmal ausfallen, da der Rauch aus dem Hausflur nun in die bis dahin rauchfreie Wohnung drang.

Dieter stülpte der Mieterin flott die mitgebrachte Fluchthaube über, und weil sie nicht gerade aussah wie eine energiegeladene Sportlerin, nahm er die geschätzten fünfzig Kilo kurzerhand unter den Arm. Wir hasteten die Treppe hinunter, über Funk gab ich Rückmeldung: «Eine Person gefunden, Rettungsdienst zum Eingang!» Unten wurde uns die Frau von den Kollegen des Rettungsdienstes abgenommen. Sie würden sich weiter um sie kümmern.

Bevor wir wieder zurück ins rauchverhangene Haus gingen, konnte ich noch ausmachen, dass die Drehleiter aufgebaut wurde und sich der zweite Angriffstrupp auf seinen Einsatz vorbereitete. Wir hatten bislang weder das Feuer noch den in der brennenden Wohnung vermuteten Mann gefunden.

Im ersten Stock sammelten wir die zurückgelassene Schlauchleitung auf und fanden eine Tür, hinter der es hörbar knisterte. Die braune Farbe warf von der Hitze schon Blasen. Hier musste es sein. Nachdem wir die Tür aufgebrochen hatten, kam uns ein Hitzeschwall entgegen. Dieter gab über Funk unsere Position durch – «Brandwohnung gefunden, gehen weiter vor» –, während ich mehr Schlauchleitung vor die Wohnungstür zog. Tief geduckt betraten wir im Entengang einen Flur, von dem aus drei Zimmertüren abgingen. Wieder war kaum die Hand vor unseren Augen zu erkennen, wieder ging es fast nur noch tastend vorwärts.

Ein Abstecher nach rechts führte uns in ein kleines Schlafzimmer. Ein einfacher Kleiderschrank, eine Kommode, etwas verstreute Wäsche und ein Einzelbett – mehr war beim Durchkriechen nicht festzustellen. Die kurze Suche in dem durchwühlten Bett und im Kleiderschrank blieb erfolglos. Der Vermisste war nicht hier. Links vom Flur lag das Wohnzimmer. In diesem Raum brannte es. Wir versuchten uns zu orientieren. Man konnte durch den dichten Rauch zwar nicht viel erfassen, aber doch einige züngelnde Flammen und manchmal einen schwachen Feuerschein.

Ich spürte Hitze. Rußflocken setzten sich auf meiner Maske ab, die ich zwischendurch immer wieder abwischen musste, um zumindest einige Zentimeter weit sehen zu können. Dann hörte ich, wie Glasscherben klirrend zu Boden fielen. Wahrscheinlich hatten die Scheiben in den Wohnzimmerschränken der Hitze nicht mehr standgehalten. Ein lauter Knall ließ uns zusammenzucken. Ein Feuerzeug, das explodiert war? Eine Sprühdose? Es war nichts zu erkennen. Als Rohrführer schickte ich ein paar Wasserstöße auf die Stellen im Raum, von denen der orangefarbene Feuerschein ausging. Dieter suchte weiter nach der vermissten Person.

Nur ein kurzer Wasserstoß, und im Wohnzimmer war für einige Sekunden nicht das Geringste wahrzunehmen, denn der Flammenschein war durch das schlagartig verdampfende Wasser augenblicklich verhüllt. Lautes Krachen und weiteres Glasklirren erfüllte den Raum, und plötzlich konnte ich Licht erspähen: Die Drehleiter war vor dem Fenster in Position gegangen. Der Kollege im Korb hatte mit dem Einschlagen des Fensters für zusätzliche Belüftung gesorgt, die Scheinwerfer am Leiterpark für etwas mehr Sicht. Unsere Arbeit wurde dadurch erheblich erleichtert. Dieter brauchte sich bei seiner Suche nach dem Vermissten nicht mehr ausschließlich auf seinen Tastsinn zu verlassen, und durch die Belüftung loderte das Feuer auch etwas heller, sodass ich es gezielter löschen konnte.

Hinter uns kam durch den Hausflur der zweite Atemschutztrupp in die Wohnung. «Im Schlafzimmer da drüben waren wir schon, kontrolliert mal den Raum hinter der dritten Tür», rief ich ihnen zu, während ich die letzten Flammen mit Wasser bearbeitete.

Dieter hatte seine Runde im Wohnzimmer beendet. «Hier ist keiner», sagte er. «Und wäre er hier, so hätte der Mann bei der Thermik keine Chance gehabt.»

Als der zweite Trupp die dritte Tür öffnete, standen die Männer im fensterlosen Bad. Die Fliesen schwarz, der Raum mit Rauch gefüllt. In der Wanne lag leblos der Mann, der «die Sache alleine regeln» wollte. Schnell zerrten sie ihn aus der Wanne heraus und schleppten ihn ins Freie. Als die Kollegen den Mann durch den Wohnungsflur trugen, konnte ich die durch die Hitze abgelöste Haut an seinen nackten Beinen registrieren. Ob er überhaupt noch lebte, hatte bislang niemand überprüft, denn ohne Atemschutzgerät war das Klima in der Wohnung absolut lebensfeindlich. Zu giftig die Brandgase. Außerdem wollte man keine kostbare Überlebenszeit für Untersuchungen vertrödeln. Der Patient brauchte Luft. Ich hörte den Funkspruch des zweiten Trupps: «Eine zweite Person gefunden, leblos, Rettungsdienst zum Eingang!»

Draußen wurde der etwa vierzigjährige Mann vom Rettungsdienst übernommen – und ein Kreislaufstillstand festgestellt. Im Rettungswagen wurde er reanimiert und in die Klinik gebracht.

Während Dieter in der restlichen Wohnung die Fenster öffnete und sie nochmals unter jetzt guter Sicht inspizierte, kümmerte ich mich weiter um das Wohnzimmer. Bemüht, möglichst wenig Wasser zu versprühen, waren nach ein paar Minuten alle deutlich sichtbaren Flammen gelöscht.

Auf einmal stand der Löschzugführer hinter mir. «Und? Wie sieht's aus?», fragte er.

«Nur noch ein bisschen in den Polstern», antwortete ich. «Ich glaube, in die Zimmerdecke ist nichts reingekrochen, höchstens da vorne am Fenstersturz.»

«Hm», brummte der Zugführer, «dann schicke ich euch besser noch mal den anderen Trupp zum Öffnen der Decke. Ach, und wundert euch nicht, die Kripo ist da, die Kollegen rennen hier auch gleich rum. Baut also nicht so viel in der Bude um, damit sie den Vorfall nachvollziehen können.»

Während der Nachlöscharbeiten, bei denen wir nach den letzten Glutnestern fahndeten, begannen die Beamten von der Brandermittlung ihre Arbeit. Sie befragten Dieter und mich, wie wir die Wohnung vorgefunden hatten. Sie untersuchten die elektrischen Geräte und deren Verkabelung. Na ja, zumindest das, was davon nach der Hitze noch übrig war. An Wänden und Möbeln schauten die Ermittler nach den Stellen mit den größten Brandzehrungen, um den Ursprung des Feuers festzustellen. Später rekonstruierten sie, dass der Mann mit einer Zigarette in der Hand auf dem Sessel eingeschlafen war. Die Kippe entzündete einen Schwelbrand auf dem Polstermöbel, was natürlich stark qualmte. Dieser Rauch wurde von der Bewohnerin der Nachbarwohnung gerochen, die dann bei dem Mann anklingelte und ihn so weckte. Spätestens jetzt hätte er sich in Sicherheit bringen müssen. In Verkennung der Lage behauptete der Mieter jedoch, es sei alles in Ordnung. Der Rauch hätte nichts zu bedeuten, er wolle etwas lüften, und damit wäre es gut. Nach dieser Bemerkung schloss er die Tür. Als er feststellte, dass das Füllen eines Wassereimers zu lange gedauert hatte und das Feuer zu groß für eigene Löschversuche war, wollte er die Sache im Bad aussitzen – und saß in der Falle. Das Feuer breitete sich aus, der heiße Rauch zog durch die ganze Wohnung, nach und nach auch durch den Türspalt ins Bad, das kein Fenster besaß. Der Mann erstickte, in der Wanne Schutz suchend, im Qualm. Vor Rauch kann man sich eben nicht verstecken.

Die Mieterin, die die Feuerwehr informiert hatte, brachte sich zwar selbst in Sicherheit, hatte aber nicht an die alte Dame im obersten Stockwerk gedacht. Die hatte Glück gehabt, dass sie rechtzeitig durch uns gefunden wurde. Nach ein paar Tagen im Krankenhaus konnte sie es schon wieder verlassen. Der Mann aber, der geglaubt hatte, er bekäme das alleine in den Griff, überlebte die Rauchvergiftung nicht. Am nächsten Tag musste der Kampf um sein Leben aufgegeben werden.

Allerdings erhielt die Feuerwehr von den Besitzern des Geschäfts unter der Brandwohnung ein Dankschreiben: Von der Löschaktion sei aufgrund umsichtigen Wassereinsatzes nur ein bräunlicher Fleck an ihrer Decke zurückgeblieben.

Kapitel 4
Für eine Handvoll Dollar ...

… hieß vor ein paar Donnerstagen ein Filmklassiker von Sergio Leone. Und dieser Italo-Western-Titel fiel mir ein, als Manfred und ich eine Schicht mit dem Rettungswagen unterwegs waren, die sich eigentlich überhaupt nicht gelohnt hatte – außer dass wir unsere «Handvoll Dollar» dafür bekamen.

Wie gesagt: Die Einsätze als Rettungsdienstleister sind bei weitem nicht so hochdramatisch, wie es in Fernsehserien wie der einstigen Reality-Show *Notruf* oder in *Medicopter 117 – Jedes Leben zählt* vermittelt wird. Weder waten wir jede Schicht knietief im Blut der Opfer, noch fuchtelt regelmäßig jemand mit einer Waffe vor unserer Nase herum. Stattdessen fahren wir für Notrufe los, bei denen sich vor Ort herausstellt, dass sie überhaupt nichts mit einem Notfall zu tun haben. Vielfach verstehen wir im Nachhinein nicht so recht, was in dem Anrufer vorging, als er der Meinung war, unbedingt einen RTW zu benötigen. Manchmal kann uns das die betreffende Person selbst nicht erklären. Dass wir uns eine ganze Nacht um die Ohren schlagen und den Sprit des Steuerzahlers verpulvern, ohne wirklich gebraucht zu werden, kommt aber glücklicherweise nicht so oft vor. Jedoch gibt es auch diese Tage und Nächte, in denen wir mehr als Taxi unterwegs sind denn zum Retten von Leben.

In dieser Schicht war ich mit Manfred auf dem Rettungswagen eingeteilt, er als Transportführer, ich als Fahrer. Nach der Ablösung checkten wir erst einmal in aller Ruhe den Rettungswagen und desinfizierten ihn. Auch auf der Besorgungsfahrt zur etwa zehn Kilometer entfernten Hauptwache, in der wir ein defektes Absauggerät tauschten, ließ man uns in Ruhe. Manfred hatte sogar Zeit, das Lager mit den Verbrauchsmaterialien wie Infusionen, Kanülen, Sauerstoffmasken und vieles mehr aufzuräumen, ich kümmerte mich um die letzten Infos aus den Rundschreiben der Amtsleitung, der Medizintechnik und der Leitstelle. So ging es weiter: Den ganzen Tag über wurden wir nicht gebraucht, kein einziges Mal rief der Bürger uns zu Hilfe. Zwischendurch schaute ich immer wieder auf dem Display des Funkgeräts nach, ob wir unseren Status versehentlich auf «außer Betrieb» gesetzt hatten. Dem war nicht so. Die Bewohner unseres Bereichs kamen anscheinend ganz gut ohne unsere Unterstützung aus. Und so beschlossen Manni und ich gegen Mitternacht, uns etwas hinzulegen. In diesem Moment war die Ruhe vorbei.

Sofort klingelten die Melder, und auf dem Display blinkte die Nachricht: «Alleestraße 20, Franziska Hermann, Hypoglykämie. BZ 33. Anrufer: Johanniter.»

«Aha», sagte ich, während ich mir rasch die Schuhe anzog, «der Herr Johann Nieter braucht Hilfe.»

«Wie?», fragte Manni, der noch nicht ganz begriffen hatte, was ich meinte, da er die Meldung nicht gelesen hatte. «Wer ruft um Hilfe?»

«Na, der Hausnotrufdienst der Johanniter! Der dortige Kollege hat wohl eine Frau mit Unterzuckerung gefunden. Angeblich hat sie nur einen Wert von 33 mg/dl», klärte ich ihn auf.

Ein normaler Glukosewert wäre etwa um 100 mg/dl, daher war zu erwarten, dass die Patientin in ihrem Zustand sehr beduselt war, verwirrt, mit möglichen starken Kreislaufschwierigkeiten. Wir liefen zum RTW, ich schaltete das Blaulicht ein, anschließend fuhren wir zur angegebenen Adresse. In der Alleestraße, einer Geschäftsstraße, parkte für uns sofort erkennbar vor einem verklinkerten Stadthaus das Dienstfahrzeug der Johanniter. In dem Moment, als wir das Treppenhaus betraten, rief uns der Pfleger des Hausnotrufdiensts von oben entgegen: «Im zweiten Stock links!» Zügig stiegen wir die Treppe hinauf und betraten durch die offen stehende Tür die Wohnung von Franziska Hermann.

«In welchen Raum müssen wir denn?», rief Manfred in den Flur, da der Pfleger längst wieder verschwunden war.

«Kommt mal hier hinten durch, ins Schlafzimmer», kam es zurück.

Wir folgten der Stimme bis zum Bett der Patientin. Der Kollege hatte davor seinen Sanitätsrucksack auf den Boden platziert, Blutzucker- und Blutdruckmessgerät lagen auf dem kleinen Nachttisch. Unter einer dicken Federdecke lugte ein silberhaariger Schopf hervor. Vom Gesicht konnte man fast nur die runzelige Stirn und die skeptisch dreinblickenden Augen ausmachen, da sich die etwa achtzigjährige Dame die Decke bis über die Nase hochgezogen hatte.

«Guten Abend», sagte ich, dann fragte ich den Pfleger: «Was ist denn los?»

«Die Patientin hatte unseren Hausnotruf mit ihrem Funkarmband ausgelöst, weil sie gestürzt war. Als ich hier eintraf, lag sie aber schon wieder im Bett. Frau Hermann sagt zwar, dass sie keine Schmerzen hat, und auch das Abtasten brachte nichts zutage, was dem widersprechen würde. Aber als ich Blutdruck und Zucker gemessen habe, konnte ich eine Unterzuckerung feststellen.» Der Johanniter-Pfleger erklärte weiter, dass er ja keine medizinische Therapie machen dürfe und er uns darum gerufen hätte, um die Frau in ein Krankenhaus zu bringen.

Die ältere Dame wagte sich nun etwas weiter unter ihrer Bettdecke hervor, man konnte sogar ihre Nase sehen.

«Muss ich jetzt mit ins Krankenhaus?», piepste sie leise. Ihr war anzuhören, dass ihr diese Aussicht nicht behagte.

«Also, für eine Patientin mit Unterzucker sind Sie aber noch ganz schön munter», staunte ich. «Wie geht es Ihnen denn?»

«Na ja, ganz gut. Ist doch nichts passiert», beschwichtigte sie.

«Immerhin haben Sie den Notrufknopf gedrückt. Warum sind Sie denn gestürzt? Ist Ihnen schwindelig geworden?»

Sie verneinte. «Ich bin gestolpert. Im ersten Moment konnte ich nicht wieder hochkommen, aber dann ging es doch. Da hatte ich den Knopf aber schon gedrückt.»

Manfred schob die Decke beiseite, untersuchte die Patientin nochmals auf Sturzfolgen wie Prellungen, Schürfwunden oder Brüche. Dann deckte er sie wieder zu, die Frau schien tatsächlich keine Schmerzen zu haben und unversehrt zu sein. Da sie mir in ihrem Zustand auch sonst völlig normal vorkam und nicht – wie es bei einer Frau mit einem derart niedrigen Zuckergehalt im Blut zu erwarten gewesen wäre – sehr benommen und desorientiert war, schlug ich Manfred vor, eine Kontrollmessung mit unserem eigenen Glukometer durchzuführen.

«Der Kollege muss Sie jetzt leider erneut piesacken», bereitete ich die Dame auf die weitere doppelte Untersuchung vor.

Unter der Decke kam eine kleine Hand mit knöchernen Fingern hervor, in die Manni ein kleines Loch pikste und die Messung mit einem Blutströpfchen durchführte. «Hmm, 132 mg/dl. Ganz normal …», teilte er mir nach ein paar Sekunden das Ergebnis mit. Das war hinsichtlich des Verhaltens der Patientin schon plausibler.

«Das ist aber seltsam», sagte ich zum Pfleger, «hattest du eben nicht einen Wert von 33 mg/dl gemessen?»

«Ja, sicher. Ich weiß auch nicht … Dass die Dame so gut drauf ist, kam mir ja auch etwas komisch vor. Aber was sollte ich machen, das Gerät zeigte 33 mg/dl an?», stammelte er.

Da war wohl eines der Messgeräte defekt, und so munter, wie die Patientin war, offensichtlich nicht unseres. Sicherheitshalber piksten wir die ältere Dame aber noch ein drittes Mal. Auch bei diesem Mal war alles in Ordnung, eine Unterzuckerung konnten wir nicht registrieren. Manfred zog die Augenbrauen hoch, der Pfleger wurde sehr verlegen. «Woher soll ich wissen, dass das Gerät nicht genau funktioniert?», sagte er. «Die Glukometer werden sonst immer geprüft, bevor die Einsätze beginnen, das ist mir noch nie passiert.»

Ich beruhigte ihn: «Natürlich. In so einem Ding steckt man nicht drin. Das braucht nur einmal runterzufallen, und schon hat es womöglich Störungen. Mach dir da mal keinen Kopf. Du tauschst das Gerät gleich aus, und gut ist es.»

Während der Pfleger sich noch entschuldigte, setzte sich Frau Hermann im Bett auf, jetzt voller Hoffnungen: «Ich muss also nicht mit ins Krankenhaus?»

«Nein, das müssen Sie nicht. Sie können zu Hause bleiben», bestätigte ich.

«Wissen Sie, ich bin erst vor zwei Tagen aus der Klinik entlassen worden. Da möchte man nicht schon wieder hinein … Und ich muss wirklich nicht mit?»

Da die Dame nach unserer Beobachtung leicht dement war, vermuteten wir mittlerweile, dass sie gar nicht gestürzt war, sondern dass ihr die Erkrankung einen Streich gespielt hatte.

«Nein. Sie können in Ihrem Bett bleiben», wiederholte ich. «Da Sie sich bei dem Sturz nichts getan haben, ist alles in Ordnung mit Ihnen. Am besten, Sie schlafen sich ordentlich aus.»

Plötzlich richtete sie sich zu ihrer vollen Körpergröße auf – sie war nicht sehr groß –, fiel mir um den Hals und zog mich weinend in ihre Federn, was ihr aber nicht vollständig gelang. «Sie sind ja sooo nett. Dass ich bleiben darf! Das ist so schön.» Sie schluchzte vor Erleichterung. «Und Ihr Kollege ist auch sehr lieb. Wunderbare Menschen sind Sie beide. Ganz wunderbar.»

Als ich mich aus ihrer Umklammerung lösen konnte, war mein Kuschelbedarf für diese Nacht gedeckt. Manni packte kichernd den Koffer zusammen und wir verabschiedeten uns, bevor wir ihre Wohnung wieder verließen.

Eine halbe Stunde nachdem wir auf der Wache eingetroffen waren, klingelte es erneut. «Unklare Faxmeldung» stand auf dem Alarmschreiben. Das hieß: In der Leitstelle war ein Notfallfax aufgelaufen, das im Internet für Sprach- oder Hörbehinderte zum Downloaden angeboten wird. Einen solchen Vordruck kann sich ein Sprachbehinderter ausdrucken und in diesem im Vorwege seine Adresse eintragen. Im Notfall braucht der Hilfesuchende nur noch anzukreuzen, ob er den Rettungsdienst, die Feuerwehr oder die Polizei benötigt, einen kurzen Satz zum Notfall einzutragen und an die Notrufnummer 112 zu schicken. Der Leitstellendisponent unterschreibt das Fax und schickt es zur Quittierung zurück zum Absender. Leider stand auf «unserem» Fax nichts Näheres zum Notfall. Lediglich war «Krankenwagen schnell kommen» in die entsprechende Zeile gekritzelt worden. Das konnte alles und nichts bedeuten, von drei Tage alten Bauchschmerzen bis hin zu einer schweren Verletzung. Also fuhren wir wieder mit Alarm durch die Nacht.

Am Einsatzort empfing uns vor einem modernen Zweifamilienhaus ein junger Mann, der uns mit einem Winken, begleitet von seltsamen Lauten, zu verstehen gab, dass wir ihm folgen sollten. Er führte uns in eine betreute Wohngemeinschaft mit vier Bewohnern, alle zwischen zwanzig und dreißig Jahre alt. Drei waren taub, und die vierte Person in der Runde – ausgerechnet die Betreuerin – lag mit einer starken Erkältung auf einem Sofa. Und wegen ihr waren wir gerufen worden.

Die Frau erzählte uns krächzend, dass sie seit zwei Tagen Schnupfen, starken Husten und die aus einer grippalen Infektion resultierenden allgemeinen körperlichen Beschwerden wie Gliederschmerzen und das globale Ich-kann-nicht-mehr-Gefühl habe.

«Aber warum sollten wir kommen? Was ist nun so schlimm, dass Sie einen Rettungswagen brauchen?», fragte Manfred die Betreuerin.

Sie bekam kaum ein Wort heraus. «Ich habe Kopfschmerzen», wisperte sie. «Und die Ohren tun mir weh. Auch die Lunge brennt. Außerdem habe ich Fieber.»

Durch den starken Husten schmerzten ihr die Bronchien und durch den Schnupfen waren wohl die Nebenhöhlen verstopft, sodass ihr zusätzlich noch das halbe Gesicht weh tat.

Der junge Mann, der uns in die Wohnung geführt hatte, gab uns jetzt mit Händen und Füßen kund, dass er sehr besorgt sei, und weil er nicht mehr weitergewusst hätte, habe er das Notfallfax abgeschickt. Manni setzte sich etwas desillusioniert auf den Notfallkoffer, als er hörte, warum wir nachts um halb drei gerufen worden waren.

«Waren Sie denn damit mal beim Arzt?», fragte er die Frau.

«Ja, gestern Nachmittag. Er hat mir etwas gegen das Fieber und die Kopfschmerzen gegeben.»

«Und?»

«Die Tabletten habe ich gleich genommen. Erst ist es ein wenig besser geworden, aber jetzt ist es wieder ganz schlimm», jammerte sie.

Natürlich, nach etwa zwölf Stunden war zu erwarten, dass die Wirkung der Pillen nachließ.

«Aha.» Manfred betrachtete das Häufchen Elend vor sich.

Eigentlich sollte man in einem solchen Fall die verordneten Medikamente durchgängig nehmen und den Kopf über dampfendes Wasser in einer Schüssel mit irgendeinem Mentholzeug halten, um die Verstopfung in den Nebenhöhlen zu lösen. Tja, und dann muss man das durchstehen. Man sagt, dass so etwas ohne Arzt sieben Tage dauert, mit Arzt eine Woche. Diese Patientin hatte allerdings nur einmalig die Tabletten genommen, und als die Wirkung nachließ, lamentierte sie so lange herum, bis die tauben Mitbewohner, die nun eine Gelegenheit sahen, sich für die Betreuung zu revanchieren, das Fax verschickten, um die Erkältete abholen zu lassen. Und jetzt waren wir als Rettungsdienst mit im Boot.

Wir überlegten, was wir aus der Situation machen sollten. In diesem Zustand war die Kranke keine Hilfe für die Mitbewohner, so viel stand für uns fest. Aber es kam auch nicht in Frage, sie mit dem Rettungswagen in eine Klinik zu bringen, da ihr «Notfall» im Grunde keiner war. Eigentlich hätten wir die Frau an den hausärztlichen Notdienst verweisen müssen.

«Hier kann sie aber nicht bleiben», meinte Manfred schließlich zu mir.

«Die macht die Mitbewohner nur kirre und steckt womöglich alle an», stimmte ich zu.

Am Ende entschieden wir uns doch dafür, sie ins Hospital zu transportieren. Dort konnte man ihr eine ordentliche Dröhnung verschreibungspflichtiger Substanzen verabreichen, um ihr erst einmal über die Nacht zu helfen. Wahrscheinlich würden die Ärzte sie später wieder nach Hause schicken, aber das war dann nicht mehr unsere Entscheidung. Während wir uns also dazu durchrangen, die Betreuerin ins Krankenhaus zu fahren, wechselten wir uns mit Seufzen ab. Auch eine Art Arbeitsteilung.

Wir führten die Patientin zum RTW und nahmen noch einen der gehörlosen Mitbewohner mit, der uns bedeutet hatte, dass er unbedingt mitkommen müsse, damit die Betreuerin keine Angst hätte. So hatte die Betreuerin einen Betreuer. Auf diese Weise brachten wir die Patientin mit einem grippalen Infekt (nicht zu verwechseln mit einer echten Grippe) in die nächste

Klinik. Unterwegs «gestand» mir der Begleiter mit wilden Gesten, dass er es toll fände, mit Blaulicht über rote Ampeln zu fahren und ob wir es nicht einschalten könnten. Danach betonte er nochmals ausladend mit den Armen – ich hatte direkt Angst um den Rückspiegel –, dass die Erkältete ohne seine Fürsorge kaum ruhig schlafen könne. Außerdem einiges anderes, was ich aber nur lückenhaft mitbekam, denn ich musste mich entscheiden – den «Erzähler» ansehen oder den Blick auf die Straße lenken –, und ich hatte mich für unversehrtes Ankommen entschieden.

Manfred wurde erst von einer Schwester und danach von der Ärztin mit ungebügelter Stirn angeschaut, als wir mit der Patientin die Notaufnahme betraten und das Einsatzprotokoll übergaben. «Wegen einer Erkältung?», fragte die Medizinerin ungläubig. Manfred erklärte ihr die Situation in der WG und dass die anderen Bewohner vor Sorge kein Auge zumachen würden, wüssten sie ihre Betreuerin nicht ärztlich versorgt. «Ja, gut», meinte sie und seufzte, wie auch wir schon zuvor. «Dann werde ich sie mal aufnehmen. Wegen einer Erkältung.»

Das war der zweite Einsatz in einer Schicht, der nicht notwendig gewesen war. Mittlerweile war es halb vier.

Anschließend wiegte die Leitstelle uns in der trügerischen Sicherheit, doch noch etwas Schlaf zu bekommen. Aber gegen vier Uhr wurden wir erneut aus unserem Konzentrationszustand gerissen. Dieses Mal schickte man uns mit dem Stichwort «bewusstlose Person» los.

In der verschachtelten Wohnsiedlung mussten wir ein wenig suchen, bis wir die angegebene Adresse entdeckt hatten. Mehrere junge Leute liefen auf der Straße oder sprangen in der Grünanlage zwischen den Häusern herum. Wir nahmen an, dass die Gruppe jemanden gefunden hatte, womöglich auf dem Rasen, und stiegen aus. Gerade als ich unser umfangreiches Equipment aus dem RTW-Aufbau herausziehen wollte, rief uns ein junger Mann entsetzt zu: «Da läuft er! Der haut ab!»

«Was? Wer? Der Bewusstlose?», fragte Manni irritiert.

«Ja! Bis eben hat er keinen Pieps gesagt, und dann ist der plötzlich aufgesprungen.»

Soso, eine plötzliche Heilung durch bloßes Erscheinen der omnipotenten Lebensretter? Manfred und ich schauten uns verdutzt an: Vor ein paar hundert Jahren nannte man das noch ein Wunder. Wir glaubten aber eher an einen Simulanten.

Im Gespräch mit den fünf jungen Leuten, die den vermeintlich Bewusstlosen bemerkt hatten, stellte sich heraus, dass der «Patient», der nach einer Zechtour wohl auf dem Heimweg gewesen war, aufgrund der fortgeschrittenen Stunde aller Wahrscheinlichkeit nach am Straßenrand einen Moment ausruhen wollte. Dabei war er dann eingeschlafen. Wie so oft, wenn plötzlich besorgte Menschen auftauchen, die helfen wollen, war ihm sein Zustand etwas peinlich. Um nicht ein paar halbseidene Ausreden zu stammeln, stellte er sich weiter schlafend, in der Hoffnung, dass die Leute die Lust am Helfen verlieren und ihn einfach in Ruhe lassen würden. Den Gefallen taten sie ihm nicht, stattdessen riefen sie uns, weil sie glaubten, der Mann dort am Boden habe ein Problem. Dass die anderen Spätheimkehrer das sehr ernst nahmen, bemerkte der Zecher erst, als die Gegend durch unser Blaulicht erhellt wurde. Mit seiner Flucht durchs Gestrüpp gleich einem Wiesel versuchte er, sich der Situation zu entziehen. Allerdings war einer der Finder sein Bruder, der uns verriet, wo der Geflohene wohnte. Danach zog die Truppe weiter ihres Weges. Weil Manni und ich nicht mit Sicherheit ausschließen konnten, dass der Flüchtling nicht vielleicht doch ein gesundheitliches Problem wie zum Beispiel einen durchlebten Krampfanfall hatte und nun orientierungslos durch die Gegend irrte, suchten wir einige Minuten die Gegend nach ihm ab.

Wir waren natürlich genervt, als wir den betrunkenen Sprinter vor seiner Haustür stellen konnten, wo er mit seinem Schlüssel in aller Seelenruhe nach dem Schlüsselloch suchte.

Zur endgültigen Klärung seiner Lage drängten wir ihm ein kurzes Gespräch auf.

«Was war denn da gerade los?», fragte ich.

«Nichts. War eingeschlafen. Lasst mich in Frieden», entgegnete er mürrisch.

«Halten Sie es eigentlich für eine super Idee, nachts auf der Straße zu schlafen? Hätten Sie es nicht noch die letzten paar Meter bis in Ihr Bett schaffen können?», platzte es nun aus Manfred heraus. «Oder den Leuten wenigstens Bescheid sagen können, dass es Ihnen gutgeht?»

«Hätten die mich doch einfach in Ruhe gelassen. Ich konnte ja nicht wissen, dass sie gleich den Rettungsdienst rufen», meinte er, jetzt schon hörbar kleinlaut.

«Und selbst da konnten Sie nicht einfach sagen, dass Sie okay sind? Zu der Truppe gehörte doch Ihr Bruder, der hätte Ihnen bestimmt sogar die Treppe hochgeholfen», maulte Manni weiter. «Wir kurven hier durch die Nacht, weil es Ihnen peinlich ist, über den Durst getrunken zu haben – und woanders wird womöglich gerade wirklich Hilfe gebraucht. Finde ich nicht in Ordnung. Am besten ist es, Sie gehen direkt ins Bett. Hören Sie? Keine Pause mehr auf dem nächsten Treppenabsatz!»

Er brummelte noch ein «Ja, ja», dann hatte er die Eingangstür geöffnet und verschwand im Haus.

«Wieder mal umsonst rausgefahren. Und dafür haut man sich die Nacht um die Ohren», beschwerte ich mich auf dem Weg zurück zur Wache.

Manfred starrte nur vor sich hin, mittlerweile war es kurz vor fünf.

Auf der Wache fielen wir hundemüde «in die Ladeschalen». Für zwei Stunden durften wir unsere Akkus aufladen, bis um kurz nach sieben der nächste Bürger um Hilfe rief. Das Alarmschreiben informierte uns über einen Mann, der bei seinem Notruf Herzschmerzen angegeben hatte.

Mit Alarm und dicken Augenringen schlängelten wir uns durch die Straßen, auf denen der Berufsverkehr einsetzte. Zeitgleich mit dem Notarzt trafen wir an der angegebenen Adresse ein. Von einem kleinen älteren Mann in einem Morgenmantel wurden wir in die Wohnung gebeten. Er führte uns ins Wohnzimmer, wo er sich in einen Sessel setzte und uns eröffnete: «Ich habe Herzschmerzen. Darum brauche ich eine Katheteruntersuchung. Wir müssen ins Marien-Hospital fahren. Jetzt.»

«Moment», meinte der Doc. «Vorher würde ich Sie gern untersuchen.»

«Wozu?» Der Patient reagierte fast entsetzt. «Ich sagte doch, ich benötige eine Katheteruntersuchung, und zwar im Herzlabor vom Marien-Krankenhaus. Danach wird es mir wieder bessergehen.»

Der Notfallarzt wollte davon erst einmal nichts wissen und ordnete ein EKG an. Nur äußerst widerwillig ließ sich der siebzigjährige Mann die Elektroden ankleben, und mehr abfällig als interessiert verfolgte er die Untersuchungen des Mediziners. Der schaute sich gründlich das EKG-Bild an, nachdem wir es ausgedruckt hatten, und befand: «Das Herz sieht in Ordnung aus. Ich sehe keinen Grund, Sie in das viel weiter entfernte Haus mit dem Katheterlabor zu bringen. Eine solche Untersuchung wäre bei Ihnen unnötig.»

Aber der Patient ließ sich nicht in seiner Meinung beirren, meinte, er wolle partout in das Marien-Krankenhaus gebracht werden, auch wenn es weit weg läge. Dort könnte man jene Herzkatheteruntersuchung durchführen. Er gab an, schon einmal eine solche Behandlung erhalten zu haben, und sie habe ihm sehr gut geholfen, da bestehe er darauf. Dass eine Untersuchung noch längst keine medizinische Therapie darstellt und daher bei Schmerzen nicht helfen kann, hielt er für unqualifiziertes Gewäsch.

Der Notarzt war allerdings anderer Ansicht: «Das EKG-Bild

ergibt keinen Grund, dass Sie eine Katheteruntersuchung benötigen. Die Beschwerden scheinen eher vom Magen herzurühren. Das nächstgelegene Haus mit internistischer Station ist in Ihrem Fall völlig ausreichend.»

Der Mann ließ sich nicht beeindrucken. «Ich muss eine solche Untersuchung bekommen», wetterte er energisch. «Mein Hausarzt hat das übrigens auch vorgeschlagen. Die Einweisung liegt dort drüben auf der Kommode!» Auf der befand sich tatsächlich eine Einweisung, allerdings vom letzten Monat.

Das Gespräch zwischen Notarzt und Patient ging noch eine Weile in dieser Weise weiter: Der ältere Mann wollte einen Herzspezialisten sehen, der Arzt hielt das nächstliegende Krankenhaus für ausreichend. Die Diskussion wurde immer hitziger, wobei die Erörterungen des Akademikers über den therapeutischen Sinn einer Katheteruntersuchung teilweise nicht gerade sehr einfühlsam und daher streckenweise eher kontraproduktiv für den Blutdruck des Patienten waren. Dann setzte der Arzt seinem Gegenüber die Pistole auf die Brust: «Wir fahren jetzt in das Krankenhaus hier im Stadtteil oder Sie bleiben zu Hause.»

Manfred und mir fiel fast die Kinnlade herunter. Das war Erpressung. Harter Tobak! Der Arzt wusste genauso gut wie wir, dass wir einen Patienten mit Beschwerden, die bislang keineswegs ausreichend abgeklärt waren, nicht ruhigen Gewissens einfach in seiner Wohnung lassen konnten. Aber der störrische Herr hatte keine Ahnung, was das betraf. Statt womöglich gar keine Behandlung zu bekommen, willigte er ein, sich mit der nahen Klinik zufriedenzugeben. So konnten wir ihn endlich einer sinnvollen Therapie gegen seine Beschwerden zuführen. Manfred und ich hofften nur, dass der Notfallarzt recht mit seiner Diagnose hatte.

Nachdem wir zurück auf der Wache waren, lösten uns die Kollegen der nächsten Schicht ab. Als sie das Wachbuch überflogen, bemerkten sie voller Neid: «Was? Nur vier Einsätze? – Na, so eine laue Schicht wollen wir auch mal haben.»

«Moment mal», blaffte ich genervt. «Habt ihr gesehen, zu welchen Uhrzeiten diese Einsätze waren? Wenn ja, dann könnt ihr uns immer noch beneiden.»

Kapitel 5
Entenjagd – die Natur funktioniert auch ohne uns

Enten sind ja klasse Schwimmer und können recht passabel fliegen. Trotzdem sind sie ziemlich beschränkt, wie ich finde. Sie brüten ihre Eier überall dort aus, wo sie in der Nähe ihres Heimatgewässers etwas Annehmbares finden: auf Balkonen, in Hecken oder was sich sonst so anbietet. Aber wenn der Nachwuchs schließlich da ist, stellen sie mit Erschrecken fest, dass die Blagen partout nicht fliegen können. Wie sollen die Kleinen bloß über die Straßen und Wege zum Wasser gelangen? Das geht dann leider nur zu Fuß. Und diese Erkenntnis ereilt die Mütter jedes Jahr aufs Neue. Nie lernen sie aus den Fehlern der vergangenen Brutaufzucht. Die Folge: Jeden Sommer watscheln sie in Großstädten mit den aufgeregten braun gescheckten Tennisbällen in Richtung Tümpel.

Und in diesem Augenblick kommen die Menschen ins Spiel: Die sind nämlich auch in einer gewissen Weise beschränkt. Einige zumindest. Denn anstatt sich darüber zu freuen, dass Mutter Ente ein Gelege erfolgreich ausgebrütet hat, und die durch die Straßen ziehende Karawane kurz durchwinken, schmeißen sie die Arme in die Luft, rufen: «Um Gottes willen! Tiere! Die armen Kleinen mitten in der Stadt! Die sind ja so hilflos!» – und wählen die 112. Denn die Feuerwehr ist ja immer dann zuständig, wenn irgendwo «schnell mal was gemacht werden muss», aber keiner mehr weiterweiß. So auch bei Problemen mit tierischen Gefährten in der Stadt. Damit die «ach so wehrlosen Viecher», die ohne unser Eingreifen zweifellos ihr Leben lassen würden, ins Tierheim gebracht werden. Oder zum Arzt. Oder wohin auch immer. Schauen die Menschen in vielen Situationen, in denen Hilfe gebraucht wird, gern weg, so sind sie, wenn es um Tiere geht, in Scharen da, um uns zu alarmieren.

Und genau nach diesem Muster durften wir wieder einmal an dem altbekannten Zeitvertreib teilnehmen: «Fahrt zur Schillerstraße, Ecke Büdchen» – «Büdchen» ist Ruhrpott für einen Kiosk, ebenso geläufig unter der Bezeichnung «Trink-» beziehungsweise «Verkaufshalle» – «Jodokus Quack läuft da mit seinem Nachwuchs rum. Der mündige Bürger ruft um Hilfe.» Für Steffen, Kevin, den Wachführer und mich hieß das konkret: Entenjagd. Aber da wir vier gerade unterwegs waren, hatten wir keinen Karton dabei, um Familie Quack zu beherbergen, bis wir sie irgendwo abliefern konnten. Das konnte interessant werden ...

An jener besagten Budenecke trieb sich tatsächlich eine etwas überfordert wirkende Entenmutter mit ihrer sechsköpfigen Rasselbande herum. An sich keine Notlage. Und es machte auch keinen Sinn, sie wegen Landstreicherei festzunehmen. Aber der Bürger wollte dennoch etwas sehen, wenn wir schon da waren. Einfach mit den Händen in den Taschen wieder abrücken, weil die Enten aller Wahrscheinlichkeit nach alleine klarkommen würden, das ging nicht mehr. Nicht umsonst hatte man uns gerufen.

«Wie machen wir das jetzt am sinnvollsten?», fragte ich nachdenklich.

«Na ja, wir haben den Kescher», meinte Steffen. «Hol den

schon mal aus dem Dachkasten. Ich laufe derweil rüber in den Supermarkt und konfisziere dort einen Karton.»

Nachdem wir Kescher und Kartons beisammen hatten, hüpften vier erwachsene Männer auf einer Grünfläche mit gut duftenden biologischen Tretminen herum, auf der Pirsch nach einer Entenfamilie. Dabei waren wir darauf bedacht, uns sofort zurückzuziehen, geriet die Anführerin der Karawane zu sehr in Unruhe. Denn was viele menschliche Zweibeiner nicht bedenken, wenn sie von uns verlangen, diesen Wildtieren zu «helfen»: Wird es der Mutter zu bunt und sie fliegt davon, kann es sein, dass sie nicht wieder zurückkommt. Und das ist für die Küken, die man an sich problemlos fangen kann, oft das Todesurteil. Kükenpflege ist nämlich gar nicht so einfach.

Wir gaben also unser Bestes, um die Stockentenerziehungsberechtigte nicht kopflos zu jagen, sondern sie mitsamt ihrer Familie zu überlisten.

«Wir könnten sie an der Budenwand entlangtreiben», überlegte nun Kevin, «und du, Ingo, stellst dich hinter die Ecke und hältst den Kescher auf den Boden. Vielleicht läuft die Entenmama ja drauf. Wenn wir die haben, kriegen wir die Kleinen auch.»

So zumindest unsere Theorie. Ich postierte mich also wie ein Überfallkommando hinter der von Kevin anvisierten Ecke und stellte die Falle. Doch die Entenmutter roch kurz vor dem Zugriff Lunte und schlug einen Haken um das am Boden liegende Netz. Und die sechs Federflummies flatterten natürlich hinterher.

Irgendwann war es dann passiert: Die Mutter flog in Panik etwa fünfzig Meter weg, landete vor dem nächsten Gebüsch und schnatterte nach ihren Jungen. Die Küken indes piepsten so wild durcheinander, dass man kaum verstehen konnte, was sie wollten. Ich vermutete, sie riefen nach der Mama.

Steffen schlug eine Taktikänderung vor: «Wenn wir die kleinen Knäuel festsetzen, kommt die Alte vielleicht dazu und lässt sich ebenfalls fangen.»

Keine schlechte Idee. Also wurde der Karton über die zurückgebliebenen Tennisbälle gestülpt. Die Ansage der Minis war jetzt eindeutig: «Die Kinder der Familie Jodokus Quack möchten aus der Spielecke abgeholt werden!» Nun hofften wir, dass die scheinbar alleinerziehende Mutter zurückkehrte, würden wir erst einmal vom piepsenden Karton Abstand nehmen. Aber Kevin war noch nicht ganz fort von dieser tönenden Pappe, da ... Erwähnte ich, dass es ein Bananenkarton war? So einer mit Luftlöchern? Nein? Na ja. Jedenfalls sah es aus wie bei der Ziehung der Lottozahlen. Nur ohne Nummern auf den aus den Löchern herauspurzelnden Bällen. Und anstatt dass sich die Mutter wie von uns geplant zu den Kleinen aufmachte, flitzten die piepsenden Knäuel quer über die Wiese zu ihrer Erziehungsperson, um gleich darauf im nächsten Gebüsch zu verschwinden. Laut protestierend.

Reset. Wir mussten von vorne anfangen.

Genauestens erkundeten wir das Gestrüpp, um herauszufinden, ob man es vielleicht umzingeln könnte. Aus dem Buschwerk heraus konnte die Entenmutter schlecht abheben. Kevin packte augenblicklich das Jagdfieber. «Ich versuche, mich hier durchzuschlagen», sagte er voller Eifer, «und dann treibe ich die Viecher wieder zur Rasenfläche raus. Ingo, halte den Kescher bereit.» Aber bevor er einen passenden Zugang ins öffentliche Grün ausgespäht hatte, lief die schnatternde Federviehmutter samt Reproduktionsergebnis quer durch das Gehölz und einen dahinter befindlichen maroden Zaun in eine friedliche Wohnstraße. Laut Auskunft einiger wachsamer Anwohner lag an deren Ende das vermutliche Ziel der Bagage: zwei kleine Teiche. Gerade noch mal gutgegangen. Die Entenfamilie war also auf dem rechten Weg, und die Passanten auf der Hauptstraße hatten sie nicht mehr im Gesichtsfeld. Der

Rest der Reise konnte ohne Störungen vonstattengehen. Und diese hätte wohl auch insgesamt geklappt, hätten wir nicht «gestört».

«Gott sei Dank», meinte der Wachführer. «Ich hatte schon befürchtet, wir müssten die Kleinen als Waisen ins Tierheim bringen. So als Reptilienfutter.»

An dieser Stelle möchte ich mich noch kurz über «Wildtiere in der Stadt» auslassen. Viele Einsätze, bei denen wir uns um sie kümmern sollen, sind völlig unnötig. Die Entenmutter weiß, wo sich der von ihr anvisierte Teich befindet. Hat sie die Möglichkeit, die Straßen zu überqueren, die auf ihrer Strecke liegen, erreicht sie das Ziel selbständig und ohne Navigationsgerät. Man muss sie nur lassen. Die Familie wird auch nicht verhungern, selbst wenn sie für die Entfernung ein paar Stunden braucht.

Verliert die Entenmutter jedoch beim Fangversuch die Nerven und lässt ihren Nachwuchs im Stich, haben die Küken trotz menschlichen Beistands geringe Überlebenschancen. Ein Mitarbeiter eines Tierheims erzählte mir einmal im Vertrauen, dass Küken, ganz gleich, ob sie von Passanten oder von uns gebracht werden, nicht selten aufgrund der schlechten Überlebensprognose an andere Tiere verfüttert werden. Die Befürchtungen meines Chefs waren nicht unbegründet gewesen.

Auch die Katze im Baum – oder die noch viel berühmtere auf dem Dach – ist eher genervt, wenn wir auftauchen: Oft genug war die Samtpfote schneller vom Baum wieder herunter- als der «Retter» nach oben geklettert. Und eine Katze, die aus einem Dachfenster abgehauen ist, kann, wenn es auf dem First nach ein paar Stunden langweilig geworden ist, durch dieses auch ihren Rückweg antreten. Ich schätze, dass höchstens eine von zwanzig Katzen, zu denen wir gerufen werden, wirklich Hilfe benötigt.

In der Nähe unserer Feuerwache gibt es einen Teich, auf dem

einst ein Schwan lebte, der an einem seiner Flügel eine große Schwungfeder geknickt abstehen hatte. Man hätte ein eigenes Wachbuch über ihn führen können. Ständig riefen Passanten an, die den an sich sonst unauffällig schwimmenden oder watschelnden weiß Gefiederten als «schwer verletztes Tier» meldeten. Kann man nicht erst ein wenig beobachten, bevor Alarm geschlagen wird? Zum Glück war der kosmetische Fehler nach der nächsten Mauser behoben.

In einem anderen Fall gelang es einem Autofahrer, eine auf einer Verkehrsinsel Siesta haltende Ente zu überraschen und festzuhalten. Hätte er sie wieder losgelassen, wäre sie sofort geflohen. Das tat der Mann aber nicht. Eisern umklammerte er das Tier und wählte die Nummer der Feuerwehr auf seinem Handy. Nachdem wir in Erscheinung traten, transportierten wir den Erpel an ein Gewässer und ließen ihn nach einer kurzen Untersuchung frei, da wir keine Verletzungen feststellen konnten. Ein vollkommen überflüssiges Manöver.

Ein anderes Mal rief uns ein Gastwirt, weil sich im Windfang seines Lokals ein Igel befand. Der Kneipier beobachtete ihn, und der stachelige Säuger wiederum wartete zusammengerollt darauf, dass der Wirt sich endlich trollte. So belauerten sich beide eine Weile, bis der Mann keinen Ausweg wusste und die Feuerwehr anforderte. Der Schankwirt wurde jedoch laut, als er bemerkte, dass wir den Igel zwar einsammelten, um Herr oder Frau Borstel an «unauffälliger Stelle» wieder auszusetzen, ihn aber darüber aufklären wollten, dass das Tier schon von selbst abgehauen wäre – hätte er es nur in Ruhe gelassen.

Natürlich gibt es echte Notfälle. Erwähnte ich, dass Enten irgendwie nicht die Hellsten sind? Insbesondere Entenmütter? Sie bekommen es nämlich auch nicht auf die Reihe, dass ihre Federflummies kleiner sind als die Regeneinläufe der Straße: Läuft Mama Ente gemächlich darüber hinweg, purzeln die Kleinen, die ihr wie die Lemminge folgen, in den Gully ... Das sind dann die Fälle, in denen unser Eingreifen wirklich notwendig ist.

Und sollte gerade Brutzeit sein: Nestlinge, zum Beispiel junge Meisen, die schreiend auf der Straße hocken, sind nach Möglichkeit nicht umzusiedeln. Die Küken vieler Vögel werden von den Eltern auch am Boden weiterversorgt, bis sie flügge sind. Kauern die zerrupften Piepser an einer unglücklichen Stelle, setzt man sie einfach an die Seite, am besten in eine Deckung, also vor eine Hecke oder unter einen Baum. Denn entgegen der weit verbreiteten Meinung orientieren sich Vögel nicht so sehr an Gerüchen (das tun Säugetiere wie Rehe weitaus stärker). Daher macht es nichts, wenn man einen Nestling kurz zum Platzwechsel anfasst. Viel schlimmer ist es, wenn jemand auf den Kleinen tritt oder er zu viel Sonne abbekommt. Er muss nur, ich wiederhole mich, in unmittelbarer Nähe des Fundorts bleiben, da die Vogelmutter genau erinnert, wo ihr Nachwuchs den letzten Käfer erhalten hat. Tja, und dann muss man darauf hoffen, dass die Katze den kleinen Schreihals nicht findet.

Wir Menschen leben nicht alleine in den Städten. Und nicht alle Tiere, die mit uns die urbanen Plätze teilen, gehören in den Käfig. Oft fangen die Probleme für ein «Wildtier» erst an, wenn der Mensch sich über seine scheinbar befremdliche Existenz Gedanken macht. Also: «Wildtiere» anschauen, sich über sie freuen und in Ruhe lassen.

Kapitel 6
Wieso ich eine Neunzigjährige küsste

Jeder Führerscheinbesitzer hat im Rahmen seiner Fahrschulstunden einen Erste-Hilfe-Kurs gemacht, später, im Idealfall, noch einen zweiten. Etwa aus beruflichen Gründen. Ist das Wissen, das man in solchen Kursen erlangt, dann allerdings in einem Notfall gefragt, habe ich oft den Eindruck, dass es da ein Problem gibt. Das liegt nicht darin, alles Erlernte vergessen zu haben, sondern vielmehr in der Schwierigkeit, den inneren Schalter für das Notfallwissen zu betätigen. Gerade Ersthelfer realisieren bei einem Unglück nicht immer die Notwendigkeit, etwas Lebenswichtiges tun zu müssen. So kommt es, dass jemand eine Person mit Kreislaufstillstand nicht reanimiert, sondern eine Kompresse auf die kleine Kopfplatzwunde drückt, die sich der Betroffene beim Zusammenbruch zugezogen hat. Denn vor Beginn der Herzdruckmassage müsste man sich ja eingestehen, dass der Mensch, der vor einem am Boden liegt, tot ist – und es auch bleibt, wenn man nichts dagegen unternimmt. Aus Angst, etwas falsch zu machen oder zu verschlimmern, wird die brisante Lage geleugnet. Aber mal ehrlich: Wenn bei einem Menschen das Herz stillsteht, was kann man da noch verschlimmern?

Dort, wo viele Senioren zusammenwohnen, treten solche ernsten Probleme wie ein Kreislaufstillstand statistisch häufiger auf als etwa in Mietshäusern, in denen viele junge Familien leben. Umso erstaunlicher ist, dass das Pflegepersonal in Altenheimen und Seniorenstiften zum Teil nicht einmal die grundlegenden Erste-Hilfe-Maßnahmen beherrscht beziehungsweise sie anwendet. So wurden wir schon von Nachtschwestern zu Schlaganfällen gerufen, weil ihnen nach der Dienstübernahme bei einem Bewohner «irgendetwas komisch vorkam», und bei näherer Befragung hatte bereits die Frühschicht von Schwierigkeiten des Patienten beim Essen berichtet. Hierzu muss man wissen, dass ein Schlaganfall ein zeitkritischer Notfall ist: Durch eine Durchblutungsstörung im Gehirn werden einige Areale nicht mehr richtig mit Sauerstoff versorgt und sterben langsam ab. So kommt es zu typischen Symptomen wie Sprach- und Sehstörungen sowie Lähmung einer Körperhälfte. Je länger ein Schlaganfall unbehandelt bleibt, desto weniger lassen sich die Folgen regenerieren. Nach mehr als vier bis sechs Stunden hat man kaum noch eine Chance, vom geschädigten Hirnareal überhaupt etwas zu reparieren. Mit den daraus resultierenden Behinderungen richtig umzugehen, ist dann gerade für alte Menschen sehr schwer. Sie verharren im Rollstuhl, weil es ihnen nicht mehr gelingt, anderen Bereichen im Kopf zum Beispiel das Laufen anzutrainieren.

Aber auch wenn ein Notfall rechtzeitig erkannt wurde, sieht es für den Betroffenen nicht automatisch besser aus. Da wird ein Herz-Kreislauf-Stillstand gern mal auf dem Bett versorgt, die Schwester drückt den Altenheimbewohner beim Reanimieren so heftig in die Matratze, dass der bei Entlastung fast vom Bett abhebt und die beiden gemeinschaftlich auf dem Krankenlager «herumhüpfen» (ein derartiges Vorgehen habe ich sogar bei

Hausärzten beobachten können). Ohne harte Unterlage bringt eine Herzdruckmassage, sagen wir es wohlwollend, kaum das, was sie bei einem stabilen Grund erzielen würde. Das Blut wird bei der Kompression nämlich nicht ordentlich aus dem Herzen herausgedrückt, es entsteht kein Ersatzkreislauf, und der Patient hat nichts vom Schweiß des Ersthelfers. Darum muss eine reanimationspflichtige Person aus dem Bett und auf den Boden gehoben werden, damit der Untergrund bei der Wiederbelebung nicht nachgibt. Muss er jedoch aus irgendwelchen Umständen im Bett bleiben, sollte ein Reanimations-Board, ein Kunststoffbrett, unter den Brustkorb geschoben werden. Auf Intensivstationen in Krankenhäusern hängen solche Boards deswegen an der Wand bereit.

Also: Es gibt fähiges Personal, das sich im Erste-Hilfe-Kurs etwas gemerkt hat und dieses Wissen auch umsetzen kann. Aber wir begegnen zugleich immer wieder Pflegekräften, die bei einem lebensbedrohlichen Notfall «wie ein Ochs vor dem Berg» stehen. Sie überreagieren dann und beschwören bei der kleinsten Platzwunde den Untergang des Abendlandes herauf, oder sie handeln gar nicht. Welchen Pflegepersonaltyp man bei einem Einsatz antrifft, ist jedes Mal eine Überraschung. Daher rechnen wir bei einem Alarmstichwort wie «Bewusstlosigkeit» stets mit dem Schlimmsten. Routinestichworte wie «Hausunfall» oder «Platzwunde nach Sturz» bringen uns seltener aus der Ruhe.

So war es jedenfalls, als letztere Meldung eines Nachts auf dem klingelnden Pager stand. Kevin und ich hatten uns schon zur Ruhe gelegt (Ruhe = regloser, energiesparender Zustand bei ständiger Aufmerksamkeit und Bereitschaft), als wir alarmiert wurden. Ich schaute auf das Display des Pagers, las den eingegangenen Notfall und sagte: «Hausunfall im Altenheim an der Adenauerstraße. Mann, und das um drei Uhr nachts. Ein ordentlicher Mensch sollte dann schlafen!»

«Da wollte bestimmt wieder eine Bewohnerin die Nachtschwester nicht belästigen und ist beim Versuch aufzustehen aus dem Bett gefallen», mutmaßte Kevin, während wir zum Rettungswagen liefen.

Das war nicht von der Hand zu weisen, denn solches war schon häufig vorgekommen: Oma Krause muss nachts auf den Topf, will das aber ohne Hilfe schaffen. Wenn sie sich dann irgendwie aus dem Bett gewälzt hat, fällt sie unsanft auf den Boden. Auf dem weiteren Weg zur Toilette stattet sie mit dem Kopf dem Nachtschrank einen Besuch ab, nicht ohne eine Platzwunde als Ergebnis. Fertig ist der Notfall.

Als wir im Haus in der Adenauerstraße eintrafen, zogen Kevin und ich die Trage aus dem RTW und legten anschließend den Notfallkoffer darauf. Bei Einsätzen mit Senioren, die in einem Heim leben, nehmen wir die Trage meist gleich mit, da man sie von den räumlichen Möglichkeiten her bis zum Zimmer der betroffenen Person fahren kann. Und viele der Patienten, zu denen wir gerufen werden, können sowieso nicht mehr laufen.

Gerade wollte ich noch routinemäßig den Beatmungsrucksack auf die Trage legen, da öffnete uns die Nachtschwester gelangweilt die Automatiktür und kam uns langsam entgegengeschlendert. Streng nach hinten gebundene Haare ließen die vielleicht Vierzigjährige älter aussehen, als sie war. Ich möchte nicht sagen, dass sie pummelig wirkte, aber ich hatte den Eindruck, dass sie mit ein Meter fünfundsechzig trotzdem «horizontal benachteiligt» war: Ihr grünweißer Kittel spannte über der Brust, die Waden, die unten aus dem Kittel herauslugten, hatten den Umfang von normalen Oberschenkeln, was durch die kleinen bunten Blümchen auf ihren Schlappen auch nicht kaschiert wurde.

«Ich glaube, die Trage brauchen Sie nicht», erklärte sie mit etwas zu hoher Stimme. «Lassen Sie die ruhig da, ist alles nicht so wild.»

Ich warf Kevin einen desillusionierten Blick zu und sagte:

«Dann ist die Sache wohl mit einem Pflaster zu regeln. Aber zum Röntgen müssen wir die Dame trotzdem mitnehmen.»

Wir klemmten uns nach dieser Ansage nur den Koffer unter den Arm und begaben uns ohne Trage ins Heim, immer auf den Fersen der Nachtschwester, zum Notfallort in die zweite Etage. Sie führte uns in eines der Bewohnerzimmer, in dem sich ein Bett, eine kleine Sitzecke und noch anderes Mobiliar befanden. Auf einer Kommode waren einige Familienfotos, verschiedene Pflegeutensilien sowie Handschuhe, Puder und Cremes aufgebaut. Außerdem gehörte zum Zimmer ein kleines Bad. Im Türbereich des Bades lag regungslos auf dem Boden eine dürre Frau, die Beine im Bad, der Oberkörper im Zimmer. Ein runzeliges Fünfundfünfzig-Kilo-Persönchen mit schlohweißen Haaren und rosafarbenem Nachthemd. Sie hatte eine leicht blutende Platzwunde am Hinterkopf. Was sie aber *nicht* hatte: Atmung, Puls und das Übrige, das man zum Leben so braucht.

«Wie ist denn das passiert?», fragte ich die Schwester, während ich am Hals nach dem Puls tastete und versuchte, ein Lebenszeichen zu erkennen.

«Keine Ahnung. Ich habe die Frau so gefunden und Sie dann angerufen», antwortete die Angesprochene ohne großes Interesse.

«Hatte die Dame Vorerkrankungen?»

Die Nachtschwester schaute etwas verständnislos. «Wie jetzt?»

«Herz? Schlaganfälle? Krampfanfälle? So was halt.»

«Weiß ich nicht genau, ich mache hier nur Nachtdienst.»

Was die Ursache für den Notfall war, konnte ich aufgrund der Lage der Heimbewohnerin und meiner Erfahrung aber auch ohne fremde Hilfe schnell beantworten: Die Dame ging zur Toilette, fiel mit «Herz» bewusstlos um und schlug dabei mit dem Hinterkopf an den Türpfosten. Mir war in dem Moment aber nicht klar, warum die Schwester nur eine Platzwunde gemeldet hatte. Immerhin hatte die Gefallene sich bestimmt nicht mehr mit der Schwester über ihre missliche Situation unterhalten können. Wie auch immer: Jetzt standen wir da, ohne EKG, ohne Beatmungsrucksack, ohne Notarzt. Im Koffer befand sich zwar ein ganz tolles Infrarot-Fieberthermometer, mit dem wir in diesem Fall allerdings nicht wirklich glänzen konnten.

Weil Kevin und ich nicht wussten, ob das Herz sofort beim Zusammenbruch zu arbeiten aufgehört hatte (manchmal schlägt das Herz in einer Frequenz weiter, die zumindest ein paar Minuten für einen Notkreislauf sorgt), und die Heimbewohnerin noch Körperwärme hatte, fing ich an, ihr auf die Brust zu drücken. Kevin schickte ich zurück zum Fahrzeug und fügte hinzu: «Hol schnell den Rest der Ausrüstung, und bestell bei der Leitstelle einen Notarzt nach!»

Mein Kollege verschwand, die Nachtschwester hingegen blieb etwas irritiert im Raum stehen und begriff wohl immer noch nicht so recht, was hier geschah. Als mir das auffiel, schickte ich sie hinter Kevin her: «Die automatische Tür unten, die ist doch in der Nacht mit einem Code gesichert, nicht wahr? Der Kollege muss aber raus!»

Daran hatte sie nicht gedacht. «Ach ja, natürlich», stammelte sie und lief Kevin hinterher.

Der Patientin blickte ich in den Rachenraum, um festzustellen, ob die Atemwege frei waren. Dabei sah ich, dass sie ihr Gebiss noch im Mund hatte, und zog es heraus. Anschließend nahm ich aus dem Notfallkoffer eine Kompresse als notdürftigen Beatmungsschutz und näherte mich nach dem nächsten Intervall einer kräftigen Druckmassage dem Antlitz der verwelkten Blume, um als rettender Prinz der «Bochumer Zechenfee 1957» den Lebensodem durch die Nüstern zu pusten – auch wenn mir dabei etwas schauderte. Aber ich habe nie behauptet, dass mein Beruf immer Spaß macht. Meine weitere Arbeitsmethode bis zu Kevins Rückkehr: die Ein-Helfer-Reanimation. Optimal ist anders.

Die Schwester steckte einige Momente später und wohl erstaunt darüber, dass noch immer kein Pflaster in der Frisur der Dame klebte, den Kopf durch die Tür und fragte, ob sie mir etwas bringen könnte. Ein Stückchen Kuchen vielleicht, blöde Schnepfe, dachte ich voller Groll. Wie konnte man nur so begriffsstutzig sein? Aber selbst wenn ich ihr gesagt hätte, was sie tun könnte – zum Beispiel die Beatmung übernehmen oder in den Unterlagen nach Vorerkrankungen und Medikamentenverordnungen zu recherchieren –, hätte sie kaum etwas Hilfreiches zustande gebracht. Meinen Bemühungen sah sie weiter mit leerem Gesichtsausdruck zu. Er ließ ahnen, dass sie völlig überfordert war.

Die üblichen Fragen nach der bisher bekannten gesundheitlichen Vorgeschichte der Patientin, die ich der Pflegerin nebenher beim Drücken stellte, um vielleicht doch noch ein wenig über die Heimbewohnerin zu erfahren, konnte sie, wie erwartet, nicht beantworten. Sie wiederholte ihre Aussage, dass sie nur Nachtschichten mache und auch erst vor kurzem in dem Heim angefangen habe. Es hätte nur noch gefehlt, dass sie behauptet hätte, sie würde die Frau am Boden nicht kennen.

Nach einer Weile begann ich mich zu wundern, warum der Kollege überhaupt nicht zurückkehrte.

«Steht der vielleicht unten vor verschlossener Tür?», fragte ich etwas gestresst die Pflegerin.

«Äh ... o ja, da sagen Sie was.» Anscheinend hatte sie inzwischen verstanden, dass es womöglich doch nicht nur an dem defekten Hinterkopf lag, dass die alte Dame vor mir so verstockt schwieg, jedenfalls bewegte sie sich auf dem Weg zum Eingang jetzt schon etwas schneller als eine tektonische Verschiebung.

Kurz darauf betrat sie mit Kevin das Zimmer, der einen Beatmungsrucksack und einen Defibrillator bei sich hatte. Na, dann konnte es ja endlich losgehen!

Wir spulten das Standardprogramm ab, mit klar verteilten Aufgaben, wie in der Schule für Rettungsassistenten gelernt: Während Kevin drückte, beatmete ich die Frau mit dem Beutel aus dem Rucksack, wobei ich in den Beatmungspausen das EKG klebte, einen venösen Zugang in den Arm legte und die Intubation, also das Einbringen eines Beatmungsschlauchs, vorbereitete. Und weil danach der Notarzt immer noch nicht da war, schob ich der Patientin auch den Schlauch in die Luftröhre. Es blieb sogar Zeit, die ersten Medikamente zu geben, bis der Arzt eintraf.

Plötzlich klingelte bei Schwester Merknix das Haustelefon.

«Äh, wer ist da?», fragte sie gedehnt, als sie den Hörer abnahm. «Der Notarzt? Ach so, ja. Ich komme.»

Jetzt stand der Mediziner vor verschlossener Tür! Hatte die Schwester diese nicht so umgestellt, dass sie automatisch aufging, wenn jemand hinein- oder hinauswollte? Ich konnte es kaum fassen, wie wenig sie mitdachte. Eine erwachsene Frau!

Sie hetzte erneut die Treppen hinunter ins Erdgeschoss, um den Arzt hereinzulassen. Als der dann endlich bei uns war, hatten wir die Bewusstlose fast komplett versorgt. Ich war gerade dabei, die zweite Dosis Adrenalin – ein Medikament, das die Herztätigkeit anregt – zu spritzen.

«Oh», staunte er nicht schlecht, als er die Szene im Zimmer überblickte. «Die Patientin ist sogar schon intubiert!»

«Richtig», entgegnete ich. «Sie wissen ja gar nicht, wie lange wir so intim mit der Dame zusammen sein durften. Aufgrund der guten Unterstützung durch das Pflegepersonal hatten wir etwas mehr Zeit, als uns lieb war. Und wenn wir jetzt noch einen Kreislauf hinbekommen, können wir auch ins Krankenhaus fahren.» Danach erklärte ich ihm kurz, wie wir die Patientin vorgefunden und welche Maßnahmen wir durchgeführt hatten. Anschließend übernahm der Arzt die Einsatzleitung.

Der Rest war Routine. Nach ein paar weiteren Minuten, in denen wir die Dame reanimierten, begann ihr Herz glücklicherweise in einem brauchbaren Rhythmus zu arbeiten. Wir konnten sie zum Transport auf die Trage legen, und mit Notarztbegleitung brachten wir sie zur nächsten Intensivstation.

Seit diesem Einsatz nehme ich auch bei vermeintlichen Bagatelleinsätzen wie einer gemeldeten Platzwunde immer einen Beatmungsbeutel mit. Erfahrung macht klug. Die Patientin hat sich übrigens nicht mehr bei mir gemeldet. Vielleicht hat sie nicht überlebt. Oder ich war aufgrund der erzwungenen Intimitäten nicht ihr Typ.

Kapitel 7
Wasserspiele in der Nacht

Wenn keiner weiterweiß, holt man die Feuerwehr. Die Jungs kommen dann mit einem ganzen Fundus an Gerätschaften für die verschiedensten Fälle, vom Pflaster bis zur Tierfangschlinge, vom Schraubendreher bis zur Rettungsschere. Fast alle Kollegen sind Handwerker, denen immer etwas einfällt. Und so geschieht es, dass diese omnipotente Truppe hin und wieder zu Notfällen gerufen wird, die eigentlich keine sind: verstopfte Abflüsse zum Beispiel oder das winterliche Abschlagen von Eiszapfen, die mit einem Besenstiel aus dem Fenster unterhalb der Traufe zu erreichen wären. Beliebt ist ebenso das bereits beschriebene Umsetzen von Wildtieren, die sich zwischen den Menschen in der Stadt ihren Lebensraum gesucht haben (deshalb heißen sie ja «Kulturfolger»). Nicht minder gehört das Einsammeln von Abfall wie Ölkanistern unter Straßenbäumen oder das Bergen von Sperrmüll aus einem Bach zu den «Hilfeersuchen des mündigen Bürgers», genauso wie das nach jedem schlechten Wetter obligatorische Räumen der Gehwege von herabgefallenen Zweigen mit einem Durchmesser von etwa zehn Zentimetern sowie das Säubern der Regeneinläufe von Laub. Aber da gab es auch die Sache mit der Kerze im Schaufenster.

Es war in der Adventszeit, ausnahmsweise nicht während, sondern kurz nach dem Abendessen, als wir für unser Löschfahrzeug einen Einsatz zugeteilt bekamen. Die Leitstelle rief über die Direktleitung an: «Fahrt doch bitte mal zum Geschenkeladen ‹Stöberkiste› in der Fußgängerzone. Dort sollen Kerzen im Schaufenster brennen.»

«Na und? Wir haben bald Weihnachten. Da brennen doch überall Kerzen», antwortete unser Wachführer verständnislos.

«Sicher, da hast du schon recht. Aber der Anrufer erzählte, dass der Laden schon geschlossen hat. Und irgendetwas davon, dass die Dekoration schon verrußt ist. Fahrt mal hin und seht euch das an.»

Steffen, Kevin, unser «Anstaltsleiter» und ich besetzten also das Löschfahrzeug und fuhren gemütlich und ohne Alarm durch den vorweihnachtlichen Geschenkeeinkaufsverkehr, bis in die Fußgängerzone hinein, in der unsere Einsatzstelle liegen sollte.

Als wir an dem Gebäude, in dem mehrere Geschäfte untergebracht waren, ankamen, stand im Schaufenster der «Stöberkiste» tatsächlich ein großes Windlicht mit einer dicken brennenden Stumpenkerze darin, die der Besitzer oder die Besitzerin des Ladens wohl zu löschen vergessen hatte. Gefühlte fünf Liter passten in diesen Glasbehälter, dessen Ränder wirklich etwas rußig waren. Auch einige Teelichter waren in der Dekoration aufgebaut, mangels Masse aber bereits erloschen. Nur das riesige Windlicht stand im Fenster und leuchtete gleichsam gedankenverloren vor sich hin. Die doppelflügelige Glastür des Geschäfts war verschlossen, im Laden kein Personal zu entdecken. Die Passanten, die sich inzwischen um uns versammelt hatten, erwarteten jetzt natürlich eine aufregende Aktion von uns.

«Sollen wir das Schloss an der Tür knacken?», fragte Kevin.

«Nein, lass mal», bremste ihn der Chef. «Das ist kein Standardschloss, das bekommen wir nicht ohne Weiteres auf. Am Ende zerspringt bei einem Versuch noch die ganze Glastür. Um eine Kerze auszupusten, wäre das wohl etwas übertrieben.» Es war ihm anzusehen, dass er überhaupt nicht auf Action aus war, sondern lieber wieder gemütlich in unserer Wache gesessen hätte. «Aber vielleicht bekommen wir es hin, zeitnah einen Schlüssel zu ergattern», fuhr er fort. «Dort unten an der Tür stehen einige Telefonnummern. Wir können ja nicht wegen der einen Kerze den ganzen Laden in Schutt und Asche legen.»

Danach bat der Wachführer über Funk die Leitstelle, die erste der auf die Ladentür geklebten Telefonnummern zu kontaktieren. Unter der Nummer der «Inhaber» teilte uns die Leitstelle zwei Minuten später mit, hätte sich nur ein Anrufbeantworter gemeldet. War wohl nichts mit dem Versuch.

«Was ist denn mit der Nummer darunter?» Steffen zog sein privates Handy aus der Tasche und wählte sie. Doch die freundliche Stimme am anderen Ende der Leitung konnte uns auch nicht weiterhelfen: «Guten Abend, Sie sind hier in der Zentrale der Ladenkette ‹Stöberkiste› ... Nein, tut mir leid, wem die betreffende Filiale jetzt gehört, weiß ich auch nicht genau. Der Inhaber hat kürzlich gewechselt. Steht denn da keine Telefonnummer an der Tür?» Auch der zweite Versuch endete in einer Sackgasse.

Also wählten wir die nächste Nummer, die wir an der Glastür fanden. Es meldete sich ein Sicherheitsdienst: «Nö, wir betreuen das Objekt schon länger nicht mehr.» Dritter Versuch, kein Treffer.

Es fand sich auf einem weiteren Aufkleber noch eine vierte Telefonnummer, ebenfalls ein Sicherheitsdienst, wie sich schnell herausstellte, jedoch einer mit besonderer Befugnis:

«Wir haben keinen Schlüssel für das Objekt. Wir sollen bei Alarm nur die Polizei und den Inhaber verständigen. Ich habe da die Nummer des Inhabers. Soll ich mal anrufen?»

«Nein, danke. Das haben wir auch schon probiert.»

Unsere Hoffnung, jemanden mit einem Schlüssel für das Geschäft zu erreichen, zerbröselte nach und nach wie trockenes Spekulatius-Gebäck. Es gab noch eine letzte Telefonnummer, die wir testeten. Wieder schaltete sich ein Anrufbeantworter ein: «Willkommen bei Türen-Paul, Sie rufen außerhalb der Geschäftszeiten an …» Fehlversuch: Das war nur die Firma, die so viele Türen hat, dass sie sie schon verkaufen müssen.

«So 'n Mist! Fünf Nummern an der Tür, und keiner der Anschlussinhaber ist zuständig. Wofür kleben die überhaupt die tollen Notrufnummern da hin?», fluchte unser Chef.

Wir kamen so nicht weiter.

Die Kerze flackerte, die Leute guckten. Und warteten immer noch auf Action. Sie wollten wissen, wie wir mit einem 500 000 Euro teuren Auto und vier Mann der einfachen Gehaltsstufe eine Kerze löschen. Klar, war ja nur zu verständlich. Da es in der Auslage etwas zog, hatte sich am Rand des Windlichts schon etwas mehr Ruß von der flackernden Kerzenflamme niedergeschlagen. Und für die Passanten war Ruß gleichbedeutend mit gefährlich. In ihren Gesichtern war zu lesen: Man kann doch die Kerze und den Laden nicht einfach sich selbst überlassen!

Kevin, dafür bekannt, in solchen Situationen manchmal etwas unkonventionelle Einfälle zu haben, hatte eine Idee: «Vielleicht könnten wir mit einem Infusionsschlauch durch den Türschlitz um die Ecke spritzen?»

Ich runzelte die Stirn: «So eine Zirkusnummer müssen wir uns jetzt vor den Leuten doch nicht geben! Das kannst du sonst in spätestens zwei Stunden auf Facebook bestaunen.»

Leicht beleidigt zog er sich zurück und schaute sich trotzig die Schaufensterauslage an. Wobei die Formulierung «leicht beleidigt» untertrieben war: Hätte es geregnet, wäre er wegen seiner zum Schüppchen gezogenen Unterlippe wohl ersoffen.

Uns kam dann die Möglichkeit in den Sinn, vielleicht durch den Keller in den Laden zu gelangen.

«Gute Idee. Kevin und Ingo, ihr bleibt vor der Tür stehen, damit nicht der nächste Passant wieder besorgt bei der Leitstelle anruft, und Steffen, du kommst mit mir», ordnete unser Chef an.

Nachdem Steffen und der Wachführer bei der Umrundung des Gebäudes inspiziert hatten, durch welchen Hintereingang sie es betreten konnten, und sich auch ein Hausmeister gefunden hatte, dachten wir alle an ein kurzes Ende des Einsatzes. Aber weit gefehlt: Der Hausmeister führte die beiden Kollegen in den Keller, und vor einem Monster von Brandschutztür machte er halt. «Hinter dieser Tür ist das Lager der ‹Stöberkiste›», verkündete er, stolz darüber, uns helfen zu können. Er zog einen größeren Schlüsselbund aus der Tasche und fing an, verschiedene Schlüssel an der Tür auszuprobieren: «So was, mein Generalschlüssel passt ja gar nicht. Der müsste aber doch ... Was ist das überhaupt für ein aufwendiges Schloss?»

Während der Haustechniker noch konzentriert an dem Schloss herumfummelte, setzte sich unser Wachführer seufzend auf die Kellertreppe: «So ein Riesenaufwand wegen einer Kerze, bei der sowieso nichts passieren kann. Mannmannmann, das darf doch nicht wahr sein!»

«Aber wenn wir sie einfach weiter brennen lassen, wird bestimmt ein paar Minuten später der nächste besorgte Bürger bei der Leitstelle anrufen», meinte Steffen. «Und von uns erwartet man dann wieder, dass wir diese vermeintlich latente Gefahr sofort ausschalten.»

Der Hausmeister wurde deutlich sauer, als er feststellte, dass keiner von seinen Schlüsseln passte. «Den Ärger hatte ich schon mehrfach. Jedes Mal, wenn ein Pächter den Laden neu übernimmt, meint er, das Schloss austauschen zu müssen. Und wenn etwas ist, so wie heute, stehe ich vor verschlossener Tür.»

Steffen und unser Anstaltsleiter überlegten derweil, wie man die Kellertür mit dem geringsten Schaden aufbrechen könnte. Kevin und ich hielten oben vor der Ladentür weiter die Stellung. Das Kerzenfeuer sollte ja nicht meinen, es könnte unbeobachtet und ohne unser Zutun erlöschen. Aber es war wie gehabt: Die Kerze flackerte, die Leute guckten.

Dann fing Kevin schon wieder an: «Was soll daran so blöd sein? Man könnte doch durch den Schlitz zwischen den Glastüren hindurch versuchen, das Windlicht mit einem Wasserstrahl zu treffen. Wir haben im Rettungsrucksack auf dem LF doch Spritzen und Infusionen. Und bevor wir hier bloß dumm rumstehen ...»

Ich war genervt: «Mein Gott, ja, dann versuch's halt. Aber mach das so, dass die Leute das nicht so mitbekommen.» Mir war dennoch klar, dass diese Aktion ohne eine Hundertschaft der Polizei nicht zu verbergen war, da die Schaulustigen von einem Löschfahrzeug in der Fußgängerzone angezogen wurden wie Fliegen von einem Plumpsklo.

Kevin lief zum Auto, erleichterte den Rucksack um eine Infusion, eine Spritze und die dazugehörige Nadel und kehrte zurück. Er füllte die zehn Milliliter fassende Spritze mit Wasser, um danach auf dem Boden kniend zu versuchen, mit der gebogenen Nadel durch den Glastürschlitz um die Ecke zu schießen. Die Öffnung des im Schaufenster befindlichen Windlichts hatte etwa einen Durchmesser von zehn Zentimetern, der Abstand betrug zwei Meter. Jetzt musste Kevin nur noch treffen. Das war nicht einfach, die Prozedur wurde mehrmals wiederholt. Die Schaulustigen feuerten den Kollegen begeistert an:

«Das war zu weit!»

«Etwas weniger Druck!»

«Und weiter links!»

Nach jedem fehlgeschlagenen Versuch ging ein teils belustigtes, teils enttäuschtes Raunen durch die Zuschauer. Mir war das peinlich. Die Szene erinnerte mich an eine populäre Fernsehsendung aus gehaltvolleren TV-Zeiten: Bei *Dalli Dalli* mussten die Kandidaten lustige Aufgaben lösen, und diese Nummer hätte eins zu eins aus dieser Show stammen können. Alle schauten gebannt zu, wie Kevins Wasserstrahl hinter der Scheibe mal vor, mal hinter dem Windlicht herunterkam. Und neben ihren guten Ratschlägen, die jeder parat hatte, schlossen die Leute auch schon Wetten ab, ob Kevin es fertigbrachte, die Flamme zu treffen. Es herrschte Volksfeststimmung. Fehlte nur noch eine Würstchenbude.

Mittlerweile traf Polizei ein, wahrscheinlich vom Chef gerufen, um unter der Aufsicht der Beamten die Tür mit dem Trennschleifer aufzuschneiden. Bevor ich weiter darüber nachdenken konnte, fiel einer jungen Frau in Fellstiefelchen und einem für die Jahreszeit viel zu dünnen Jäckchen ein: «Meine Freundin ist hier Verkäuferin. Die wird auch einen Schlüssel haben. Soll ich die mal anrufen?» Ich hätte ihr auf der Stelle das Kunstfell über die Ohren ziehen können, denn die Person hatte uns mindestens schon dreißig Minuten beobachtet. Wir machten uns hier «zum Horst», um in den Laden zu gelangen, und sie wusste die ganze Zeit, wo wir einen Schlüssel herbekommen konnten.

«Ja sicher, Mann, äh, Frau, rufen Sie dort an. Aber das hätten Sie uns auch gleich sagen können.» Die letzte Bemerkung konnte ich mir nicht verkneifen.

Das blitzgescheite Fräulein kramte ihr Handy hervor und gab auf der Tastatur die Nummer ihrer Freundin ein. Und anstatt kurz zu sagen: «Hallo! Die Feuerwehr möchte eine Kerze in eurem Schaufenster löschen. Kannst du mit dem Schlüssel vorbeikommen?», tat sie das, was ich fast erwartet hatte: Sie kaute erst einmal den Schichtplan des Geschäfts mit ihr durch, um herauszufinden, wer wohl den Tinnef-Shop als Letzter verlassen hatte. Danach beschrieb sie ausladend, was vor dem Laden los war, fragte die Freundin, wann sie denn am nächsten Morgen dort anfangen würde, diskutierte, warum wir den Inhaber noch nicht angerufen hatten …

Die Kollegen im Keller packten währenddessen den Koffer mit dem Trennschneider vor der Metalltür aus, um sie aufzuschneiden, wie ich über Funk erfuhr. Zugleich hatte ich ihnen mitgeteilt, wie der Stand der Dinge bei Kevin und mir war.

Nachdem das durchgegeben war, hatte ich nicht mehr die Ruhe, mir das muntere Geplauder der Kunstfelldame so lange mit anzuhören, bis sie womöglich im Morgengrauen zum für uns wichtigen Punkt kam. Ich unterbrach sie unwirsch: «Jetzt fragen Sie doch endlich, ob sie einen Schlüssel hat und wann sie damit hier sein kann!» Die junge Frau schaute mich angesichts der barschen Ansprache zunächst etwas erschrocken an, stellte danach ihrer Freundin am Telefon aber die verlangte Frage. Die Antwort konnte ich verstehen, sie war laut genug formuliert. So sagte die Angerufene, dass sie mit ihrem Mann auf einer Feier und nicht zu Hause sei, der Schlüssel jedoch schon. Danach erläuterte sie in Romanlänge, warum ihr Mann sie nicht nach Hause fahren konnte und warum sie nicht selbst fuhr … Es war zum Verrücktwerden! Die sich vor dem Geschäft herumtreibenden Männer grinsten breit, als sie sahen, wie ich immer missmutiger wurde. Die Frauen der Männer schauten diese daraufhin böse an, weil sie anscheinend vollstes Verständnis für die Telefonierenden hatten.

Wie auch immer: Wir kamen in der Sache keinen Deut voran.

Die Kerze flackerte, die Leute guckten.

Wieder versuchte ich, die Angelegenheit zu beschleunigen, wenn das denn möglich war: «Kommt Ihre Freundin jetzt mit dem Schlüssel, oder sollen die Kollegen im Keller die Tür aufbrechen? Die sind nämlich schon bereit, aber dann ist die Tür kaputt.»

Diese Androhung half. Die Verkäuferin aus der «Stöberkiste» erklärte sich bereit, sich auf den etwa zwanzig Minuten dauernden Weg zu machen. Da konnte man nur hoffen, dass sie auch verstanden hatte, dass sie den Schlüssel mitbringen sollte.

Ich sprach unseren Chef über Funk an: «Du, die Verkäuferin aus dem Laden kommt in etwa zwanzig Minuten mit einem Schlüssel vorbei.»

Die Antwort meines Anstaltsleiters ließ befürchten, dass es wohl zu spät für die Tür war: «Ich glaube, den brauchen wir nicht mehr.»

Doch entgegen meinen Befürchtungen war die Tür nicht zerstört worden. Die Kollegen im Keller berieten gerade, wo man den Trennschleifer am effektivsten ansetzen sollte, als Steffen auffiel: «Ey, guck mal hier, Chef, die Scharnierstifte sind am unteren Ende gar nicht gesichert. Nur eingesteckt.»

«Und die bekommt man da so heraus?»

«Klar.» Steffen war sich seiner Sache sicher. «Die können wir mit einem Hammer heraustreiben. Dann fällt das Scharnier auseinander, und die Tür kann man danach aus dem Rahmen herauskippen.»

Halleluja, gepriesen sei der Herr. Die Lösung war so einfach! Steffen holte aus der Werkzeugkiste, die wir im Auto mitführen, einen Dorn und einen Hammer und schlug die Stifte aus den Scharnieren. Anschließend klappte er die schwere Brandschutztür mit Hilfe unseres Wachführers und den Polizisten nach außen ab. Gemeinsam betraten sie durch das Kellerlager den Laden. Von außen konnten Kevin und ich zusammen mit den begeisterten Passanten sehen, wie Steffen über die von Kevins Zirkusnummer durchnässte Schaufensterdekoration kletterte und unter dem Beifall des Publikums das Windlicht auspustete. Was für eine Geburt!

Kevin und ich liefen um das Gebäude herum und stiegen hinab in den Keller, wo Steffen und unser Chef mit Unterstützung des Haustechnikers die Scharnierstifte der Kellertür bereits einsetzten.

Just in dem Moment, als die Karawane aus Feuerwehr, Polizei und Hausmeister die Treppe wieder heraufstieg, traf auch die Verkäuferin mit dem Ladenschlüssel ein, vollkommen abgehetzt. Sie musste sich erst einen «Einlauf» vom Haustechniker abholen, weil das Schloss der Brandschutztür ausgetauscht worden war, dann von unserem Wachführer eine Fortbildung über die Zugangsregelungen im Einsatzfall über sich ergehen lassen, um sich anschließend von der Polizei eine Rüge erteilen zu lassen, da kein Verantwortlicher in einem solchen Notfall aufzutreiben gewesen sei. Jeder zweite Satz begann mit «Ich weiß, Sie sind nicht der Inhaber des Geschäfts, aber …», sodass sie mir am Ende sogar ziemlich leidtat. Ganz klein und betroffen stand sie da, ließ alle auf sie einreden und versuchte noch, ihren Chef zu entschuldigen, der sie am nächsten Tag bestimmt auch noch für unseren Einsatz verantwortlich machen würde. Womöglich war sie sogar diejenige, die die Kerze im Schaufenster vergessen hatte. Wenigstens flackerte sie jetzt nicht mehr. Die Kerze, die ein Dutzend Menschen beschäftigt und ein weiteres Dutzend belustigt hatte. Der Inhaber des Ladens grübelt wahrscheinlich heute noch darüber nach, wie wir ohne sichtbare Zerstörungen an der schweren Brandschutztür mit dem Hochsicherheitsschloss vorbeigekommen sind. Das haben wir nämlich niemandem verraten.

Kapitel 8
Die Hose hinter der Schlafzimmertür

Nicht immer, wenn der Rettungsdienst gerufen wird, kann man mit Medikamenten oder einem Pflaster weiterhelfen. Manchmal geht es einfach nur um eine Hand, die zupacken kann, wenn zum Beispiel eine Seniorin aus dem Bett gefallen ist und alleine nicht wieder hochkommt. Sie drückt dazu den Hausnotrufknopf, oder der ebenfalls gebrechliche Partner sucht Hilfe bei der Feuerwehr. In solchen Fällen fahren wir mitten in der Nacht ohne Blaulicht los, um «Omma inne Koje zu helfen». Wir sind auch nicht böse, wenn es um derartige «Handgreiflichkeiten» geht. Schließlich wurde wirklich Hilfe gebraucht, und es wurde beim Notruf nicht der Weltuntergang heraufbeschworen, sondern ehrlich gesagt, worum es sich handelt.

Können wir nicht weiterhelfen, zeigen wir andere Möglichkeiten auf. Verwindet ein Mensch etwa den Verlust eines Angehörigen oder Partners nicht, kann die Trauer durchaus nicht nur Depressionen, sondern auch physische Symptome hervorrufen. Zum Beispiel Angstzustände und Herzklopfen. So wurden wir einmal zu einer Frau gerufen, die «Atemnot» hatte. Bei unserem Eintreffen stellte sich schnell heraus, dass sie ihren Mann verloren und in ihrer Not zu trinken angefangen hatte. Da Alkohol aber Gefühle nicht unterdrückt, sondern verstärkt, bekam sie psychosomatische Beschwerden, in diesem Fall einen Druck auf der Brust und ein Gefühl von Atemnot. Und wenn die Ursache in der Psyche liegt, bringen Asthmamedikamente natürlich nur kurzfristig Besserung. Da den Menschen, die so tief in Depressionen stecken, der Blick auf offensichtliche Lösungsansätze verstellt ist, muss ihnen jemand sagen, wo sie Hilfe bekommen können. Also schreibt man den Betroffenen als «Serviceleistung» je nach Bedarf die Telefonnummer einer Trauerselbsthilfegruppe auf, der Seelsorge oder der Drogenberatung für Angehörige, damit sie vielleicht in einem lichten Moment den Zettel auf dem Tisch finden und sich einen Ruck geben, um dort anzurufen. Wenn ich selbst nicht helfen kann, versuche ich wenigstens jemanden zu nennen, der das übernehmen könnte.

Auch suchen viele Anrufer in der Notrufzentrale einfach nur einen Rat, wollen wissen, wie ein Notdienst zu erreichen ist: ein Hausarzt, ein Zahnarzt, die nächste Bereitschaftsapotheke. Die Feuerwehr wird von vielen in der Bevölkerung als Mädchen für alles angesehen, als Telefonauskunft, Taxizentrale, Tiefbauamt (wenn es um das Aufstellen von umgeworfenen Baustellenabsperrungen geht) oder Grünflächenamt (wenn ein Baum auf eine Wiese gekippt ist). Die Disponenten halten für derlei Situationen eine lange Liste mit Telefonnummern bereit. Manchmal rufen sogar Leute an, die nur die Uhrzeit wissen wollen! Das ist nicht unbedingt der Sinn einer millionenteuren Leitstelle. Leider werden dadurch die 112-Leitungen für wirklich Hilfesuchende blockiert, die sich nicht über den qualmenden Grill des Nachbarn beschweren oder uns als «rollende Apotheke» missbrauchen wollen («Aber mein Asthmaspray ist leer, und die Apotheken haben doch schon zu»).

Praktische Lebenshilfe der ganz besonderen Art mussten wir einmal im Keller einer Eisdiele leisten. Dieter war am späten Nachmittag dabei, auf unserer Rettungswache die Transportbelege gerade abgeschlossener Einsätze ins Abrechnungssystem einzutippen, während ich den Linoleumboden unseres Aufenthaltsraums fegte.

«Heb mal die Füße hoch», forderte ich ihn auf. «Da ist alles voll Krümel von deinem Brötchen.»

Dieter, der dem Dialekt nach einer waschechten Bergmannsfamilie entstammte, war etwas genervt. Er mochte keine Sitz- und Büroarbeit, deshalb antwortete er: «Mann, lass mich in Ruhe. Kannze nich später hier rumfegen? Du ziehst mit 'nen Besen bloß wieder die Computerstecker da unten raus!» Trotzdem rollte er mit dem Bürostuhl etwas zurück und hob die Füße an, wenn auch widerwillig. Aber zum Fegen kam ich nicht mehr, denn in diesem Moment klingelten die Alarmmelder. Auf dem Display stand kryptisch: «RET. HP in Eisdiele.» Keine nähere Bezeichnung des Notfalls. Das passiert, wenn in der Zentrale gerade «die Luft brennt» und die Disponenten sich bei weniger dringend erscheinenden Notrufen nicht so lange mit der Ausformulierung von Einsatzmeldungen aufhalten wollen – oder der Einsatz ist irgendetwas «Krummes», also eine Sache, auf die kaum eine der üblichen Meldungen passt. Dieter schimpfte weiter: «Mann, immer, wenn ich mitten inne Papiere bin!» Es half nichts, wir mussten los.

Nachdem ich die blauen Reklamelampen auf dem Rettungsbomber eingeschaltet hatte, ärgerte sich Dieter während der Fahrt weiterhin darüber, dass er die bisherigen Transportscheine dieser Schicht noch nicht alle in den PC eingegeben hatte, dass jetzt wieder ein neuer Transportschein hinzukommen würde, über den «Blödsinn mit der EDV» an sich und dass der ganze Papierkram immer doppelt und dreifach ausgeführt werden müsste. «Früher haben wir die Dinger einfach in die

Dienstpost geschmissen und gut. Den Rest hamse inne Abrechnung selbst fabriziert, dafür sind die doch schließlich da! Und heute ... bin ich Retter oder Büro-Fuzzi? Ich will 'ne Sekretärin.» Ich ließ ihn schimpfen und schlängelte unser Fahrzeug durch den Verkehr.

Die angegebene Adresse war ein Eiscafé in einer Fußgängerzone. Da die Zufahrt mit Sperrpfosten versehen war und es auf dem Weg zum Café durch einbetonierte Blumenkübel sehr eng wurde, entschlossen wir uns, die letzten fünfzig Meter zu Fuß zurückzulegen.

«Bleib mitte Karre mal draußen, da isses so eng, da fährsse bloß alles krumm», meinte Dieter.

Wir stiegen aus und entnahmen dem Rettungswagen den Notfallkoffer und den Beatmungsrucksack. Auf dem Weg ins Café kam uns ein Passant grinsend entgegen: «Ich glaube, euren Koffer braucht ihr da nicht.»

Na, jetzt waren wir aber gespannt, warum der Herr so amüsiert war!

In der Eisdiele angekommen, schickte uns ein Kellner in einem feinen weißen Hemd und in schwarzer Weste ohne nähere Erklärungen in den Keller, wo sich die Toiletten befanden. Auf dem Weg die Treppe hinunter nahmen wir schon ein gewisses Aroma war. Vor der Herrentoilette trafen wir dann auf eine völlig überforderte Frau Mitte siebzig mit geblümter Sommerbluse unter einem hellbraunen Kostüm, die sich verzweifelt an ihre Handtasche klammerte.

«Gut, dass Sie da sind! Es ist ja so peinlich!», rief sie uns zu.

Sie ging mit uns bis zur Kabine, in der saß bei offener Tür ihr Mann auf der Schüssel, der es mit seiner Durchfallerkrankung anscheinend nicht mehr bis zum «Zielquadranten» geschafft hatte. Die braune Tuchhose, die vielleicht einmal beigefarben gewesen war, hatte er ausgezogen und mitsamt dem Ton in Ton abgestimmten Unterhoseninhalt fein säuberlich vor sich drapiert, mit dem Hosenbund nach oben, heftig duftend, sodass wir gut ausmachen konnten, worin sein Problem lag. Seine Frau war jedenfalls nicht fähig, es uns zu erklären. Der Senior mit dem schütteren Haar war jetzt zwar erleichtert (auch darüber, dass wir da waren), wusste aber nicht, was er machen könnte, um sich aus dieser misslichen Lage zu befreien. Die Hose war nicht mehr zu tragen, die wenig krisenfeste Frau kurz vor dem Nervenzusammenbruch, und mit nacktem Hintern nutzte ihm auch sein sauberes Sakko nichts, wollte man den Nachhauseweg durch die Fußgängerzone antreten.

Dieter machte aufgrund des Geruchs gleich wieder einen Schritt rückwärts und überließ mir großzügig die Einsatzleitung: «Öhm ... mach du datt ma. Musse auch mal lernen.»

Ich wollte erst einmal abchecken, ob es vielleicht neben dem erkennbaren Dilemma auch ein akutes gesundheitliches Problem gab. Darum befragte ich den Halbnackten zunächst: «Ist Ihnen schlecht? Fehlt Ihnen etwas?»

Genervt antwortete er: «Nein, mir geht es bestens. Mir ist nur dieser Mist hier passiert.» Dabei deutete er auf seine um mindestens ein halbes Pfund schwerer gewordenen Beinkleider und fuhr fort: «Ich brauche bloß eine neue Hose. Aber meine Frau kriegt nichts auf die Reihe!»

«Was genau kriegt sie nicht auf die Reihe?»

Er erzählte uns nun, dass er aktuell unter einer Magen-Darm-Unpässlichkeit leide und in der Fußgängerzone plötzlich «Druck» bekommen hätte. «Wir haben ja noch versucht, eine Toilette aufzusuchen, aber auf dem Weg hier runter konnte ich einfach nichts mehr halten. Jetzt ist meine Frau überfordert, und ich kann hier ohne Hose nicht mehr weg.» Seine Frau, mental blockiert, schaute mich hilfesuchend an: «Was machen wir denn jetzt? Können Sie ihn nicht nach Hause fahren?»

Da wir kein Taxi sind und ein medizinischer Notfall nicht vorlag, sondern eher ein kosmetischer, war ich von dieser Idee nicht wirklich begeistert. Oben an der Treppe hörte ich Dieter, der von der ausdünstenden Hose anscheinend noch sehr beeindruckt war, mit dem Kellner im gastfreien Café reden: «Boh, ey, datt müffelt ja! Da rollen sich die Fußnägel ein! Wie lange sitzt der denn schon da unten übern Schacht?» Weil der Kellner in seiner Antwort aber deutlich diskreter mit der Situation umging, verstand ich ihn nicht.

«Wo wohnen Sie denn?», fragte ich das verzweifelte Ehepaar.

«In der Elmarstraße 14, gar nicht so weit von hier», erwiderte die Frau.

Die Lösung, die ich ihr jetzt präsentierte, war ihr seltsamerweise nicht eingefallen: «Dann fahren Sie mit einem Taxi nach Hause und holen für Ihren Mann eine neue Hose. Haben Sie eine gefunden, kommen Sie wieder zurück.»

Es folgte zwischen dem Paar ein Dialog, der deutlich die Blockade im Kopf der Frau erkennen ließ:

«Aber ich weiß ja gar nicht, wo Hans die Hosen hat!»

«Im Schlafzimmer, natürlich! Da hängt eine an der Tür.»

«Wie? An der Tür?»

«Da, wo immer eine hängt, die braune, auf dem Bügel!»

«Und wenn die da nicht hängt?»

«Dann holst du eine aus dem Kleiderschrank.»

«Welche denn?»

Es war zum Verrücktwerden: Sie begriff einfach nicht, was der Punkt der ganzen Aktion sein sollte, und diskutierte Probleme, die keine waren. Man konnte den Eindruck gewinnen, als würde die gute Frau noch nicht lange in der Wohnung leben, da sie nicht einmal mehr wusste, wo der Kleiderschrank stand.

«Hören Sie», unterbrach ich diesen sinnlosen Dialog, «wir rufen Ihnen jetzt ein Taxi.»

«Und wenn ...»

«Nein, nicht ‹und wenn›», fiel ich ihr erneut ins Wort. «Ich rufe ein Taxi. Sie fahren damit nach Hause, holen für Ihren

Hans die braune Hose, die hinter der Tür hängt, nehmen dasselbe Taxi wieder zurück und bringen Ihrem Mann die Buchse. Einen Wohnungsschlüssel haben Sie hoffentlich.»

«Wie soll ich denn ein Taxi bestellen? Ich habe doch gar kein Handy.» Die Dame war sicher auch so sehr kompliziert, aber im Augenblick befand sie sich in einer mentalen Sackgasse ohne Wendemöglichkeit.

«Der Kellner wird Ihnen bestimmt eines rufen, wenn Sie ihn darum bitten.» Ich atmete tief durch. «Ach was, ich werde das für Sie übernehmen.»

Der verhinderte Ehemann sah sichtlich erlöst aus. Endlich war jemand da, der die Sache voranbrachte. Die Bedenken der aufgelösten Dame, ob das Taxi noch da sei, wenn sie mit der Hose über dem Arm wieder aus der Wohnung käme, konnte ich dennoch nicht ganz zerstreuen. «Glauben Sie mir bitte, wenn Sie dem Taxifahrer sagen, dass Sie sofort wieder zurückfahren wollen, wird der warten. Er verdient doch schließlich sein Geld damit.»

«Und wenn der dann trotzdem weg ist?»

Manchmal ist mein Beruf etwas anstrengend, sosehr ich ihn auch liebe. Man trifft öfter als vermutet auf Menschen, die in Stresssituationen unfähig sind, sich auch nur die Schuhe zuzubinden. Die einfachsten Vorgänge werden dann zum unüberwindbaren Problem.

Da dieser «Notfall» tatsächlich nichts für die klinische Maximalversorgung im Schockraum war, bestellte ich über den Kellner, der heilfroh war, dass sich die Lage im Keller zu klären begann, ein Taxi. Zusammen mit der durch meinen endlosen Zuspruch etwas sicherer gewordenen Dame warteten wir hinter dem Eiscafé auf den cremefarbenen Wagen. Dieter fragte, ob wir unseren Rettungswagen nicht wieder bei der Leitstelle frei melden sollten, schließlich gab es bei dem Einsatz niemanden zu transportieren. Ich aber gab zu bedenken: «Wenn du die

Ehefrau jetzt alleine lässt, traut sie sich nicht mehr, ohne ihren Mann in die Droschke zu steigen. Und dann stehen wir in ein paar Minuten wieder hier.» Das leuchtete auch Dieter ein. Als das Taxi eintraf, nordete ich den Fahrer ein, die Frau samt Hose wieder zurückzubringen: «Bitte versichern Sie ihr auch noch mal, dass Sie vor der Haustür auf sie warten werden. Die ist völlig durch den Wind. Ach, und falls sie sich nicht mehr sicher ist: Die Hose, die sie holen soll, hängt hinter der Schlafzimmertür.» Mit dieser Ansage kannte sich selbst der Taxifahrer im Schlafzimmer des Seniorenpärchens aus.

Da wir keinen Folgenotruf zum Öffnen einer Wohnungstür bekamen, ging ich davon aus, dass die Frau all ihrer Überforderung zum Trotz zumindest ihren Hausschlüssel gefunden hatte und die Hose glücklich zu ihrem Mann bringen konnte. Vielleicht hätte ich ihr noch die Anweisung mit auf den Weg geben sollen, eine Plastiktüte mitzubringen, denn von selbst war sie bestimmt nicht auf diesen Einfall kommen. Ich stellte es mir nicht als sehr angenehm vor, mit der vollgekleisterten Hose über dem Arm durch die Fußgängerzone zu wandern – und noch weniger, mit der geruchsintensiven Kleidung ein weiteres Mal ein Taxi zu besteigen. Ich hoffe, sie hat dem Besitzer oder wenigstens dem Kellner des Eiscafés ein gutes Trinkgeld für die desolate Toilette und die Atmosphäre in seinem Laden überlassen.

«Puh», stöhnte Dieter auf dem Rückweg, nachdem unser Einsatz beendet war. «Mit der Tante war ja überhaupt nichts anzufangen. Stell dir vor, da passiert wirklich mal was, da vergisst die doch das Atmen und fällt tot um. Da fange ich doch glatt an, Büroarbeit zu mögen. Die stinkt zumindest nicht so.»

Kapitel 9
Von Badenixen und Heimwerkern

Sah ich früher irgendwo Autos der Feuerwehr, war ich natürlich sofort zur Stelle, um zu erfahren, was denn da so los sei. Nicht von ungefähr wurde ich Feuerwehrmann. Das neugierige Verhalten von damals kann man also getrost als zukünftiges berufliches Engagement gelten lassen. Jetzt kenne ich die Probleme mit im Weg stehenden Schaulustigen aber auch von der anderen Seite. Nicht erst seit der Kerzengeschichte. Wobei das Zusehen aus der Entfernung alleine nicht so schlimm wäre. Aber wenn ich erst einige Menschen beiseiteschieben muss, um die Pumpe im Feuerwehrwagen bedienen zu können, oder sie mich beim Rollen der Schläuche behindern, ist das schon sehr nervig. Zudem begeben sich einige Zaungäste beim Eindringen in unseren Arbeitsbereich in Gefahr. Nicht umsonst sperren wir oft weiträumig ab.

Einige Bürger haben hingegen anscheinend überhaupt kein Interesse daran, wenn die Feuerwehr in der Nachbarschaft unterwegs ist. Das ist grundsätzlich nicht weiter von erwähnenswerter Bedeutung. Publikum haben wir schließlich häufig mehr als genug. Wenn die Menschen jedoch so gut wie keine Aufmerksamkeit zeigen, obwohl wir einen Einsatz in ihrer Wohnung haben, zählen sie schon zu einer bemerkenswert seltenen Spezies. So bekamen wir einmal von unserer Leitstelle einen Einsatzauftrag in einer Wohnstraße. Ein Mieter aus dem Haus mit der Nummer 23 hatte gemeldet, Wasser würde aus einer benachbarten Wohnung in das Treppenhaus dringen.

Der Arbeitseinsatz – so werden die Einsätze bezeichnet, zu denen wir ohne Alarm fahren, weil sie keine zeitkritischen Notfälle sind – kam gegen Abend und, wie so häufig, kurz nach Steffens Ruf, er habe das Essen fertig zubereitet. Steffen war ja derjenige in der Wachmannschaft, der am besten kochen konnte. Hatte er Urlaub, konnte sich der Chef des von uns bevorzugten Pizza-Lieferservices vom zusätzlichen Verdienst wahrscheinlich ein neues Auto leisten.

«Mensch, Leute, ich koche nie wieder Nudeln. Die sind doch total klietschig, wenn wir zurück sind», jammerte Steffen.

«Dann mach nächstes Mal was mit Kartoffeln. Du weißt ja, wie das hier läuft», witzelte ich zurück, während wir in die Fahrzeughalle gingen. Unserem Wachführer ging das «Klarmachen zum Ausrücken» nicht schnell genug. «Wo ist denn der Maschinist?», rief er. «Hat der die Durchsage nicht mitbekommen?»

Steffen grinste: «Öhm, ich glaube, der Kevin sitzt gerade auf dem Boiler ...»

So dauerte es noch etwa eine halbe Minute, bis die Tür zur Fahrzeughalle aufging und ein erleichterter Maschinist auf das Fahrzeug kletterte. Der Chef blickte missmutig zu ihm hinüber. Kevin meinte lapidar: «Was denn? Arbeitseinsatz war doch die Durchsage. Oder habe ich das verkehrt gehört?»

«Hättest ruhig ein bisschen hinmachen können», maulte unser Anstaltsleiter.

«Hab ich doch», sagte Kevin trotzig, während er losfuhr, aber nur halblaut und von daher kaum zu verstehen.

Als wir nach ein paar Minuten und zwei Stadtteilen weiter vor einem Nachkriegswohnblock eintrafen, konnte ich schon beim Anhalten erkennen, dass vom Türsturz über dem Eingang Wasser auf den Gehweg tropfte. Bei näherem Hinsehen war auszumachen, dass dort schaumige, wohlriechende Wasserperlen hingen. Steffen, unser Wachführer und ich stiegen aus, um herauszufinden, was wir tun konnten. Kevin blieb am Fahrzeug, um Rückmeldungen zu geben und notfalls Geräte wie bestimmte Werkzeuge oder den Wassersauger für den Einsatz vorzubereiten.

Im Treppenhaus wurden wir sehnsüchtig von einer etwas voluminösen Hausfrau im bunten Kittel erwartet; sie schlurfte in ausgelatschten Pantoffeln auf uns zu.

«Das kommt bestimmt vonne Frau da außem Ersten!», begrüßte sie uns. «Wir ham geklingelt und gebollert, aber die sture Kuh macht nicht auf!»

Wir grinsten uns an. «Das kann ja heiter werden, wenn die Dame schon so gut gelaunt ist», raunte ich Steffen zu.

Während sich unser Anstaltsleiter den zwischenmenschlichen Ärger, der sich seit der Kubakrise in diesem Wohnhaus angestaut hatte, anhörte, stieg ich mit Steffen die Treppen hinauf, um im ersten Stock nachzuschauen. Dort angekommen, steckte die Nachbarin der vermuteten Verursacherin schüchtern ihren Kopf durch die Tür.

«Wir haben schon seit Stunden geläutet und geklopft», erklärte sie. «Die Frau macht nicht auf. Sie ist aber zu Hause, bestimmt! Man hört sie zwischendurch immer wieder.»

«Na, dann wollen wir doch mal gucken, ob das stimmt», sagte ich erwartungsvoll, bevor ich selbst versuchte, mir vor der besagten Wohnung Gehör zu verschaffen.

Jetzt muss man sich vorstellen: Feuerwehrmänner klingeln nicht einfach so wie ein Postillion. Weil oft «Gefahr im Verzug» ist, wenn wir um Einlass bitten, haben wir uns dieses

«Blümchen-Anpingeln» abgewöhnt. Gerüchten zufolge soll es ja Kollegen geben, die einen Zahnstocher zum Festklemmen des Klingelknopfs in der Tasche haben. Ich zähle nicht zu ihnen. So klingelte ich zuerst etwa fünf Sekunden lang Sturm, um dann mit der Faust die Tür im Rahmen wenig diskret dröhnen zu lassen, begleitet von der höflichen Ansage: «Feuerwehr! Hey! Hallo! Machen Sie mal auf!», sodass der Kopf der schüchternen Nachbarin wie der einer Schildkröte augenblicklich zwischen den Schultern versank. Gerade wollte ich nach etwa zehn Sekunden Wartezeit (das musste reichen, um von jedem Punkt der Nachkriegsbehausung an die Tür zu kommen) die zweite Salve loslassen, da drehte sich zum Erstaunen der Nachbarin deutlich wahrnehmbar der Schlüssel im Schloss.

Eine schlanke Mittzwanzigerin in engen Jeans öffnete die Wohnungstür, ein Handy am Ohr, munter redete sie in einer fremden Sprache drauflos. Aha, dachte ich, die Blondine stammt offensichtlich nicht aus dem Schwarzwald. Nach weiteren zwei, drei Sätzen unterbrach sie dann doch für einen Moment ihr Telefonat, um uns gnädig mitzuteilen: «Bietä leisä, Chint schlafen!»

Ich versuchte ihr zu erklären, dass anscheinend aus ihrer Wohnung Wasser durch die Zwischendecken bis vor die Haustür lief, was sie, das Telefon immer noch am Ohr, mit verständnislosem Kopfschütteln beantwortete. Irgendwie schaffte ich es aber, ihr klarzumachen, dass wir einen Blick in ihr Bad werfen müssten. Sie ließ uns in den Flur treten, zeigte auf eine Tür, hinter der sich wohl das Bad befand, und verschwand danach telefonierend im Wohnzimmer. Hinter sich schloss sie die Tür, als wolle sie uns bedeuten: «Meine Wäsche und meine Tampons interessieren mich gerade nicht, wenn ihr wollt, dann bedient euch.»

«Das ist jetzt nicht wahr», wunderte sich Steffen. «Die telefoniert einfach weiter.»

Ich war ebenfalls etwas irritiert: «Die tut ja so, als wären wir Teil einer Wohngemeinschaft. Sollen wir ihr mal die Bude leerräumen, um zu sehen, ob sie das merken würde?»

Nun gut, wenigstens konnten wir auf diese Weise den Porzellansalon in Ruhe inspizieren. Doch dort war alles trocken. Nur in der Badewanne verbrachte noch ein einsames Schaumkrönchen über dem Abfluss seinen Abend.

«Komisch, hier ist ja gar kein Wasser», meinte Steffen. «Keine Pfützen. Und kein Fließgeräusch in den Wänden, was auf gebrochene Leitungen hindeuten würde.» Mein Kollege horchte unter dem Waschbecken an den Leitungen.

Da ich etwas Ähnliches schon einmal erlebt hatte und das im Erdgeschoss tropfende Wasser schaumig war, machte ich einen Kontrollgriff in den Wannenablauf. Und tatsächlich: Er war lose.

«Gib mir mal dein Leatherman», forderte ich Steffen auf, mir das besagte Multifunktionswerkzeug zu überlassen, das er stets am Gürtel trug. Mit dem Gerät, das auch eine zusammenfaltbare Kombinationszange enthält, bog ich die Blechlaschen der Wartungsklappe der Wanne auf, durch die man den Siphon des Abflusses erreichen konnte. Ein Blick hinter die entfernte Klappe brachte die Bestätigung: Neben Ersatzfliesen und Bauschutt befand sich unter der Wanne eine Pfütze. Restbadewasser.

«Ich hab's gefunden», ächzte ich, eingeklemmt zwischen Klo und Badewanne. «Hier ist alles nass. Am losen Abfluss vorbei wurde das halbe Badewasser unter die Wanne entsorgt. Und landete dann in der Zwischendecke.»

Steffen griff zum Funkgerät, um dem Wachführer, der sich anscheinend immer noch die Leidensgeschichte der aufgebrachten Hausmatrone anhören musste (jedenfalls war er noch nicht bei uns aufgetaucht), die Lage mitzuteilen: «Chef? Das Wasser ist unter der Wanne ausgelaufen, ist aber schon alles versickert.

Da kann man nur noch warten, dass es in den nächsten ein, zwei Tagen unten wieder herauskommt. Ist nichts für unseren Wassersauger. Aber der Wannenabfluss ist lose, da solltest du die Mieterin hier mal aufklären. Wenn du Polnisch kannst, wäre das von Vorteil.»

Unser Vorgesetzter hatte jetzt einen Grund, den endlosen Klageschwall der Dame im Blümchenkittel zu unterbrechen: «Okay, ich kann zwar kein Polnisch, komme aber rauf.»

Der Fall war also geklärt. Wir konnten nicht mehr viel machen, und bis das Wasser aus der darunterliegenden Decke heraustrat, konnte es einige Stunden dauern. Unserem Wachführer blieb nur noch die Aufgabe, das Telefonat der Bewohnerin zu unterbrechen und sie darum zu bitten, von weiteren Vollbädern vorerst abzusehen.

In diesem Moment betrat er die Wohnung, schnell hatte er uns gefunden.

«Wo ist denn die Dame?», fragte er.

Steffen deutete grinsend zur Wohnzimmertür, hinter der immer noch ihre Stimme zu hören war. Unser Anstaltsleiter zögerte keinen Augenblick und öffnete die Tür. Die junge Frau beachtete ihn gar nicht, sondern plauderte ungerührt weiter.

«Hallo?», rief er. «Hallo Sie, hören Sie mir doch bitte mal zu … HALLO! Jetzt hören Sie aber zu!»

Die Mieterin unterbrach etwas genervt ihr Gespräch, vielleicht nur aus dem Grund, weil unser Chef etwas lauter wurde. Aber auch ihn wies sie nur darauf hin, was auch schon uns gegenüber ihre größte Sorge zu sein schien: «Bietä leisä, Chint schlafen.»

Wir versuchten ihr jetzt zu dritt zu erklären, was wir in ihrer Wohnung unter der Wanne entdeckt hatten und dass deswegen das halbe Haus an Stellen nass war, wo die Mitbewohner es nicht so gern hatten. Aber sie schaute nur wie ein Schaf, wenn es donnert, denn sie verstand anscheinend so gut wie überhaupt kein Deutsch.

«Kann denn Ihr Telefonpartner etwas Deutsch?», fragte unser Wachführer schließlich.

«Deitsch? Äh … an Täläfon? Äh, tak.»

«Dann geben Sie den Apparat mal her!» Der Einsatzleiter nahm das Handy an sich, um ihren der deutschen Sprache zumindest ansatzweise mächtigen Gesprächspartner zu beauftragen, der wenig interessierten Mutter beizubringen, die Wanne nicht mehr zu benutzen, bis sich ein Rohrkundiger der Sache angenommen hatte. Dann gab er das Telefon mit den Worten zurück: «Lassen Sie sich jetzt mal erklären, was ich gesagt habe.»

Als die Blondine den Apparat wieder ans Ohr hielt, sah man ihrem Gesicht an, dass sie angestrengt über das Gehörte nachdachte und wohl so langsam verstand, warum wir in ihrer Wohnung waren. Jedenfalls machte sie ein Zeichen, dass sie jetzt begriffen hätte, was wir von ihr wollten. Anscheinend war diese Hürde genommen.

Wir wollten gerade gehen, da sprach uns im Treppenhaus ein weiterer Mieter an. Dieser wohnte allerdings im zweiten Stock, mithin über der Frau mit dem Leck in der Wanne. Der Mann war Mitte dreißig, möglicherweise ebenfalls ein Osteuropäer, konnte aber etwas besser Deutsch als die Polin und zeigte eindeutig mehr Interesse an uns: «Bei mir auch schlimm tropft, immer, so aus Wohnung über, mal schauen, bitte.»

«Wie, es tropft aus der Wohnung über Ihnen?», fragte ich. «Das kann dann aber nicht mit der Frau im ersten Stock zusammenhängen. Aber wir schauen uns die Sache natürlich an.»

Kevin und ich folgten dem Mann die Treppe hinauf, während unser Chef wieder damit beschäftigt war, die zeternde Frau aus dem Erdgeschoss davon zu überzeugen, dass der Wasserchaden keine Absicht der Telefonverliebten war und die Ursache jeden im Haus hätte treffen können.

In der Wohnung im zweiten Stock wurden wir ins Badezimmer geführt. Und tatsächlich: Im Bad des Mannes tropfte etwa im Dreißig-Sekunden-Takt Wasser an der Deckenleuchte vorbei. Allerdings dieses Mal ohne Schaum.

«Wie lange tropft es denn schon?», fragte Kevin.

«Letzte Woche. Komme Freitag nach Chause, gemacht Licht. Puff!, war Sicherung aus, Wohnung dunkel. Darum ich habe klebt der Schalter fest, dass nicht schalten, wenn nicht daran denken. Seitdem nix mehr Sicherung aus. Decke mal tropfen, mal wäniger. Weiß nicht, was sonst tun», beschrieb der Mann die Situation und deutete auf den mit Paketklebeband geknebelten Lichtschalter neben der Tür.

«Na, das mit der Sicherung und dem verklebten Schalter ist ja schon mal nicht schlecht improvisiert», murmelte ich nachdenklich. Der eine oder andere Mensch machte sich eben doch noch so seine Gedanken, um sich selbst zu helfen.

Wir wussten allerdings nicht recht, woher das Wasser aus der Deckenlampe kam, das langsam, aber stetig in einen Eimer tropfte, den der Bewohner in die Mitte des Badezimmers gestellt hatte. Vor allem, da es seit mindestens Freitag tropfte und wir bereits Montag hatten. Abends, genauer gesagt 21.30 Uhr. Warum der Mann aber nicht längst den Vermieter oder einen Installateur gerufen hatte, konnte er uns auch nicht sagen.

Zur Ursachenforschung stiegen wir also hinauf in den dritten Stock. Steffen klingelte an der Wohnungstür, und der Mieter machte uns zähneputzend, im Muskelshirt und in schmutziger Trainingshose die Tür auf. Er war ein Mensch, mit dem ich lieber keinen Streit anfangen würde. So ein Muckibuden-Goldcard-Inhaber.

«Guten Abend. Aus Ihrer Wohnung scheint Wasser in die

untere Wohnung zu laufen. Dürfen wir mal in Ihr Bad, um die Sache zu kontrollieren?», fragte Steffen.

«Wie? Aus meiner Wohnung? Hier ist alles trocken. Da tropft nichts», behauptete der Fitnessstudiogeher.

Steffen blieb hartnäckig: «Irgendwo muss das Wasser aber herkommen. Darum müssen wir einmal in Ihrem Bad nachsehen, um sicherzugehen. Immerhin tropft das Wasser unten aus einer Deckenlampe, und das birgt eine Gefahr für das ganze Haus.»

Das Muskelpaket war zwar immer noch etwas ärgerlich über die Störung, ließ uns aber in seine Wohnung. Drinnen hing vor der Wohnzimmertür ein dünnes Tuch, und durch diese «provisorische Tür» erkannte man Umzugskartons.

Im Bad sah es allerdings aus, als wäre der Einzug etwas länger her. Schmutzwäsche, ein beschmierter Badezimmerspiegel und eine halb abgerissene Gardine deuteten darauf hin, dass hier schon etwas länger gewohnt wurde. Vagabundierendes Wasser war aber nicht zu finden. Auch der Wannenabfluss war fest.

«Tja. Tut uns leid, dass wir Sie stören mussten. Zumindest kommt das Wasser wohl tatsächlich nicht aus Ihrer Wohnung», entschuldigte ich mich brav, woraufhin der Bewohner im kompakten Schrankformat irgendetwas in seine Zahnbürste nuschelte.

Bei einer erneuten Unterredung mit dem Geschädigten aus der zweiten Etage stellte sich heraus, dass er in der letzten Woche eine neue Deckenlampe im Bad aufgehängt hatte. Wozu natürlich ein paar Schrauben in die Decke mussten, für die der Mann Löcher bohrte. Jetzt schimmerte uns, was den «Puff» verursacht haben konnte: Die Lampe hing etwa dort, wo das Abwasserrohr des Waschbeckens aus der dritten Etage durch den Boden geführt wurde. Das hatte er vermutlich getroffen, und dieser Umstand erklärte auch, warum das Wasser nur sporadisch aus der Decke tropfte. Etwa dann, wenn sich der Mieter im dritten Stock bei laufendem Wasser die Zähne putzte.

Da nicht besonders viel Wasser austrat, gaben wir dem Mieter aus dem zweiten Stock den Tipp, den Schalter in seiner Zwangsarbeitslosigkeit zu belassen.

«Ich würde Ihnen empfehlen, die Sicherung für das Bad auszuschalten, da das Wasser sich auch in andere Bereiche ausgedehnt haben könnte», schlug ich vor. «Wenn der Installateur, der unten bei Ihrer Nachbarin tätig werden muss, noch Zeit hat, können Sie vielleicht einen Paketpreis aushandeln, damit er das defekte Abwasserrohr repariert.» Ob der missgelaunte Bär aus dem dritten Stock davon begeistert sein würde, sollte sein Badezimmerboden aufgerissen werden, war nicht mehr unser Problem. Wir verabschiedeten uns, rissen unseren Wachführer aus den Klauen der schimpfenden Kittelfrau und stiegen wieder ins Löschfahrzeug.

«Was war denn da los? Deine Rückmeldungen waren ja etwas seltsam», fragte Kevin neugierig den Chef. «Woher kam denn jetzt das Wasser, aus dem ersten oder dem dritten Stock?»

«Ach, wenn alles so einfach zu beantworten wäre», seufzte unser Anstaltsleiter.

Auf der Rückfahrt erzählten wir Kevin, was in dem Haus so los war.

«Das geht da wie im Kino zu. Nur Bambule in der Hütte, und der eine kann den anderen nicht leiden», meinte Steffen. «Und gleich zwei verschiedene Wasserschäden im Abflusssystem. So etwas habe ich noch nicht erlebt.»

«Und während die Frau aus dem ersten Stock sich völlig ignorant verhielt, hatte der Typ darüber eine ziemlich kreative Idee gehabt, was den Lichtschalter anging.»

«Apropos kreative Idee», fiel Steffen ein. «Was machen wir

jetzt mit den Nudeln? Die sind doch inzwischen bestimmt hart wie Fensterkitt.»

«Der Pizza-Onkel wird sich freuen», sagte ich und ging gedanklich schon mal die Speisekarte durch.

Kapitel 10
Heinz hat Herz

Ein sonniger Tag ging zu Ende, es war aber immer noch drückend warm. Zusammen mit Manfred putzte ich bei gefühlten vierzig Grad die Rettungswagenunterkunft. Wie bei so einem heißen Sommertag zu erwarten, hatten wir am Nachmittag bereits einige Patienten mit Atemnot verarzten müssen, als der Melder lospiepste und damit unsere ungeliebte Arbeit unterbrach: «Notarzteinsatz. Kopernikusstraße 15. Herz bei Deckstein.» Manfred legte den Lappen weg und sagte: «Hoffentlich wohnt der im Erdgeschoss. Ich breche zusammen, wenn wir bei dem Wetter den Patienten womöglich durch ein enges Treppenhaus runterschleppen müssen.»

Wir besetzten unseren Rettungswagen und schlängelten uns mit Alarm durch den Berufsverkehr. Vor Ort trafen wir mit dem Notarzt-Einsatzwagen fast zeitgleich ein. Von Frau Deckstein, die uns die Tür geöffnet hatte, wurden die Ärztin, Manni und ich in den Wintergarten eines schmucken Bungalows geführt, in dem die Abendsonne trotz geöffneter Terrassentür ganze Arbeit leistete, um die Luft aufzuheizen. Auf einer Gartenliege befand sich unser Patient: Er schwitzte stark, atmete sehr tief und reagierte kaum, als die Notärztin ihn ansprach. Dafür ratterte die Ehefrau gleich los: «Mein Heinz hat Herz! Bestimmt! Hatte der bereits vor zwei Monaten! Da hat er einen Bypass bekommen. Und die im Krankenhaus haben gesagt, wenn etwas ist, soll er auf jeden Fall sofort wiederkommen.»

Die Notärztin schaute sich Herrn Deckstein kurz an, wir legten derweil die EKG-Kabel, die Blutdruckmanschette und die Fingerklemme für die Messung des Sauerstoffs im Blut an.

«Wie lange liegt Ihr Mann denn schon in diesem Zustand hier?», fragte die Medizinerin.

«Vor etwa einer Stunde ist er raus und hat sich in den Wintergarten begeben, und als ich später nachgeschaut habe, fand ich ihn so vor. Dem war vorher schon schwindelig gewesen, und er war auch etwas durcheinander. Mein Mann soll jedenfalls sofort ins St. Ansgar-Krankenhaus, wenn was ist. Das hat der Arzt gesagt.» Während sie den letzten Satz wiederholte, wedelte sie mit einer CD: «Da ist alles drauf, die Akten von seiner Operation und auch so Bilder. Die CD muss unbedingt mit.»

Wir hatten einen anderen Verdacht, nachdem das EKG auf den ersten Blick nichts Auffälliges zeigte. Und die Messung mit einem – funktionierenden – Glukometer bestätigte diese Ahnung: Ihr Heinz hatte nicht Herz, sondern Zucker. Oder besser gesagt: keinen Zucker. Der Wert von 55 mg/dl erklärte sein etwas abnormes Verhalten. Die Feststellung der Notärztin war angesichts des Blutzuckerspiegels eigentlich unnötig: «Ihr Mann ist Diabetiker, nicht?»

«Ja, sicher. Aber sein Herz, damit hat er doch so viele Probleme.»

Die Ärztin fing an, dem Patienten eine Glukose-Lösung in die Vene zu spritzen, die ich ihr aufgezogen hatte, während die Ehefrau von Heinz wieder und wieder betonte, dass ihr Mann ins St. Ansgar-Krankenhaus müsse. So langsam erinnerte sie mich mit ihren gebetsmühlenartigen Wiederholungen an den Entführer in *Das Schweigen der Lämmer*, der seinem Opfer in einem Korb eine Lotion überlässt und ständig zu verstehen gibt: «Es reibt sich die Haut mit der Lotion ein. Das muss es machen, wann immer man es ihr sagt.»

Zu dritt versuchten wir sie zu überzeugen, dass der Patient nicht unter einem Herzinfarkt, sondern an den Folgen einer Unterzuckerung litt. Was sich jetzt abspielte, waren zwei Monologe, von einem Dialog konnte keine Rede sein.

«Also, dass Ihr Mann diese Probleme hat, liegt nicht am Herzen, das können wir Ihnen versichern.»

«Aber der muss ins Ansgar, hat der Doktor gesagt!»

«Mit Unterzucker ist es nicht notwendig, dass Ihr Mann in eine Kardiologiestation gebracht werden muss.»

«Und die CD. Die CD dürfen Sie nicht vergessen. Da sind nämlich die ganzen Akten drauf. Seine Untersuchungsbilder, seine Arztbriefe, alles hier gespeichert.»

«Der Zustand Ihres Mannes bessert sich schon. Schauen Sie mal.»

«Da war der letztes Mal auch in Behandlung. Und die haben ihm sehr geholfen.»

«Eine normale internistische Aufnahme reicht zur Behandlung.»

«Der Doktor hat gesagt, wir sollen bei Problemen sofort wieder ins Ansgar kommen.»

Ich zog eine weitere Spritze mit Zuckerlösung auf, die die Notärztin dem Patienten verabreichte.

Frau Deckstein wurde indes langsam fuchsig: «Der Arzt hat gesagt, er muss unbedingt ins St. Ansgar! Hören Sie? Nicht dass Sie mit ihm erst kreuz und quer durch die Stadt spazieren fahren.»

«Genau das kann aber passieren, wenn wir Ihren Mann mit Unterzucker in eine Kardiologie bringen. Unter Umständen werden die ihn dort nicht aufnehmen, da Diabetes nicht deren

Fachgebiet ist», versuchte ich erneut, ihr unser geplantes Vorgehen zu erklären.

«Wir haben im St. Ansgar aber sehr gute Erfahrungen gemacht.» Frau Deckstein bestand weiterhin auf ihrem Wunsch.

«Mit Herz, das wäre richtig. Jetzt hat Ihr Mann aber zu wenig Zucker. Und damit müssen wir nicht quer durch die Stadt fahren.»

Die Ehefrau ließ sich nur schwer überzeugen: «Da haben sie uns aber immer gut geholfen. Er muss da wieder hin!»

Heinz, der die ganze Zeit auf der Gartenliege lag, klarte langsam auf, atmete wieder normal und gab – wenn auch undeutlich – Laute von sich. Wir arbeiteten weiter daran, die Anordnungen seiner Frau ins Verhältnis zum Notfall zu setzen. Mittlerweile mussten wir uns fast mehr damit beschäftigen, die überdrehte Dame in die Realität zurückzuholen, als ihren Mann gesundzuspritzen.

Manfred versuchte es mit Kompetenz: «Jetzt atmen Sie erst einmal tief durch. Sehen Sie, wir haben extra eine Notärztin mitgebracht. Die kennt sich aus.»

Ich brummte aus dem Hintergrund: «Die hat Medizin sogar extra studiert ...»

«Ja, aber wir haben in dem St. Ansgar-Krankenhaus doch so gute Erfahrungen gemacht! Und der Doktor dort hat gesagt ...»

Mittlerweile war meine Laune etwas angefressen. «Wir müssen Ihren Mann nach seinem Krankheitsbild in eine geeignete Klinik bringen», sagte ich. «Nicht nach irgendwelchen ‹guten Erfahrungen› mit den Schwestern oder dem Essen. Wir werden ihn ja auch nicht in eine Gynäkologie bringen, nur weil Sie vielleicht während Ihrer Schwangerschaft dort hervorragend behandelt wurden. Und die Akten und Bilder von der CD haben die Ärzte im St. Ansgar-Krankenhaus bestimmt nicht vernichtet. Die kann die Klinik dem hiesigen Krankenhaus bei Bedarf auch kurzfristig über den Computer zuschicken.»

Langsam wurde Frau Deckstein ruhiger, da auch ihr zwischen ihren «Der Doktor hat aber gesagt ...»-Tiraden aufgefallen war, dass es ihrem Mann besser ging. Er hatte nämlich wieder genug Zucker im Blut und erholte sich dadurch zusehends.

«Wir werden Ihren Mann ins nächstgelegene Krankenhaus bringen», beendete die Ärztin alle Debatten. «Dort werden seine Medikamente neu eingestellt, und dann ist alles wieder gut. Da ist er bestens aufgehoben,»

Die Ehefrau schaute noch etwas skeptisch auf ihren Mann, der sich aber schon wieder orientieren konnte. Plötzlich hatte sie eine grandiose Idee: «Welches Krankenhaus meinen Sie denn? Das hier im Stadtteil, auf dem Berg? Das ist nicht so weit, da kann ich ihn gut besuchen. Wie soll ich auch bis zum St. Ansgar kommen, das ist ja am anderen Ende der Stadt ...»

So wurden wir uns doch noch einig: Heinz ging es mittlerweile so prächtig, dass er selbst zum Pflasterlaster gehen konnte, seine Frau trug stolz die CD mit den Bildern der Herz-OP hinterher. Die würde man zwar im Krankenhaus nicht brauchen, aber wir wollten nicht weiter unnötig mit ihr diskutieren. Nehmen Sie mal einem Kind den Schnuller weg. Das Geplärr wird Sie davon überzeugen, dass das kein kluger Einfall war.

Endlich konnten wir ins passende Krankenhaus fahren.

Kapitel 11
Florian Silbereisen in der Tiefgarage

An einem späten Nachmittag schrubbten Manfred, Steffen und ich die Fahrzeughalle. Einmal in der Woche wird der Boden ausgiebig und liebevoll mit den Bürsten massiert. Manfred war wieder derjenige, der beim Kommando «Hallendienst!» unseres Anstaltsleiters am schnellsten den Wasserschlauch besetzte. Steffen und ich hatten das Nachsehen: Wer über den Schlauch herrschen darf, braucht nämlich nicht mit dem Schrubber in der Hand zu schwitzen.

«Spritz mal ein bisschen vorsichtiger! Meine Buchse ist schon ganz nass!», maulte Steffen.

«Dann schrubb doch etwas langsamer, dann kann ich wenigstens in Ruhe die Halle einweichen», sagte Manfred, der gern mit Patentlösungen aufwartete. Einer seiner Lieblingssprüche lautete: «Arbeit bekommen ist nicht schwer, Arbeit behalten dagegen sehr.»

Mit der Anweisung, gemächlicher zu schrubben, war Steffen aber gar nicht einverstanden. «Guck mal auf den Tacho, ist schon vier durch», protestierte er. «Und wir müssen noch für das Abendessen einkaufen. Und wie du vielleicht weißt, kocht es sich nicht von selbst.»

«Ihr seid wie die Kinder», sagte ich. «Wer zanken will, bekommt später keinen Nachtisch.»

Jede weitere Diskussion wurde in diesem Moment von einem Einsatz unterbrochen, und damit auch die Arbeit. Die Neonröhren der Deckenbeleuchtung flackerten auf, die Abgasabsauganlage begann dumpf zu rauschen, und nach dem Alarmgong kam die nichts Gutes verheißende Durchsage aus den Lautsprechern: «Achtung, Einsatz für das LF: Kolpingstraße 60. Pkw brennt in Hochhaustiefgarage.»

Das Hochhaus war uns gut bekannt: Sechsundzwanzig Stockwerke, es wohnten fast nur Senioren in den Eigentumswohnungen. Unter dem Gebäude erstreckte sich eine große Tiefgarage mit nur einer Zufahrt, aber man hatte einen Direktzugang in das Treppenhaus. Die Lage des Objekts war taktisch so anspruchsvoll wie gefährlich. Augenblicklich spielten sich in meinem Kopf, dem Kopf eines Feuerwehrmanns, dramatische Szenarien ab: eine riesige, unübersichtliche Tiefgarage mit null Sicht durch den schlecht abziehenden Rauch, auslaufender Kraftstoff, der mehrere Pkw in Brand setzt, offene Brandschutztüren, die den Rauch in das Treppenhaus lassen. In ihren Wohnungen eingeschlossene, in Panik geratene Senioren, die sonst Mühe haben, alleine aus dem Bett zu kommen, hängen im Nachthemd an der Balkonbrüstung. Das war überhaupt nicht zu vergleichen mit einem Einsatz wie «Katze im Baum» oder ähnlichem täglichen Kleinkram. Zudem lag die Einsatzstelle keine dreihundert Meter von der Wache entfernt, was hieß, dass wir lange auf Verstärkung aus den Nachbarbezirken warten mussten.

Steffen, der an diesem Tag unser Maschinist war, zog sich schnell die Brandschutzüberhose und die dazugehörige Jacke an, schwang sich auf den Fahrersitz und meldete der Leitstelle über Funk, dass wir den Einsatz übernommen hätten. Manfred und ich sprangen ebenfalls in unsere Überbekleidung und fingen sofort an, uns in der Mannschaftskabine des Feuerwehrwagens mit Atemschutzgeräten auszurüsten. Die Tür zwischen dem Sozialtrakt der Wache und der Fahrzeughalle flog auf und unser Chef, der fluchtartig seine Büroarbeit im Stich lassen musste, kam zum Löschfahrzeug gelaufen. Als sich das schwere Fahrzeug vom Wachgelände auf die Straße schob, hängten wir uns das Funkgerät, die Feuerwehrleine und den Behälter mit den Fluchthauben um.

Kurz darauf hielt das Löschfahrzeug vor dem Hochhaus. Rasch schnappten wir uns noch eine Handlampe und sprangen aus dem Auto. Während Steffen die Schlauchleitung bis vor die Garagenzufahrt verlegte, packten Manfred und ich aus den Gerätefächern die Ausrüstung für den zu erwartenden Löscheinsatz zusammen: Wärmebildkamera, zwei Schlauchtragekörbe mit je fünfundvierzig Metern Schlauch, ein Strahlrohr und die Feuerwehraxt. Wir hatten eine Menge zu schleppen!

Unterdessen versuchte unser Gruppenführer sich durch die seitliche Zugangstür zur Garage Zutritt zu verschaffen, da das Garagenrolltor bis auf etwa dreißig Zentimeter geschlossen war. Steffen lief nach dem Bereitlegen unserer Versorgungsleitung zur unterstützenden Erkundung die Garageneinfahrt hinunter und wunderte sich zunächst, dass das Rolltor nicht nur etwas angehoben war, sondern auch an den unteren beiden Faltsegmenten stark beschädigt aussah.

Um einen Blick auf die vermeintlich dramatische Lage in der Tiefgarage zu erhalten, steckte er auf dem Bauch liegend seinen Kopf unter dem Tor hindurch. Zu seinem Erstaunen sah er weder eine starke Verqualmung noch ein loderndes Feuer, sondern erhaschte lediglich einen Blick unter den Rock einer verwirrten Seniorin, die dabei war, den Schaden zu erfassen, den sie mit ihrem Auto angerichtet hatte. Weiter im Innern

der Parkhalle stand ein Fahrzeug etwas schräg in der Durchfahrt, aus dem laute Schlagermusik dröhnte. Das Mütterchen lief immer wieder zwischen Wagen und Garagentor hin und her, sie schien völlig durcheinander zu sein. Steffen sprach sie unter dem Rolltor hindurch an:
«Hallo? Brennt's da drinnen?»
«Nein! Aber es ist ja so furchtbar ...»
«Ist Ihnen etwas passiert?»
«Äh ... ja ... nein ... es tut mir so leid.»
Steffen entschloss sich, seinen Heldenleib unter das teilzerstörte Tor zu zwängen, um dem immer noch verzweifelt an der verschlossenen Fußgängerzugangstür werkelnden Wachführer von innen zu öffnen. Als das geschehen war, konnten sie gemeinschaftlich die Lage erkunden. Über das Handfunkgerät erhielten Manni und ich kurze Zeit später eine Rückmeldung. Uns wurde mitgeteilt, dass wir aufhören könnten, den Vorplatz mit den Löschgeräten aus dem Fahrzeug zuzumüllen. «Leute, ihr könnt euch da draußen entspannen», ertönte die Stimme unseres Chefs. «Hier brennt nichts. Vielleicht können wir gleich schon wieder ‹abspannen›.» Er benutzte immer noch gern diesen alten Feuerwehrausdruck aus der Pferdezeit, der bedeutet, dass keine weiteren Kräfte mehr benötigt wurden.

In der Tiefgarage stellte sich die Situation so dar: Ein Pkw fernöstlichen Fabrikats stand Öl blutend und mit geöffneten Airbags vor einer Betonsäule, das Dach und beide Seiten waren verbeult und zerkratzt. Das Garagentor war ab der unteren Hälfte aus den Verankerungen gebrochen und baumelte vor sich hin. Eine Seniorin war völlig aufgelöst, und das Autoradio spuckte Florian Silbereisens Hausmusik in Discolautstärke in die Parkhalle.

«Was ist denn überhaupt passiert, gute Frau?», fragte der Chef die Pkw-Fahrerin, nachdem auch wir in die Garage hineingelassen wurden.

«Ich weiß nicht genau», erwiderte sie verzweifelt. «Ich wollte oben an der Einfahrt den Schlüssel aus der Torsteuerung ziehen, da fuhr das Auto plötzlich los und hielt nicht mehr an.» Sie lief immer noch wie aufgezogen im Kreis herum und konnte sich gar nicht beruhigen.

Während Steffen erst einmal das Radio ausschaltete, damit man sich in der Tiefgarage ohne zu schreien unterhalten konnte, überlegte unser Wachführer, was wohl passiert sein mochte: Die ältere Dame hatte nach dem Schalten des Tores auf der Zufahrt scheinbar versehentlich Vollgas gegeben, womöglich in der Hoffnung, dass das Gaspedal irgendwann eine Bremswirkung entfalten würde, bliebe sie nur lange genug darauf stehen. Das arme Tor war auf seine ebenfalls schon alten Tage nicht schnell genug oben, worauf das Auto aber keine Rücksicht nahm. Auf dem Weg in die Tiefgarage touchierte es erst die Begrenzungsmauern der Rampe, und zwar beidseits, semmelte danach die unteren Segmente des Tores aus den Laufschienen und versuchte zum Schluss noch mit großem Trotz den Betonpfeiler in der Halle wegzuschieben. Aber dieser war standhaft. Also: Die Autofront wurde brutal kaltverformt, die Seniorin bekam den Airbag auf die Brille, das Öl der Lenkhydraulik verabschiedete sich, und weil das Talkum, mit dem die Airbags vor dem Herstellerwerks-Origami eingepudert werden, staubte wie ein Sack Zement, hatte die Fahrerin in ihrer Verwirrtheit an Brandrauch gedacht und ein Feuer gemeldet.

Wir warteten jetzt auf die Polizei und bestellten den Rest der roten Armada, die bei einem solchen Alarmstichwort losgeschickt wird, über Funk ab. Es bestand kein Bedarf mehr, sie musste nicht mehr die weitere Umgebung des Hochhauses verstopfen oder den Verkehr unnötig strubbelig machen. Dann fand sich ein kleiner, rundlicher Herr Mitte fünfzig bei uns ein, der sich als Vorsitzender der Eigentümergemeinschaft vorstellte. Er erkundigte sich im schönsten Bergmannsdeutsch besorgt nach der Seniorin: «Watt iss mitti Frau? Muss die ins Krankenhaus?»

Der Wachführer beruhigte ihn: «Ich denke, der Rettungsdienst wird sie zum Durchchecken mitnehmen, aber wahrscheinlich hat sie Glück gehabt und ihr ist nichts passiert.»

«Mannmannmann», platzte es aus dem Vorsitzenden raus. «Die macht mich noch porös in Kopp mit ihre Sturheit. Die sollte sowieso kein Auto mehr fahren, so tüddelig wie sie iss. Die kricht doch kaum noch watt auffe Kette! Erst neulich hatte sie den Schlüssel von ihre Bude verklüngelt. Allet hamwa abgesucht. Und wissen Se, wo der war? In ihr sein Handtäschken! Nee, nee, die muss das Auto weggeben. Die kann ja auch kaum noch laufen. Ohne ihr sein Rollator kann se kaum noch vonne Stelle. Da fährt die noch Auto! Iss ja lebensgefährlich.»

Unser Vorgesetzter versuchte, den aufgeregten Mann etwas zu beruhigen: «Na ja, jeder hat mal einen schlechten Tag. Und wenn sie sich tatsächlich kaum bewegen kann, würde die Frau ohne Auto auch nirgendwo mehr hinkommen. Außerdem habe ich bislang nicht den Eindruck bekommen, dass sie so unbeweglich ist. Die tigert hier die ganze Zeit auf und ab, und alles ohne Rollator.»

Der knubbelige Vorsitzende war da anderer Meinung. «Dat ist nur vorgetäuscht. Die macht hier nicht mehr lange, wennet so weitergeht. Dann kommt die in ein Heim. Lebensgefährlich, sage ich, lebensgefährlich», prophezeite er und ging kopfschüttelnd weiter.

Die Seniorin, die zwischenzeitlich von einer Rettungswagenbesatzung behandelt worden war, weigerte sich, zur genaueren Untersuchung mit ins Krankenhaus zu fahren. Zum Glück hatte sie das Gespräch mit dem Vorsitzenden der Eigentümergemeinschaft nicht mitbekommen.

Als die Polizei eintraf, ließen sich die Beamten von unserem

Wachführer über die Situation aufklären. Den Zündschlüssel des Wracks fand Steffen im Fußraum auf der Beifahrerseite des Autos: Die Fahrerin hatte ihn wohl vor dem Aussteigen abgezogen und achtlos dort hingeworfen. Jetzt konnten wir mit vereinten Kräften das Fahrzeug auf einen Abstellplatz in der Garage schieben. Trotz der durch einen verbogenen Kotflügel eingeschränkten Lenkung gelang das ohne große Schwierigkeiten. Nach dem Einpudern des Ölflecks vor der Betonsäule, die den Anprall erstaunlich gut überstanden hatte, konnten wir abrücken. Um das Tor mussten wir uns nicht mehr kümmern, da die Garage eine Ausfahrt hatte, die jetzt in zwei Richtungen genutzt werden musste.

Manfred meinte lakonisch, als wir wieder im Löschwagen saßen: «Zum Glück war es nur ein Garagentor und keine Bushaltestelle.»

Kapitel 12
Angst vor dem tropfenden Wasserhahn

Zum Einsatzspektrum der Feuerwehr gehört das Abwenden von Schäden durch Wasser. Die Ursache des Wassereinbruchs in Wohnungen ist manchmal schwer zu eruieren, aber oft ist es möglich, ihn durch simple Maßnahmen zu stoppen: Beim Rohrbruch kann man sich durch Abdrehen des Haupthahns im Keller erst einmal die nötige Luft zur Recherche verschaffen, um dann zu entscheiden, wie es weitergehen soll. Manchmal lassen sich sowohl Ursache als auch Schaden rasch und einfach beseitigen. Man muss dazu nur praktisch veranlagt sein. Doch das mit dem praktischen Denken ist bei manchen Menschen leider so eine Sache. Wird etwas verlangt, was über die alltäglichen Rituale hinausgeht, sind sie schnell mit den einfachsten Sachen überfordert. Das erwähnte Schließen des Haupthahns fällt diesen Personen dann unter Stressbedingungen ebenso wenig ein wie das Unterstellen eines Eimers unter eine tropfende Stelle. Dass man eine durchnässte Elektrik durch Herausdrücken der Sicherung besser stromlos schaltet, gehört für viele Betroffene zum «höheren Fachwissen». Da wird lieber die Feuerwehr gerufen, wenn der am Boden stehende DVD-Recorder in der Wasserpfütze schmort und knistert, statt selbst aktiv zu werden. Insgesamt habe ich den Eindruck, dass die Menschen immer hilfloser werden, wenn es darum geht, spontane Lösungen für ein Problem zu finden.

Ein herrliches Beispiel für eine «niedrige Batteriespannung im Hirn» erlebten wir einmal in einem Studentenwohnheim. Der alte Tag (Samstag) war schon weit fortgeschritten beziehungsweise der neue Tag (Sonntag) hatte gerade angefangen, da bekamen wir einen Einsatz, der uns in eine solche Behausung für Nachwuchsakademiker führte. Der Alarmgong ertönte nachts um halb eins, das Licht flammte in den Räumen auf, und aus den Wachlautsprechern meldete sich die Leitstelle: «Hilfeleistungseinsatz für das LF. Wasser in Wohnung. Studentenheim Lindenweg 55, 4. OG, Apartment 435. Ohne Sondersignal.» Auf dem Alarmschreiben war eine Hanna Lenzen als Anruferin ausgewiesen.

Wir – in dieser Nacht waren das Dieter, der das Fahrzeug steuerte, der Wachführer, Manfred und ich, wobei Manni und ich als Angriffstrupp eingeteilt waren – besetzten also in Ruhe unser Löschfahrzeug. Dieses Standardfahrzeug hat eine so umfangreiche Ausstattung, dass man für fast alle Lebenslagen zumindest einige Grundwerkzeuge mitführt, unter anderem auch einen Wassersauger. So fuhren wir los und machten uns unsere Gedanken, was passiert sein mochte. Hatte jemand versucht, eine Wasserleitung mitten in der Nacht selbst zu reparieren? Oder war bei «gewissen Spielchen» eine Badewanne zerbrochen? Wir waren auch schon mal in einem Heim, in dem jemand einen Boiler geklaut hatte, ohne das Wasser abzudrehen ...

Auf dem Weg zur Einsatzadresse schaute Manfred genervt und mit seinen Augenlidern kämpfend aus dem Fenster: «Mann, immer mitten in der Nacht! War gerade eingeschlafen.»

Ich griff wie immer den Ball auf: «Wie? Eingeschlafen? Ein Feuerwehrmann schläft doch nicht, der ruht nur!»

Manni ging aber dieses Mal nicht darauf ein. Stattdessen sagte er: «Das ist wie bei einem RTW-Einsatz mit dem Stichwort ‹unklare Schmerzen›: Tagelang tut der Rücken weh, aber sonntagmorgens um drei geht es dann angeblich wirklich nicht mehr. Und das Wasser im Studentenheim ist womöglich auch so 'ne Nummer. Immer derselbe Mist!»

Er sollte recht behalten.

Als wir vor dem Gebäude im Lindenweg ankamen, einem Wohnsilo aus den Siebzigern mit geschätzten zwanzig Etagen in wenig ansprechender Plattenbauweise, stiegen wir mit dem Chef aus, um uns die angekündigten Fluten anzusehen. Erst einmal standen wir aber vor einer verschlossenen doppelflügeligen Eingangstür aus Glas und suchten zwischen Hunderten von Klingelschildern den Namen aus unserem Alarmschreiben heraus. Endlich hatten wir «Hanna Lenzen» gefunden. Im Flurbereich gammelten zu dieser späten Stunde noch ein paar der jungen Bewohner auf den Fensterbänken und einigen zerschlissenen Polstersesseln herum und ignorierten uns einhellig, als wir klingelten. Nichts passierte. Wir warteten vor der Glastür. Die Gegensprechanlage an der Tür blieb stumm.

«Die könnten uns ja wenigstens mal aufmachen und fragen, wohin wir wollen», brummelte ich. Immerhin waren wir mit unseren Uniformen deutlich als Feuerwehrleute zu erkennen, und auch das Löschfahrzeug ein paar Meter vor der Haustür entfernt sollte stutzig machen, ob wir im Haus vielleicht einen «dringenden Termin» hätten. Ich klopfte an die Glastür. «Hallo! Können Sie mal die Tür öffnen?» Die Angesprochenen schauten uns nur desinteressiert an. Keiner erhob sich, um uns ins Haus zu lassen.

Jetzt hämmerte unser Chef ans Glas: «Hey, da drin! Mal bitte aufmachen!»

Die Leute im Hausflur kann man sich in etwa wie eine Herde Kühe auf der Weide vorstellen, wenn man sich ihr nähert: Alle glotzen, kein Tier rührt sich. Wir konnten jedenfalls kaum glauben, dass diese Menschen die geistige Elite Deutschlands darstellen sollten.

«Das gibt's doch nicht», ärgerte sich unser Wachführer. «Denken die, das hier ist eine Theatervorführung?»

Nach einem erneuten Läuten quäkte aber glücklicherweise doch noch die Sprechanlage los: «Ja, bitte?»

Da war sie, die Frage, die ich nie verstehen werde. Wenn jemand mitten in der Nacht die Feuerwehr oder den Rettungsdienst für einen Notfall ruft, wer mag dann ein paar Minuten später vor der Tür stehen? Diese «Ja, bitte?»-Frage ist immer ein sicheres Indiz dafür, dass unser Eingreifen nicht so eilig erwartet wird. Ist es nämlich dringend, hören wir oft nur eine gehetzte Kurzfassung wie «Im zweiten».

«Feuerwehr! Machen Sie uns bitte die Tür auf?», sagte der Chef.

«Äh … ja … Kommen Sie in den vierten Stock, Apartment 435», kam etwas unkonzentriert die Antwort. Anscheinend war Manfred nicht der Einzige, der gerade noch geschlafen hatte. Der Türsummer erklang, wir gingen ins Haus hinein und direkt zum Fahrstuhl. Unwillig machten die immer noch verständnislos glotzenden Figuren im Flur Platz.

«Hättet uns ja ruhig mal aufmachen können», meckerte Manni. «Wir sind schließlich nicht zum Spaß hier.»

Die Angesprochenen murmelten nur etwas Unverständliches.

Auf dem Weg zum Apartment entdeckten wir mit Graffiti beschmierte Wände und Flure mit seltsamen Flecken verschiedenster Flüssigkeiten. Mein Blick fiel auch in eine offen stehende Gemeinschaftsküche, die so sauber war, dass man vom Boden hätte essen können. Wenn der Magen es ausgehalten hätte, wären sogar drei bis vier Personen davon satt geworden. Es befanden sich nämlich mehr Lebensmittel unter als auf dem Tisch.

«Ist ja eine bevorzugte Wohngegend hier», frotzelte ich.

«Ach was», meinte Manni, «sollst mal sehen, wie schick das hier ist, wenn die Putzfrau wieder aus dem Urlaub zurück ist.»

Von der Bewohnerin des Apartments 435 wurden wir in einen winzigen Flur gebeten. Die etwa Zwanzigjährige war – nett ausgedrückt – horizontal ziemlich benachteiligt: Mehrere Hüftringe waren unter dem verwaschenen Shirt zu sehen, das sie über einer ausgeblichenen und an den Beinsäumen ausgefransten Jeans trug. Die strubbelige Kurzhaarfrisur sollte wohl nach außen tragen, dass sie den «naturbelassenen Typ» verkörpern wollte. Unser Blick ins düstere, unaufgeräumte Zimmer offenbarte uns einen in einen Sessel gefläzten jungen Mann, der, bekleidet mit einem ausgebeulten T-Shirt und einer Trainingshose aus Ballonseide, gelangweilt Werbung im Fernsehen schaute. Er nahm keine Notiz von uns.

Die Studentin zeigte uns mit hilflosem Schulterzucken eine Wasserpfütze vor der im gefühlt postkartengroßen Flur installierten Singleküche. «Hier ist schon alles voll», erklärte sie. «Und es wird immer mehr!»

Bei näherer Betrachtung war die Ursache schnell klar: Durch ein Zusammenspiel eines tropfenden Wasserhahns und des durch Essensreste verstopften Spülbeckenabflusses sammelte sich Wasser im Becken. Und damit hatte das Unglück seinen unaufhaltsamen Lauf genommen. Die Bewohnerin konnte ihren studentischen Lehrstoff bestimmt gut auswendig lernen, mit dem praktischen Einfühlungsvermögen in einfache physikalische Vorgänge ihrer Umwelt war sie jedoch deutlich überfordert.

«Ich habe heute Nachmittag diesen Eimer unter den Hahn gestellt, weil das immer weitertropfte», jammerte sie.

«Die Idee war schon mal nicht schlecht», stimmte unser Wachführer ihr zu.

Sie erzählte weiter: «Aber der Eimer war dann irgendwann vollgetropft und lief über.»

Damit war sie am Ende mit ihrer Phantasie. Sie hatte mental den Blinker gesetzt und war kognitiv zu früh abgebogen: Zwei bis drei Stunden später war das Spülbecken wie zuvor der Eimer bis zum Rand gefüllt – und nun tropfte das Wasser langsam vom Rand des Spültisches auf den Boden. Alles, was ihr dazu eingefallen war, ist mit drei Worten umschrieben: die Feuerwehr rufen.

Etwas fassungslos standen wir zu viert in ihrem kleinen Flur. Während die Studentin uns nun lang und breit erklärte, wie verzweifelt sie schon sei, wie sie um all ihre Habe fürchte, die ja unweigerlich im Wasser versinken würde, wenn wir nicht sofort massiv eingriffen, wurden wir langsam nervös. Sollte dieser tropfende Wasserhahn der ganze Notfall sein? Kam nicht noch irgendeine Pointe?

Ich unterbrach sie in ihrer Beschreibung der Apartment-Apokalypse: «Sie haben also bereits heute Nachmittag den Eimer untergestellt?»

«Ja. Weil das Wasser nicht ablief.»

«Und dann zugesehen, wie er vollläuft?»

«Ja, sicher. Das Wasser muss doch aufgefangen werden. Sie sehen selbst, wie es jetzt da rausläuft. Hier unten ist schon alles nass!» Mit ausladenden Bewegungen, für deren Durchführung wir in dem engen Raum etwas zusammenrücken mussten, umschrieb sie das Pfützchen am Boden. Die Geste war die eines Anglers, wenn er seinen Freunden den Zwanzig-Zentimeter-Fisch, den er am Wochenende gefangen hat, als «kapitalen Fang des Lebens» beschreibt.

«Und warum haben Sie den Eimer nicht einfach in die Toilette ausgeleert?», fragte ich weiter.

Verdutzt schaute sie von einem zum anderen. Den Eimer ausschütten! Auf diese Idee war sie noch gar nicht gekommen.

Nachdem wir ausreichend geseufzt hatten, um unserem Unmut über so viel Unbeholfenheit Ausdruck zu verleihen, schickte der Chef mich hinunter zum Wagen: «Hol mal bitte den Gummisauger, den wir zum Öffnen von Fenstern mitführen. Der Abfluss wird einmal durchgestoßen, dann sollte er wieder ablaufen.»

Nachdem ich mit dem Werkzeug zurück war, bekam die junge Frau eine kurze Unterweisung, was das reale Leben betraf: Manfred leerte vor ihren erstaunten Augen den Eimer in der Toilette aus und ich «pümpelte» ein paarmal den Ausguss durch, der dann vorerst wie zuvor das Wasser schluckte. Der Chef schlug ihr vor: «Was ist denn mit der Haustechnik? Haben Sie keinen Hausmeister hier, dem Sie Bescheid geben können?»

«Doch. Aber am Wochenende ist der nicht erreichbar.»

«Der Hahn tropft aber doch nicht erst seit gestern Nachmittag», bemerkte unser Wachführer, deutlich verstimmt. «Hätten Sie denn nicht schon vor dem Wochenende dort anrufen können? Die Nummer steht doch bestimmt am Eingang in dem Glaskasten mit der Hausordnung. Rufen Sie den gleich morgen mal an, da gibt es bestimmt auch einen Notdienst.»

Er erklärte ihr, dass der Hausmeister mit Sicherheit dafür Sorge trägt, dass die Nudeln ganzer Studentengenerationen fachgerecht aus den Abwasserrohren entfernt werden, womöglich implementiere er sogar eine neue Dichtung in die tropfende Wasserentnahmestelle. Der Käse wäre damit ebenfalls gegessen.

«Und was ist jetzt mit dem Wasser da?» Auf ihre verzweifelten Gesten in Richtung Bodenpfütze machte unser Chef wütende Gesten in Richtung TV-Junkie und den beim Putzzeug liegenden Aufnehmer: «Sagen Sie Ihrem Liebsten, dass er vielleicht mal den Wischlappen durch die Pfütze schieben könnte. Schließlich ist der Werbeblock mittlerweile zu Ende, und bis zum nächsten Block hat er noch etwa eine Viertelstunde Zeit, sodass er Ihnen beim Auffeudeln zur Hand gehen kann.»

Ich verzog mich mit dem Gummisauger in den Etagenflur, damit ich bei der Gardinenpredigt meines Vorgesetzten und dem entsetzten Gesicht der Apartmentbewohnerin nicht loslachen musste. Manfred schaute sich das Schauspiel in voller Länge an. Der konnte das, ohne zu platzen.

Kapitel 13
Drei alternative Heilmethoden – eine echte Win-win-Situation

Schulmedizin ist viel Chemie, einiges an standardisierten Diagnosemethoden und ab und zu auch ein Irrweg. Aus diesem Grund gibt es einige Menschen, die von der Schulmedizin nicht viel halten. Ärzte sind für sie Personen, die dem «Dogma der Wissenschaft» erlegen sind, die nicht weiter hinterfragen, und so vertrauen diese Menschen lieber einem wackelnden Maurerlot, Kieselsteinen, die man bei Vollmond aus einem Bach sammelt, oder in Epoxidharz gegossenen Metallspänen (auch Orgon-Generator genannt). Von solchen Leuten wiederum halte ich nicht viel, denn die Wirkung von Medikamenten, die sich durch biochemische Gesetzmäßigkeiten beweisen lässt, kann man nur unter Leugnung der Realität abstreiten. Der Effekt der Heilmethoden, die von der «Gegenseite» favorisiert werden, braucht nach Meinung ihrer Anhänger aber gar nicht erst nachweisbar dokumentiert zu werden, der sei schließlich seit Hunderten von Jahren bekannt. Auch eine Art Dogma.

Umgekehrt mag es aber durchaus einige Heilvorgänge geben, die trotz bisher nicht erbrachter wissenschaftlicher Beweise im

Menschen aktiv werden. Akupunktur zählt zum Beispiel dazu oder das Beseitigen psychosomatischer Leiden durch das Plaudern mit einem Seelenklempner. Und der Placebo-Effekt, der die Wirkung eines Mittels beschreibt, die nur eintritt, weil der Patient daran glaubt. Er ist sogar eine feste Größe in den Untersuchungen vor einer Medikamentenzulassung. Und da wir im Rettungsdienst ja das Maximum für unsere Kunden herausholen wollen, hat eine findige Notärztin bei einem Einsatz alle drei Methoden gleichzeitig angewandt. Es hat sogar geholfen.

An einem Sonntag hatten Steffen und ich Notarztdienst und oxidierten auf den Sesseln der Wache vor dem anspruchslosen nachmittäglichen Fernsehprogramm herum.

«Kommt denn nichts mit mehr Niveau? Immer nur diese minderwertigen Trash-Dokus mit Stammtischweisheiten», maulte ich.

Steffen war da eher der Typ, der «Berieselungsfernsehen» bevorzugte. «Nö», sagte er, die Fernbedienung in der Hand, und stichelte weiter: «Deine philosophischen Diskussionen auf Arte liefen schon heute Morgen. Damit kann ich jetzt nicht dienen.»

«Dann schalte wenigstens auf Werbung um. Das ist allemal interessanter als das Zeug, das du da guckst. – Ach was, ich hole mir aus der Kantine einen Kaffee. Selbst das ist gehaltvoller», brummelte ich und wollte gerade losgehen. Doch mein Unterfangen wurde durch das fordernde Klingeln unserer Pager abrupt beendet: «Schmerztherapie bei Pat. mit Rücken», hieß es lakonisch auf dem Melder. Ich schaute auf das Alarmschreiben, das parallel zum Klingeln der Piepser aus dem Alarmdrucker kam und auf dem neben dem Anfahrtsweg noch weitere Informationen zum Notfall standen. «Da ist schon ein Retter vor Ort», informierte ich Steffen, der sich seine Stiefel anzog, «der braucht aber wohl für den Patienten Schmerzmittel. Nachforderung also.» Entgegen der Meinung vieler unserer Patienten ist nicht jeder, der eine rote Jacke trägt, auch automatisch zur

Verteilung von Drogen berechtigt. Das darf nur ein Arzt. Und die «Wunderspritze», die Patienten immer mal wieder von uns verlangen, um nicht ins Krankenhaus zu müssen, haben wir sowieso nicht im Sortiment.

Nachdem die Notärztin zu uns stieß, die im Krankenhaus unterwegs gewesen war, fuhren wir mit Sondersignal los. Auch ihr teilte ich die weiteren Informationen, die ich hatte, mit: «Da sind schon Kollegen vor Ort, wir brauchen also nicht das ganze Gedöns mit reinnehmen. Der Medikamentenkoffer reicht, Beatmungsrucksack und EKG sollten beim Patienten sein.»

«Was ist denn das für ein ‹Rücken›? Eine Verletzung?», hakte sie nach.

«Kann ich nicht sagen. Steht auch nicht näher auf dem Alarmschreiben», musste ich sie enttäuschen.

Wir erreichten die Adresse, eine Wohnsiedlung mit Mietskasernen aus den sechziger Jahren. Kurz darauf betraten wir ein enges Erdgeschoss-Apartment. Die kleinen, düsteren Räume waren zugestellt mit allem, was man so an brauchbaren Möbeln auf dem Sperrmüll findet. Säuerlicher Geruch hing in der Luft, die wohl schon länger nicht mehr ein offenes Fenster passiert hatte. Im nikotinvergilbten Wohnzimmer warteten die beiden RTW-Kollegen, zwischen ihnen lag ein etwa vierzigjähriger Mann mit nacktem Oberkörper, einer Trainingshose und – sagen wir mal – enorm viel Masse auf dem Boden und jammerte. Er hatte gut und gerne mindestens 160 Kilogramm auf den Hüften! Bei jeder Bewegung quiekte er los wegen seiner starken Rückenschmerzen. Und aufsetzen ließ er sich gar nicht.

«Was ist denn passiert?», fragte die Studierte in die Runde.

Der Patient klagte fortwährend, dass er starke Schmerzen habe, wollte aber nicht einmal zeigen, wo es denn genau wehtat, um sich nicht bewegen zu müssen. Doch die Kollegen vom Rettungswagen hatten vor unserem Eintreffen etwas mehr herausbekommen, sie berichteten: «Der Mann sagte, er habe nichts Schweres gehoben, sondern sei nur vom Sofa aufgestanden und habe augenblicklich einen Stich im Rücken gespürt. So im Lendenbereich. Und diese Schmerzen halten seitdem an, sie sind aber auch bewegungsabhängig. Gestürzt ist er wohl nicht, er hat sich nur wegen der Schmerzen auf den Boden gelegt.»

Ja, und da befand er sich noch immer, den Kopf fast an der Heizung, die Füße am Tisch vorbei, knapp vor dem Sofa und einem Fernsehschrank, hinter ihm ein Sessel. Den einzigen freien Platz im Raum nahmen nun die RTW-Besatzung und die Ärztin ein. Steffen und ich mussten im Flur warten. Wie gesagt: Es war sehr eng in der Wohnung.

Frau Doktor äußerte nach der Untersuchung den Verdacht, dass der Patient eine muskuläre Blockade im Rücken habe, da die Schmerzen «einfach so aus der Bewegung heraus» aufgetreten seien. Eine Verletzung schloss sie ebenfalls aus, da der massige Herr nicht gefallen war. Trotzdem musste er zur weiteren Behandlung einem Orthopäden vorgestellt werden, das sagte sie ihm auch. Er konnte mit den Schmerzen nicht einfach auf dem Boden liegen bleiben. Unser Problem war jedoch: Wie sollten wir ihn aus der Wohnung bekommen? Die Wohnzimmertür war recht schmal und zusätzlich durch einen Schrank verengt, sodass wir uns verwundert fragten, wie der voluminöse Mann durch den verengten Türrahmen in sein Wohnklo hineingelangt war! Den Patienten in einem Tragetuch durch diese Engstelle hinauszutragen, war undenkbar, nicht einmal mit sechs Mann. Und wie sollten wir ihn dann überhaupt erst auf eine Trage hieven?

«Wie geht es denn jetzt weiter?», fragte Steffen.

«Na, das Fenster müsste schon raus. Und der Rahmen ebenfalls», meinte ich. «Da werden wir ein ganz schönes Fass aufmachen müssen.»

Der Kollege vom RTW zuckte mit den Schultern: «Und Tragehilfe brauchen wir dann auch. Wir schaffen das nicht allein. ‹Großes Besteck› also.»

Ich stimmte ihm zu: «Ja, wenn der Mann nicht irgendwie alleine laufen kann, brauchen wir ein Löschfahrzeug zur Verstärkung. Dann den Rüstwagen mit dem Abbruchhammer für den Fensterrahmen. Und eine Drehleiter, um die zwei Meter vom Fenster bis zum Boden zu überbrücken. Den Mann kann draußen keiner über Kopf aus dem Fenster entgegennehmen.» Nach und nach versuchte ich den logistischen Aufwand zu überblicken.

Die Ärztin versuchte unterdessen eine Nadel in eine Vene des am Boden Liegenden zu stechen, um ihm Schmerzmittel zu spritzen. Nun weiß jeder, der es einmal versucht hat, wie schwierig es bei adipösen (fettleibigen) Patienten sein kann, eine Kanüle für eine Infusion zu legen, da die Adern tief im Gewebe verschwinden. So stocherte auch unsere Ärztin verzweifelt mehrmals drauflos, bis sie die Kanüle in eine Armvene bekam.

«Hmm, ich bin mir nicht ganz sicher, ob die nicht ‹para› liegt. Gibst du mir mal etwas NaCl zum Anspritzen?», forderte sie mich auf. Für Laien: Sie wollte mit etwas Kochsalzlösung (NaCl) testen, ob die Kanüle wirklich in der Vene und nicht darüber («para») liegt. Denn befindet sich das Ende des kleinen Plastikschlauchs nicht in der Ader, gibt es beim Einspritzen der Lösung eine kleine Beule über der Stelle, weil die Flüssigkeit nicht abfließen kann. Ich zog ihr also eine Spritze mit der verlangten Lösung auf und gab sie ihr mit der kurzen Ansage: «NaCl. Zehn Milliliter.»

Danach wäre der Zeitpunkt gekommen, Schmerzmittel vorzubereiten. Diese können bei dem einen oder anderen Patienten unerwartet heftig wirken, sodass plötzlich nicht nur der Schmerz, sondern auch die Atmung weg ist. Die Ärztin befürchtete, dieser Patient vor ihr könnte genau einer von denen sein, die die Augen ganz nach hinten drehen und beatmungspflichtig werden, wenn sie möglicherweise etwas zu viel von diesem Medikament erhalten. Und das wollte in dieser Enge nun wirklich keiner, zumal die geringe Chance, dass der Patient doch noch auf eigenen Füßen seine Bude verließ, dann praktisch gleich null war.

Also versuchte sie einen Trick. Beim Spritzen der Lösung (wohlgemerkt: nur Wasser mit ein paar Elektrolyten), die glücklicherweise ohne Beulenbildung im Arm verschwand, sagte sie zum Patienten: «Sooo, ich habe Ihnen jetzt ein Schmerzmittel gegeben, das müsste gleich besser werden. Wird etwa zwei Minuten dauern. Wenn es nicht genug ist, können wir noch etwas nachspritzen.» Wir Rettungsassistenten schauten uns zwar etwas irritiert an, aber alle Anwesenden schalteten schnell genug, um nichts zu sagen. Irgendetwas wird sich die Akademikerin dabei bestimmt gedacht haben!

So standen wir um den XXL-Menschen herum, während die Notärztin ihm noch von den Vorzügen des soeben gespritzten «Medikaments» vorschwärmte: «Das Zeug ist recht neu. Hat kaum Nebenwirkungen, auch der sonst übliche Schwindel bleibt meist aus. Haben Sie schon mal Probleme mit Schmerzmitteln gehabt? Zum Beispiel von Tramal wird einigen Leuten regelrecht schlecht. Bei diesem passiert das nicht ...»

Und das Wunder geschah: Nach etwa zwei Minuten Medikamenten-Plauderei, etwas gutem Zureden und der Behauptung der Notärztin, dass das «Mittel» jetzt wirken müsste, fragte sie: «Wenn wir Ihnen helfen, können Sie sich dann aufsetzen? Geht das?»

Die Antwort des Beleibten war erstaunlich: «Ja, ja ... tut noch weh, aber nicht mehr so schlimm wie vorher. Wenn ich vorsichtig bin, klappt es vielleicht ...»

Während wir ihn so weit unterstützten, wie es uns möglich war, stand er unter Stöhnen (übrigens alle, nicht nur er) tatsächlich auf. Und unter Ausnutzung des letzten wohnlichen Freiraums wackelte er mit seinen Massen, die «saugend» durch den Wohnungsflur passten, zur Trage vor dem Haus. Amüsiert schauten wir uns an, natürlich ohne ein Wort über die «alternative Schmerztherapie» zu verlieren. Zugleich waren wir heilfroh, dass der Mann selbständig laufen konnte. Als er sich dann auf die Trage gelegt hatte, wuchteten wir sie zu viert hoch und schoben den Patienten in den Rettungswagen. Die Ärztin stieg zu ihm, der RTW fuhr los und wir mit dem Notarzt-Einsatzwagen hinterher.

«Was war das denn?», fragte Steffen unterwegs. «Der hat doch gar keine Drogen bekommen, wieso läuft der auf einmal?»

«Schon mal was vom Placebo-Effekt gehört? Durch ihn war das eine echte Win-win-Situation», erklärte ich. «Wir mussten den Patienten nicht schleppen, für ihn war das garantiert angenehmer, als mit all den damit verbundenen Erschütterungen getragen zu werden, seine Wohnzimmeraußenwand blieb ganz, im Krankenhaus wird die Diagnostik nicht durch die Wirkung von Medikamenten verfälscht und bei der weiteren Schmerzbehandlung braucht man keine Rücksicht auf vorher gegebene Mittel zu nehmen. Ist doch klasse für alle!»

Steffen grinste. «Können wir das nicht immer so machen? Dann brauchen wir vielleicht kaum noch jemanden tragen. ‹Rücken› ist schließlich auch bei uns keine anerkannte Berufskrankheit.»

In der Tat wurde später beim Patienten «nur» eine muskuläre Blockade festgestellt, die durch sogenannte Relaxantien (Mittel zur Muskelentspannung) behoben werden konnte. Also, alles richtig gemacht, Frau Doktor!

Nicht falsch verstehen: Für gewöhnlich werden tatsächlich Medikamente und nicht nur Wasser gespritzt, wenn der Arzt das behauptet. Aber in diesem Fall hatte die Notärztin nach eingehender Untersuchung den richtigen Riecher: Der Patient war einfach nur ziemlich wehleidig, und mit etwas gutem Willen in Kombination mit drei alternativen Heilmethoden (Kanülen-Akupunktur, gutes Zureden und Placebo-Effekt) ließ sich die ganze Sache erheblich besser meistern.

Kapitel 14
Der ganz private Winterdienst

Wenn man an einem Notfallort ist, hat man oft alle Hände voll zu tun. Das gilt besonders beim Tragen eines Patienten zum Rettungswagen. Denn wenn man kurz nachrechnet: sechs Griffe am Tragetuch, ein Koffer, ein Beatmungsrucksack, ein Defibrillator, geteilt durch die vier Hände der Rettungswagenbesatzung, da geht das Verhältnis von 1:1 nicht richtig auf. Deshalb ist man froh um jeden Anwesenden, der sich bereit erklärt, uns eine Infusion abzunehmen, den Koffer hinterherzutragen oder die Handgriffe am Fußende des Tragetuchs hochzuhalten.

Doch oft glauben die Angehörigen des Patienten, das Allround-sorglos-Paket gebucht zu haben. Statt uns, da wir oft nur zu zweit sind, zu unterstützen, damit zum Beispiel der Vater schnell und möglichst komfortabel in den Rettungsbomber kommt, stehen sie einfach nur herum. Der jüngere Bruder, ein gestandener Maurer, hat auf einmal «Rücken», der Sohn kann keine Treppen steigen. Und manchmal sind die Angehörigen auch noch erbost darüber, dass wir sie überhaupt um Hilfe bitten: «Was? Da soll ich mithelfen? Aber *Sie* sind doch der Rettungsdienst!»

Aber auch eine gut gemeinte, aber nicht organisierte Unterstützung kann nach hinten losgehen. Das mussten Steffen und ich einmal von dem älteren Ehemann einer Patientin erfahren. Denn «gut gemeint» ist häufig das Gegenteil von «gut gemacht»:

Der Einsatz war im Winter, in einer Siedlung aus Reihenhäusern, mit niedlichen Vorgärten, die unter der frisch gefallenen Schneedecke bestimmt akkurat gepflegt waren. Es war schon dunkel, und auf den Straßen war es schweineglatt. An unserer Einsatzstelle, an der wir eine Frau mit «Kreislauf» abgeholt hatten, lag zentimeterhoch der Neuschnee. Der Rettungswagen stand am Ende der leicht ansteigenden Sackgasse, und die nette, etwa siebzigjährige Patientin in ihrem ungefähr gleich alten Pelzmantel war schon tapfer Richtung Auto gewackelt. Trotz ihres schwankenden Blutdrucks ging es ihr verhältnismäßig gut. Frierend und mit eingezogenem Kopf trug ich ihr eine Reisetasche mit ihrem Nachtzeug und den Hygieneutensilien für das Krankenhaus hinterher. Ihr Mann lief neben mir und sorgte sich: «Wo fahren Sie sie denn jetzt hin? Was braucht meine Frau noch alles? Meinen Sie, sie muss dort stationär bleiben?» Ich beantwortete seine Fragen, so gut ich konnte. Eigentlich wäre es eine Fahrt für ein Taxi gewesen, da ein «akuter Notfall» im Grunde nicht vorlag: Der Patientin wurde lediglich dann und wann etwas schwindelig. Kreislaufprobleme waren bei ihr schon seit längerem bekannt und daher nichts Neues. Der Ehemann wollte deswegen auch erst später nachkommen.

Nachdem die Patientin und ich im Behandlungsraum des RTW waren, sagte ich durchs kleine Verbindungsfenster zum Fahrerraum: «Steffen, wir können losfahren. Ab ins Ludgeri-Krankenhaus, einmal internistisch.» Steffen sendete der Leitstelle über Funk die Nachricht, dass wir jetzt mit Patientin losfuhren. Oder besser, dass wir losfahren *wollten*. Denn die Abfahrt gestaltete sich etwas schwierig. Auf dem Schnee schlingerte das heckgetriebene rote Auto heftig hin und her, legte mehr Meter seitwärts zurück als vorwärts. Das Fahrzeug fuhr partout nicht den Berg hinauf!

«Ingo, wir haben da ein Problem», rief Steffen nach hinten. «Kannst du mal aussteigen und schauen, ob um das Auto herum noch genug Platz ist? Ich komme hier irgendwie nicht so richtig weg.»

«Mann, hier hinten wird es gerade wieder warm», nörgelte ich, während ich in die kalte Nacht ausstieg.

Der besorgte Ehemann der Patientin, der unsere Schlingerpartie mit angesehen hatte, kam indes im dicken Mantel und in Winterstiefeln mit einem kleinen bunten Eimerchen voll Sand aus der Haustür und fing an, mehr oder weniger taktisch sinnvoll den Baustoff um unseren Wagen zu verteilen. Während ich versuchte, dem Fahrzeug mit einer zusätzlichen Portion Schub im tiefen Schnee die richtige Richtung zu geben, und Steffen sich bemühte, das Auto mit durchdrehenden Reifen nach vorne zu wühlen, wuselte der Ehemann eifrig und gefährlich nahe hinter dem heckseitig wedelnden RTW herum.

«Bitte, bleiben Sie auf Abstand vom Auto, das rutscht unkontrolliert», unterstrich ich nochmals das, was eigentlich jeder sehen sollte. Doch selbst dieses schlenkernde Rettungsvehikel schreckte den wackeren Hobbystraßenmeister nicht davon ab, hinter unserer roten Gurke mit den blauen Warzen herumzuspringen, um auch dort zu streuen. Einige deutliche Aufforderungen meinerseits, diesen gefährlichen Unsinn besser zu unterlassen, fruchteten nicht. Es war ja auch Winter, was fruchtet da schon.

Steffen bemühte sich weiter, dem Fahrzeug seinen Willen aufzuzwingen. Ohne Erfolg. Aber wir hatten noch einen Joker: die Schleuderketten unter dem Fahrzeug, montiert an der Hinterachse. Sie fahren auf Knopfdruck herunter, ein Gummirad mit Kettensträngen legt sich dann an die Reifeninnenseite, und angetrieben durch das Rad werden die Stränge vor den Pneu geschleudert. Zumindest dann, wenn die Dinger auch wirklich herunterfahren.

«Steffen, drück mal die Schleuderketten runter! Vielleicht funktioniert es dann», rief ich meinem Kollegen also zu.

Während unter dem Fahrzeug der Hebelarm für die Apparaturen auf der rechten Seite problemlos hinunterklappte, dachte die Einrichtung auf der linken Seite allerdings überhaupt nicht daran, bei dem Schietwetter ihren verdammten Job zu tun: Sie blieb auf halbem Weg hängen.

«Ich drücke schon seit Ewigkeiten. Was ist da los?», fragte Steffen.

«Die linke Seite will nur halb. Versuch es noch einmal ... Boh, ey, der Arm kommt einfach nicht herunter. Noch mal ... Mist!»

Wieder und wieder drückte Steffen den Knopf für die Schleuderketten, auf denen jetzt unsere Hoffnung lag, doch noch ohne fremde Hilfe aus diesem Schneeloch zu gelangen. Aber es blieb dabei: Auf der linken Seite fuhr der Arm nur halb herunter. Klar: Wenn die Einrichtung nur zweimal im Jahr gebraucht wird, ist die Mechanik irgendwann festgerostet ...

«Es hilft nichts», sagte ich zu Steffen. «Da muss ich Hand anlegen. Halt mal einen Moment still, ich krieche unters Auto. Und wenn ich dir Bescheid gebe, versuchst du wieder, die Dinger runterzuklappen.» So musste ich wohl oder übel höchstpersönlich Überzeugungsarbeit an der Mechanik leisten. Im Anwenden von Gewalt gegen nicht funktionierende Teile sind Feuerwehrleute schließlich ganz groß: Entweder ist nachher alles in Ordnung, oder die Sache ist ein Fall für den Recyclinghof. Ganz oder gar nicht, ist unsere Devise.

So kniete ich im nassen Pappschnee, Flocken wirbelten durch meine verbliebenen Haare, der schmutzige Schneematsch aus den Radkästen troff auf meine Schultern, meine Finger brachen vor Kälte fast ab. Und während der Kollege den «Platz an der Sonne» hatte, sprich: den trocknen Fahrersitz in der beheizten

Kabine, und das Knöpfchen für unsere widerspenstige Anfahrhilfe eifrig drückte, wühlte ich an der verdammten Schleuderkettenaufhängung herum.

Der Ehemann der Patientin hüpfte in der Zwischenzeit mit dem Eimerchen wie ein Flummiball um das Dienstgefährt herum. Auf der rechten Seite hatte er wohl schon genug gestreut, denn jetzt schien er sich der linken Seite zuwenden zu wollen, beginnend mit dem Hinterrad. Also genau da, wo ich noch arbeitete. Hochkonzentriert und nichtsahnend. Und so übersah «unser Sandmännchen», dass mein Kopf sich noch zwischen ihm und dem Hinterrad befand, als er das, was auf seiner Schaufel lag, in meine Richtung schleuderte. Gerade hatte ich unter Verdrehung sämtlicher Gliedmaßen eine Lage gefunden, aus der heraus ich an den klemmenden Hebelarm der Schleuderketten gelangte, um daran zu ziehen: «So, jetzt noch mal ver...» Wusch! «Sprotz-spuck-hust!»

Der übereifrige Winterdienstler hatte mir mit viel Schwung eine volle Portion grobkörnigen nassen Sand ins Gesicht geschleudert, bis weit in den Mund hinein. Was ich gern gesagt oder besser gebrüllt hätte, nachdem ich wieder Luft bekam und auch etwas sehen konnte, schluckte ich wegen meiner dienstlichen Außenwirkung lieber hinunter. Also, nach dem gefühlten Pfund Sand. Hatte ich den Mann nicht eben noch mehrfach ermahnt, den privaten Streudienst einzustellen? Aber mein auf den Erstickungsanfall folgender strafender Blick hat zum Glück gereicht, um den Hektiker in seinem blinden Aktionismus augenblicklich zur Salzsäule erstarren und ein verlegenes, halblautes «O-Oh ... Entschuldigung ...» stammeln zu lassen.

«Jetzt ist aber gut mit dem Sand, ja?», wies ich ihn zurecht, nachdem ich aus den Tiefen hervorgekrochen kam und mich in voller Länge vor ihm streckte. «Stellen Sie sich dort auf den Bürgersteig und laufen Sie bitte nicht mehr ums Auto herum. Ich möchte nicht, dass Sie zu Schaden kommen, sollte der Rettungswagen noch einmal ausbrechen.» Mit eingezogenem Kopf tat der Angesprochene, was ich verlangte. Steffen platzte fast vor unterdrücktem Lachen, wagte aber wegen meiner sichtlich schlechten Laune nicht, laut loszuprusten.

Nachdem ich dann noch einmal unter dem Pflasterlaster verschwand und an der klemmenden Einrichtung zog, während Steffen kichernd auf das Knöpfchen drückte, klappten die Schleuderketten endlich herunter. Und das Wunder geschah: Unter Zuhilfenahme der Ketten setzte sich der Rettungswagen mit dem nächsten Fahrversuch in Schlangenlinien in Bewegung.

«Gott sei Dank», brummelte ich vor mich hin, während der Kollege das Dienstauto erst stoppte, als er oben auf dem Berg angekommen war. Notdürftig klopfte ich mir den Schneematsch von der Schulter und wischte mir Sand aus dem Gesicht. «So», sagte ich nun zu dem immer noch betreten dreinblickenden Herrn am Straßenrand. «Und wenn Sie später in Ihrem Auto zum Krankenhaus fahren, können Sie an der Pforte erfragen, wo Sie Ihre Frau finden. Ich denke, sie wird dann noch in der Notaufnahme sein. Und fahren Sie vorsichtig!»

«Ja, danke. Und Entschuldigung, ich wollte nur helfen ...»

Ich winkte ab: «Geht schon klar. Sand ist gut für die Verdauung.»

Unter einigen Mühen stapfte ich die Straße hinauf zum RTW und stieg ein. Im beheizten Innenraum saß die Patientin und schaute mich irritiert an. Mein Gesicht war immer noch voll Sand, der an der feuchtgeschwitzten Haut kleben geblieben war, die Haare trieften vor Nässe, der braune Schneematsch durchweichte langsam meine angeblich wasserdichte Einsatzjacke und die Hände sahen aus, als hätte ich gerade einen Ölwechsel gemacht. «Alles in Ordnung, wir können jetzt», sagte ich, als ich ihr fragendes Gesicht sah. Steffen grinste immer noch, wie ich durchs Fenster hindurch beobachten konnte. Dann fuhr er los.

Im Krankenhaus schickte ich ihn alleine los, um dem diensthabenden Arzt die «Patientin mit Kreislauf» vorzustellen. Der Grund war nicht von der Hand zu weisen: «Ich muss einen Abstecher zum Waschraum in der Unterkunft machen. Da ist eine Grundreinigung meines Äußeren dringend angesagt.»

«Alles klar. Brauchst du später noch einen Snack oder bist du jetzt satt?», frotzelte er.

«Halt bloß den Rand. Du hast im Warmen gesessen, während ich im Schnee lag.»

An diesem Abend hätte ich mich lieber an Pizza satt gegessen. Oder an meinem indonesischen Instant-Nudel-Chemiebaukasten aus dem Asialaden. Jedenfalls nicht an den schnöden Sandresten der letzten Pflasterarbeiten.

Kapitel 15
Wenn es Zeit ist zu gehen ...

Im Rettungsdienst wird man oft überrascht. Einsatzstichworte, die einer Rettungswagenbesatzung bei der Alarmierung mitgeteilt werden, können nämlich schwer danebenliegen. Der Disponent in der Leitstelle sieht sich schließlich verschiedensten Problemen gegenüber: Die Anrufer sind in der Regel sehr aufgeregt, können als Laien nicht einschätzen, welche Informationen wirklich wichtig sind, und nicht zuletzt gibt es oft auch Sprachbarrieren. Aus dem, was der Disponent herausbekommt, muss er sich vielfach das Notfallgeschehen «zusammenbasteln». Er muss sich für ein Alarmstichwort entscheiden, das er in den Leitstellenrechner eingibt, um einen Vorschlag des Computers zu erhalten, welche Fahrzeuge für diesen Notfall vorgesehen sind.

Ist ein Anrufer sehr erregt oder kann einfach keine genauen Angaben machen, erscheint auf unserem Piepser-Display zum Beispiel ein unspezifisches Stichwort wie «HP Straße», also «hilflose Person auf der Straße». Dieses – sagen wir mal – «Verzweiflungsstichwort» schreibt der Leitstellendisponent häufig, wenn er aus der Notrufmeldung trotz mehrmaligem Nachfragen nicht richtig schlau wird. Also wenn der Anrufer bloß «im Vorbeifahren» jemanden gesehen hat, von dem er annimmt, dass es ihm schlechtgehen könnte. Noch öfter ist dieses Stichwort allerdings eine Umschreibung für eine Person, die es für eine tolle Idee hält, den Alkoholrausch auf dem Gehweg, in einem Haltestellenhäuschen oder in einem fremden Hauseingang auszuschlafen. Wobei die Umsetzung dieses grandiosen Einfalls völlig unabhängig von der Tages- oder Nachtzeit ist. Wir stoßen dann den Schläfer an, klären ihn darüber auf, dass ihm so kalt ist, weil er auf der Straße und nicht im Bett liegt, und dass es keine gute Idee ist, dort liegen zu bleiben. Die angesprochene Person steht danach meist mit etwas Hilfe auf und kann selbständig nach Hause gehen. Mehr oder weniger direkt. Manchmal sieht es allerdings so aus, als wolle sie prüfen, wie breit der Gehweg ist.

Es rappelte an unserem Hosenbund, als wir gerade beim Frühstück in der Krankenhauskantine saßen. «HP Straße. Pyrmonter Straße 26, vor dem Gebäude», lautete die Meldung.

«Boh, wie kann man morgens schon so hackedicht sein», entfuhr es meinem Spannmann Kevin.

«Vielleicht ein Übriggebliebener von gestern Abend», hielt ich dagegen.

Das halb aufgezehrte Brötchen mussten wir liegen lassen, aber vom Kaffee verabschiedeten wir uns noch mit einem schnellen Schluck, danach liefen wir los. Es konnte schließlich einer der wenigen Fälle sein, in denen wirklich jemand Hilfe braucht, auch wenn das Stichwort, wie wir wussten, oft ein Garant für wenig Aufregung ist.

Auf der kurzen Einsatzfahrt hätten wir uns das Sondersignal eigentlich sparen können: Es war kaum jemand unterwegs, der für uns hätte Platz machen müssen.

«Das Hochhaus da vorne hat die Hausnummer 26. Dort, auf der anderen Straßenseite. Da will man die betreffende Person gesichtet haben», meinte ich.

Angestrengt schauten wir zwischen den vor dem Hochhaus geparkten Autos hindurch, aber auch die Fahrzeuge davor und dahinter ließen wir nicht aus. Bei Notfällen auf der Straße ist die genannte Hausnummer oft nur eine ungefähre Ortsangabe. Und tatsächlich: Ein Haus weiter stand ein älterer Herr, der sich an der Gebäudewand abstützte.

Wir wendeten das Auto, hielten bei ihm an und stiegen aus. Der über siebzigjährige Mann trug einen dunklen, abgewetzten Mantel, neben ihm auf dem Boden lag eine lederne Aktentasche. Beim Näherkommen hörte ich, dass er am Japsen war. Er sah aus, als wäre er schon ein paar Stunden tot: leichenblass, mit blauen Lippen, kaltschweißig. So lehnte der hagere Mann an der grauen Hausmauer. Also doch kein Bacchus-Verehrer, dachte ich.

«Hallo! Haben Sie Asthma?», fragte ich.

«Nein», sagte der Mann, während er nach Luft rang. «Vor Jahren hab ich ... mal Asthma gehabt, aber ... seitdem ... nicht wieder.»

Kevin holte bereits die Trage, da klar war, dass dieser Patient nicht mehr fähig war, selbst zum Auto zu laufen.

«Haben Sie Schmerzen in der Brust?», wollte ich weiter wissen. «Nehmen Sie irgendwelche Medikamente?»

Er gab an, im Moment keine Schmerzen zu empfinden, aber vor einem Jahr habe er einen Herzinfarkt gehabt. Danach fehlte ihm für weitere Antworten einfach die Luft. Mir schwante Böses: Eine Luftnot dieser Art kann von einem schwerkranken Herzen kommen. Wahrscheinlich hatte der Mann gerade wieder einen Infarkt.

Jetzt musste ich mich schnell entscheiden: Der Zustand des Patienten war eine Situation für den Notarzt. Wenn wir ihn nachforderten, würde es inklusive der Alarmierung aber acht bis zehn Minuten dauern, bis er bei uns eintraf. Wir hingegen standen nicht einmal zwei Minuten Fahrzeit vom zuständigen Krankenhaus entfernt. Der in der Notaufnahme zuständige

Arzt konnte uns aber auch zusammenstauchen, wie wir es überhaupt wagen könnten, einen akut lebensbedrohten Patienten ohne Notarzt zu transportieren. Sicher, der hätte den Patienten schon am Notfallort mit Medikamenten antherapiert. Da ich aber der Meinung war, dass der Herr möglichst schnell eine Klinik sehen sollte, blieb das Risiko, dass dem Patienten schon vor unserem Eintreffen das Herz stehenblieb. Es blieb außerdem das Risiko, mich mit einem aufgebrachten Ambulanzarzt herumstreiten zu müssen. Aber vor Ort gab es für uns nichts Sinnvolles zu tun, so viel war klar.

«Hör mal, da nehmen wir uns jetzt keine Zeit mehr, der Mann muss sofort von hier weg», sagte ich zu Kevin. Auch er hatte gemerkt, dass ich die Sache als sehr ernst einschätzte und es jetzt schnell gehen sollte. Wir packten also den Mann an Oberkörper und Beinen, legten ihn auf die Trage und schoben ihn in den RTW. Während Kevin zügig und mit Alarm losfuhr, setzte ich dem Patienten schnell eine Sauerstoffmaske auf und klemmte ihm das Pulsoximeter an den Finger, das mir den Sauerstoffgehalt im Blut verriet. Für mehr blieb auf dem kurzen Weg keine Zeit.

Die wenigen Minuten reichten aber aus, dass mir nonstop Gedanken durch den Kopf rasten. Was, wenn der aufnehmende Arzt gerade irgendwo im Krankenhaus unterwegs war? Wie lange würde es dann dauern, bis er zurück in der Notaufnahme war? Oder wenn er, ohne den Patienten zu sehen, entschied, erst einen anderen Notfall zu Ende zu behandeln? Manchmal halten Ärzte unsere Verdachtsdiagnosen ja für übertrieben. Dann müsste ich ganz schön Ärger machen und per Haustelefon die Krankenhaus-Piepser für einen Herzalarm auslösen. In maximal zwei Minuten wären daraufhin ein Kardiologe und zusätzliches Personal mit Notfallkoffer, Beatmungsgerät und Defibrillator in der Notaufnahme, bereit, um einen Patienten zu reanimieren. Dieses Team hätte dann Zeit für unseren Mann auf der Trage. In maximal sechzig Minuten wäre ich aber beim

Chef. Der hätte bestimmt spontan Zeit für mich. Mit ihm und dem Verantwortlichen des Krankenhauses müsste ich schließlich kreativ erörtern, ob es ein Problem in der Krankenhaus-Personalpolitik gibt oder ob ich eines mit meinem Selbstverständnis habe, wenn ich am diensthabenden Ambulanzarzt vorbei nach dreißig Sekunden Wartezeit selbständig einen Herzalarm in der Notaufnahme auslöse. Hatte ich dazu ein Recht? Trotz vieler Bedenken erschien mir diese Idee aber immer noch als die beste, da es dem Mann wirklich nicht gut ging.

Und wenn er mir jetzt auf dem Transport verstarb, weil ich entschieden hatte, keinen Notarzt zu alarmieren und ihn ohne diesen ins Krankenhaus zu fahren? Konnte ich wegen fahrlässigen Handelns verklagt werden, weil ich mich nicht an die Vorschrift gehalten hatte, sofort einen Notarzt zu bestellen? Tausend Fragen tauchten auf, die alle ohne Antworten blieben.

Rasch bereitete ich noch den Beatmungsrucksack vor, den ich ins Krankenhaus mitnehmen wollte, damit der Patient auch auf dem Weg vom RTW in die Notaufnahme mit Sauerstoff versorgt werden konnte – und einen Moment später waren wir schon da. Um uns telefonisch anzukündigen, damit ein Team in der Notaufnahme bereitstand, wie es bei solch dringenden Notfällen normal wäre, war die Zeit ebenfalls zu knapp gewesen. Zumal ich wusste, wie lange es dauern kann, um von der Pforte mit dem zuständigen Arzt verbunden zu werden. Der Doc wird in solchen Fällen von der Pforte angepiepst und sieht auf seinem Funkmelder nur die Nummer der Warteschleife, in der mein Anruf geparkt wurde. Es kann einige Minuten dauern, bis er am nächsten Telefon die Nummer der Warteschleife wählt, um meinen Anruf entgegenzunehmen.

Kevin fuhr in die Krankenwagenhalle, danach beeilten wir uns, die Trage herauszuziehen. Der Patient atmete trotz Sauerstoffgabe immer noch sehr schwer. Zügig schoben wir die Trage in die Notaufnahme. «Können wir mal ganz fix einen

Arzt haben?», fragte ich hektisch die Ambulanzschwester, die aus einem Behandlungsraum in den Flur schaute, als sie uns herannahen hörte. Glücklicherweise deutete sie das Japsen des Mannes mit den panisch geweiteten Augen auf der Trage richtig und lief schnell zur diensthabenden Ärztin, die in der ZNA, der Zentralen Notaufnahme, gerade eine Frau untersuchte. Die Medizinerin reagierte sofort und ließ alles andere liegen.

«Den Mann haben wir in diesem Zustand quasi um die Ecke gefunden», berichtete ich. «Akute Atemnot, hat vor etwa einem Jahr einen Infarkt gehabt. Wir haben noch keine Personalien oder weitere Informationen über seine Vorerkrankungen.» Der offensichtliche Zustand des Patienten, der weiterhin leichenblass und mit Schweiß auf der Stirn nach Luft rang, reichte ihr bereits, um die Dringlichkeit des Notfalls zu erkennen. Sofort ließ sie den Mann in ein Bett umlagern und rief auf der Intensivstation an, um ihn dort anzumelden.

Nachdem die Ärztin mir den Patienten abgenommen hatte, begann ich am Tisch eines freien Behandlungszimmers das Rettungsdienstprotokoll zu schreiben, das wir eigentlich schon zusammen mit dem Patienten an den behandelnden Arzt übergeben sollen. Auf diesem Protokoll sind das Notfallgeschehen, unsere Verdachtsdiagnose sowie alle von uns aufgeführten Maßnahmen dokumentiert, um dem behandelnden Arzt die Möglichkeit zu eröffnen, noch einmal alles nachzulesen, was vor der Einlieferung mit dem Patienten geschah. Da wir noch keine Personalien hatten, schauten die Schwester und ich in der braunen Aktentasche des Mannes nach.

«Vielleicht finden wir ja auch irgendwelche Medikamente, die uns etwas über die Vorgeschichte verraten», meinte sie.

«Hmm», antwortete ich, nachdem die Durchsuchung der Tasche beendet war, «nichts, keine Medikamente. Nicht einmal ein Portemonnaie mit einem Ausweis oder einer Krankenkassenkarte. Aber ein Brief!» Ich fingerte den Umschlag aus der Tasche und las die Adresse. Sie stimmte mit dem Haus überein, vor dem wir den Senior gefunden hatten. «Dann wird er das wohl sein», schlussfolgerten wir. Als ich die Personalien abgeschrieben und der Schwester das Protokoll überreicht hatte, ging ich wieder auf den Flur und brachte in Erfahrung, dass der Patient ohne weitere Untersuchungen zur Intensivstation gebracht worden war.

Etwa zwanzig Minuten später – den Rettungswagen hatten wir in der Zwischenzeit wieder einsatzbereit gemacht – klingelte in unserer Unterkunft das Telefon. «Schwester Ramona, aus der Intensiv», hörte ich eine Stimme. «Der Herr, den ihr gerade gebracht habt, hieß ganz anders. Wir haben Aktenaufkleber mit seinen richtigen Personalien hier oben im ersten Stock. Kannst du gleich welche abholen.»

«In Ordnung, ich komme gleich rauf», sagte ich. «Danke.»

Auf dem Weg zum Tresen, hinter dem das Stationspersonal arbeitete, kam ich an dem Zimmer vorbei, in dem «unser» Patient behandelt wurde. Er war bereits an das Beatmungsgerät angeschlossen. Ein Arzt drückte rhythmisch auf seinen Brustkorb, während ein Pfleger sich gerade schwitzend vom letzten Reanimationszyklus erholte. Effektive Herzdruckmassage ist anstrengend! Der Oberarzt stand abwartend an der Fensterbank, zwei Schwestern zogen Medikamente auf und spritzten sie dem Patienten. Eine von ihnen sah mich kurz an und nickte mir zunächst zu, um danach den Kopf zu schütteln. Nonverbale Kommunikation: *Ja, es ist «euer» Patient. Nein, das wird nichts mehr ...* Betreten fummelte ich mir am Tresen den benötigten Personalienaufkleber von der Patientenakte.

Ich überlegte: Hatte ich etwas falsch gemacht? Ihm eine Chance versaut? Ich glaube nicht.

Der Mann, mit dem ich ein paar Minuten vorher noch gesprochen hatte, dem ich auf die Trage half, dessen persönliche Gegenstände ich durchsucht hatte, für den ich das bisschen, was ich tun konnte, getan habe, der Mann ist etwas später tot.

Kapitel 16
Gulaschsuppe in Scheiben

Kevin und ich waren gerade mit dem Pflasterlaster auf dem Rückweg von einem einfachen Krankentransport, als es am Gürtel klingelte. Die kurzen Informationen in der Alarmmeldung reichten jedoch aus, um den Kollegen nervös werden zu lassen: «Rosenmühlenweg 5. Zimmerbrand».

«Das ist ja um die Ecke, da vorne links», sagte Kevin leicht erschrocken. «Da können wir mit dem Rettungswagen aber nichts machen, und das Löschfahrzeug wird noch eine Weile brauchen.»

Mir fiel da schon einiges mehr ein: «Was hast du denn in deiner Ausbildung gelernt? Nur Kaffee kochen? Wir könnten zum Beispiel andere Bewohner warnen. Das Gebäude erkunden. Den Einsatzraum ansehen und ordnen. Rückmeldung geben, ob zusätzliche Kräfte gebraucht werden. Und bei Kleinigkeiten haben wir ja den Feuerlöscher.» Wie kann man nur so phantasielos sein, dachte ich. Die fünf bis sieben Minuten bis zum Eintreffen der Kollegen würden wir schon irgendwie sinnvoll überbrücken können.

Ein paar Sekunden später erreichten wir die angegebene Adresse. Das Blaulicht einzuschalten, hatte sich kaum gelohnt, die «Lichtreklame» war nicht einmal warmgelaufen. Ich verschaffte mir einen ersten Eindruck: Leichte Rauchschwaden drangen aus einem gekippten Fenster im Erdgeschoss eines dreistöckigen Wohnhauses, vor dem Gebäude winkte ein etwa fünfzigjähriger Mann im Norweger-Pullover. Kevin stoppte das Fahrzeug.

Vor dem Aussteigen teilte ich unsere Arbeit ein: «Stell die Karre weiter unten in der Straße ab, sodass die Drehleiter vor dem Haus Platz hat. Dann lauf hinten herum durch den Garten. Sieh nach, ob du dort Rauch oder Flammen feststellen kannst. Danach kannst du nach einem Hydranten Ausschau halten. Ich gehe rein, um zu schauen, was dort los ist.» Nach dieser Anweisung verließ ich den Wagen, Kevin fuhr noch weiter wie angeordnet. Schließlich sollte direkt vor dem Gebäude noch ein ganzer Löschzug Platz finden, der für den Aufbau der Drehleiter und des Löschangriffs etwa fünfundvierzig Meter Straße brauchte.

Ich trat auf den Mann im Strickpullover zu und fragte: «Haben Sie uns gerufen? Ist das Ihre Wohnung?»

Er machte einen seltsam ruhigen Eindruck: «Ja, das habe ich. Es ist aber nicht meine Wohnung, ich lebe da drüber. Bei meinem Onkel kommt Rauch aus dem Küchenfenster.»

«Ist Ihr Onkel zu Hause?»

«Joah ... natürlich ...» Dass er dabei nicht gähnte, war schon erstaunlich.

Während der Neffe im Hauseingang stehen blieb, zog ich mich am Fenster, aus dem es qualmte, hoch und riskierte einen Blick ins Innere der Wohnung. Durch die Glasscheibe war aber nur dichter Rauch zu erkennen. Keine Flammen, kein Onkel. Die Schwaden, die durch das Kippfenster quollen, rochen ziemlich charakteristisch. Ich tippte auf einen Kochtopfbrand. Als

Feuerwehrmann hatte ich diesen Geruch schon Dutzende Male in der Nase gehabt.

Nachdem ich wieder festen Boden unter den Füßen hatte, lief ich in den Hausflur, der Anrufer in seinem gemusterten Oberteil kam hinterhergetrottet.

«Und Ihr Onkel ist da wirklich noch drin?» Ich hakte abermals nach.

«Ja, ja. Sagte ich doch schon.»

Wie konnte dieser Mensch nur so seelenruhig bleiben?

An der Wohnungstür fragte ich den Neffen, ob er denn versucht hätte, bei seinem Onkel zu klingeln oder zu klopfen.

«Sicher! Wie bekloppt. Habe Sturm geläutet, und geklopft, alles», antwortete der Angesprochene mit einer Aufregung, die man verspürt, wenn das Küchenpapier wieder aufgebraucht ist. «Aber der macht nicht auf. Muss aber drin sein. Der schläft mittags immer 'ne Runde. Der hört dann nichts.»

Dem Neffen war wohl nicht klar, dass sein Onkel gerade in Lebensgefahr schwebte. Ein brennender Kochtopf kann nämlich in Minuten die über dem Herd befindliche Dunstabzugshaube in Brand setzen, in der oft ein vor Fett triefender Filter sein Dasein fristet. Ist das der Fall, kann sich ein Feuer sehr schnell ausbreiten.

Gern hätte ich die Tür einfach aufgebrochen, um einen Blick in die Wohnung zu werfen. Sie war alt und sah nicht besonders stabil aus. Je nachdem, wie die Situation in der Wohnung war, so überlegte ich, könnte ich schon vor dem Eintreffen des Löschzugs tätig werden. Vielleicht war die Küchentür ja zu und der Rest der Wohnung war noch nicht so stark verraucht wie die Küche. Vielleicht konnte man kurz hinein, um den Bewohner herauszuholen, bevor er eine schwere Rauchvergiftung erlitt. Vielleicht.

Das Problem bei meiner Idee: Die Wohnungstür hatte eine Füllung aus sechs blinden Glasscheiben. Sollte ich beherzt wie ein Filmheld gegen die Tür stolpern, würde mit Sicherheit mindestens eine der Scheiben kaputt gehen. Und dann? Ich könnte, wenn die Wohnung wegen des Rauchs nicht mehr betretbar war, die Tür nicht mehr dicht bekommen. Mit der Folge, dass Durchzug entstand (das Küchenfenster war gekippt!), der Rauch in das Treppenhaus dringen konnte und den oberen Bewohnern, die sich womöglich noch nichtsahnend in ihren Wohnungen befanden, den Fluchtweg abschnitt. Das Feuer würde aufgrund des Luftzugs durch die defekten Scheiben angefacht und sich dadurch schneller ausbreiten, was die Überlebenschancen des womöglich auf dem Boden liegenden Onkels weiter herabsetzte. Mist, alles Kappes aber auch! Es gab zu viele Unsicherheiten, um einfach durch die geschlossene Tür zu marschieren. Und die Kollegen mit dem Löschzug brauchten noch eine Weile, denn die Alarmierung war noch nicht lange genug raus, als dass sie gerade in den Rosenmühlenweg einbogen. Was konnte ich trotzdem tun, ohne das Risiko einzugehen, die Lage zu verschlimmern?

Kevin müsste jeden Moment von seiner Erkundung zurück sein, dachte ich, den schicke ich dann in die oberen Stockwerke, um die anderen Mieter aus ihren Wohnungen zu holen. Ich entschied mich deshalb, «die Sparversion» zu probieren, bis alle Bewohner aus dem Haus geführt waren. Das hieß: Ich wollte nicht gleich die Tür zertrümmern, sondern hämmerte beherzt an die Tür – und zwar in einer Lautstärke, dass die Bewohner in der zweiten Etage nicht in der Lage sein würden, zu unterscheiden, ob es im Erdgeschoss oder womöglich an ihrer eigenen Tür klopfte.

Meine Faust berührte also wenig diskret das Türblatt. Drööhn! Drööhn! Drööhn! – «Hallo? Hören Sie mich?» – Drööhn! Drööhn! – «Hier ist die Feuerwehr! Hallo?» Ich finde, Türklingeln werden überbewertet. Die hört man ja kaum. Der Neffe hinter mir war jetzt jedenfalls aus seiner Lethargie erwacht. Er zog den Kopf ein und fiel vor Schreck fast rücklings den Treppenabsatz hinunter. Anscheinend hatte sich sein eigenes Klopfen und Hämmern etwas lieblicher angehört.

Immerhin: Meine Bemühungen fruchteten. Hinter der Tür bewegte sich etwas, jemand öffnete die Tür. Mit offener Hose und unordentlich herunterhängendem Hemd stand er nun vor uns, der vermisste Onkel des Neffen.

«Oje, ich war eingeschlafen», sagte er sichtlich erschrocken.

«Sicher. Passiert. Bei Ihnen brennt's übrigens.»

Mein Gegenüber schaute mich jetzt verständnislos an. Mein energisches Klopfen hatte ihn wohl aus einem Tiefschlaf gerissen, sodass er noch gar nicht bemerkt hatte, wie hinter ihm die Rauchschwaden aus der offenen Küchentür trieben. Plötzlich riss er aber die Augen auf und rief: «Herrje, meine Gulaschsuppe!»

Unterhalb der Rauchgrenze konnte ich die Bestätigung seiner Vermutung erkennen: das auf dem Herd vergessene Mittagessen. Die Gulaschsuppe war jetzt nicht nur heiß, sondern auch hart genug, um sie in Scheiben gesägt in Papiertüten zu verpacken. Ich zog den Mann aus der Wohnung: «Kommen Sie mal raus da und gehen Sie auf die Straße. Ich gucke mal, ob das Essen schon fertig ist …» Geduckt huschte ich unter dem Rauch hindurch in die Wohnung, um das Küchenfenster weit zu öffnen. Nach dem Ausschalten des Herds brachte ich die qualmende und bestialisch stinkende Gulaschsuppenkohle vor das Haus, bevor sie sich noch entzündete. Kevin, der von seiner Erkundungstour gerade zurückkehrte, sah den qualmenden Topf, den ich einige Meter vor dem Hauseingang abstellte, ging zum RTW und gab Rückmeldung an die Leitstelle: «Kochtopfbrand, Mittagessen ins Freie gebracht, keine Personen in Gefahr. Wir brauchen nur noch ein Fahrzeug für die Belüftungsmaßnahmen.»

Einige Momente später kam das Löschfahrzeug vorgefahren.

Ich erklärte dem Gruppenführer kurz, was passiert war. Danach wandte ich mich an den Onkel, einen älteren Herrn mit schlohweißen Haaren, der mittlerweile seine Garderobe geordnet hatte.

«Wie geht es Ihnen denn jetzt?», fragte ich. «Atembeschwerden, Husten? Haben Sie viel von dem Rauch geschluckt?»

«Nein, glücklicherweise nicht. Die Tür zum Wohnzimmer, in dem ich geschlafen habe, war zu. Darum habe ich die Klingel auch nicht gehört. Ich war doch nur kurz eingenickt.»

Ich zog die Augenbrauen hoch: «Na ja, ‹kurz› ist ziemlich relativ. Ihr Süppchen sieht nicht gerade danach aus, als seien es nur ein paar Minuten gewesen.»

Die weitere Untersuchung des Bewohners ergab keine gesundheitlichen Auffälligkeiten. Nach längerem Belüften von Küche und Flur konnte er wieder in seine Wohnung zurück. Alles war noch einmal gut ausgegangen.

Kapitel 17
Leichenbergung mit Hindernissen

Für Wasserrettungseinsätze haben wir auf Feuerwachen einen sogenannten Überlebensanzug. Dieser hat einen für den Träger ausreichenden Auftrieb, aber da er auch dazu genutzt wird, um Personen ohne Rettungsweste zu helfen, tragen wir noch eine Schwimmweste als zusätzlichen Auftrieb darüber. Sinnvollerweise bläst sich die zum Anzug gehörige Weste – im Gegensatz zu den automatischen Westen – nicht bei Wasserkontakt von selbst auf, sondern dieser Vorgang wird manuell durch eine Reißleine ausgelöst. Daher ist sie für gewöhnlich speziell mit einem Hinweiszettel gekennzeichnet. Zusammen mit zwei weiteren, allerdings automatischen Schwimmwesten liegt sie in einem großen Sack, in dem auch der Anzug und weiteres Zubehör steckt. Und dieser Sack wartet in der Fahrzeughalle auf seinen Einsatz.

Dieter, Kevin und ich saßen an einem Mittwochnachmittag im Wachsaal bei einer Tasse Kaffee und ließen uns von unserem Wachführer etwas über die technischen Besonderheiten von Photovoltaik-Anlagen erzählen. Wachunterricht ist bei der

Feuerwehr ein ebenso regelmäßiger wie ungeliebter Teil des Dienstalltags. Doch gerade als wir anfingen, mit unserer Konzentration zu kämpfen, um dem Wachführer in seinen etwas trockenen Ausführungen weiter folgen zu können, ging das Alarmlicht an. Dem Knacken in den Wandlautsprechern folgte die eindringliche Stimme des Leitstellenpersonals: «Einsatz für das LF. Person im Wasser zwischen Schleuse und Hermann-Sauer-Brücke!»

Wir sprangen auf, fast erleichtert über die Störung des Unterrichts, und waren noch vor unserem Wachführer aus dem Saal verschwunden. Dieter, der in dieser Schicht als Maschinist eingeteilt war, zog das Alarmschreiben aus dem Alarmdrucker und informierte uns im Laufen über das, was er dort las: «Die Tauchergruppe, der technische Zug der Hauptwache und ein Rettungsboot sind ebenfalls unterwegs. Aber wir werden zuerst an der Brücke eintreffen. Anfahrt ist über den Radweg am Ufer.»

In der Fahrzeughalle warfen wir besagten Sack mit dem Überlebensanzug in die Mannschaftskabine und fuhren los. Während der Anfahrt friemelte sich Kevin in den Gummianzug, was in der Enge der Kabine und bei dem Geschaukel des Gefährts trotz meiner Unterstützung nicht so einfach war. Ich befestigte die Sicherheitsleine an dem Anzug, half Kevin in die Handschuhe und fingerte hektisch die Schwimmwesten aus dem Sack, da die Anfahrt nicht sonderlich lang war. Doch welche der Westen war jetzt die manuell auszulösende? Alle drei Westen waren rot, keine der Westen war mit dem besagten Hinweiszettel versehen, und das Kleingedruckte auf dem Etikett war im Halbdunkel der Kabine nicht so schnell zu entziffern. Aber dann sah ich an einer der Westen eine Reißleine. Dann wird das wohl die manuell auszulösende sein, dachte ich und legte Kevin, der sich in dem Anzug bewegte wie eine Raupe, die Weste an.

Wir schlingerten mit dem Löschfahrzeug noch ein paar hundert Meter auf dem Radweg zwischen Flussufer und der Grünanlage entlang, bis wir die bei der Alarmierung genannte Brücke erreichten. Aufgeregte Passanten wiesen uns den Weg: «Ihr müsst noch weiter, der Mann ist abgetrieben! Etwa hundert Meter stromabwärts, bis kurz vor die Schleuse!» Sie zeigten den Radweg hinunter, der ein Stück weiter über eine schmale Brücke führte. Sehr schmal. Sie war nicht für das Befahren mit einem Lkw ausgelegt. Es war eigentlich nur ein Radweg, der über sie hinwegführte.

Der Wachführer drehte sich zu Kevin und mir um: «Lauft ihr schon mal den Weg runter, wir fahren mit dem Bock am nächsten Querpfad auf die Straße und kommen von der anderen Seite.» Wir stiegen also aus, und das Löschfahrzeug quälte sich über den Verbindungsweg in Richtung Straße. Kevin watschelte im unförmigen roten Anzug in Einheitsgröße XXL wie ein Teletubby über die Brücke, und ich lief mit der Sicherungsleine, die an seinem Anzug befestigt war, wie ein Hundeführer neben ihm her. Einige Meter hinter der Brücke wiesen weitere Passanten über das Wasser: «Da drüben schwimmt er! Da!» In einem Strudel vor dem anderen Ufer sah man einen kahlen Kopf, der langsam im Kreis dümpelte. Der Mann, der dort trieb, war offensichtlich tot.

Während das Löschfahrzeug heranrollte, suchten wir uns einen Weg durch das Ufergestrüpp, und gleich darauf ging Kevin ins Wasser. Doch er hatte noch keine drei Schwimmzüge gemacht, da war ein «PUFFFFF!» zu hören. Die Weste blies sich auf, und Kevins Gesicht sah zwischen den prallen Wülsten aus wie ein Hot Dog. «Scho'n Mischt! Dasch war die falsche Weschte», fluchte es aus dem gequetschten Antlitz. Verzweifelt strampelte er, um irgendwie in die Bauchlage zu kommen. Doch die Weste arbeitete ihrer Aufgabe entsprechend dagegen. Wer schon mal mit so einem Ding im Wasser war, der weiß, dass sie dafür gebaut ist, einen Ohnmächtigen in Rückenlage zu halten – und das auch sehr konsequent umsetzt.

Ich zog Kevin mit der Sicherungsleine ans Ufer und rief Dieter zu, er solle uns die richtige Weste aus dem im Löschfahrzeug liegenden Sack bringen. Augenblicklich sprang er ins Auto, kam mit einer Weste zurück und warf sie mir zu. Schnell entledigte sich Kevin der luftigen Würste und zog die neue Weste über, um einen zweiten Versuch zu starten. Doch gerade als er sich erneut in die Fluten stürzte und zum treibenden Leichnam hinüberschwimmen wollte, da ... Erwähnte ich, dass in dem Sack zwei der drei Westen automatische waren? «PUFFFF!» Auch die zweite Weste presste Kevins zornesgerötete Wangen zusammen. Bingo, wieder die falsche.

«Maaaaan, dasch kann doch nisch wahr schein! Wasch isch dasch für 'n Scheisch!», platzte es aus Kevin heraus. Das Paddeln ging wieder los. So langsam wurde es peinlich, denn die mittlerweile zahlreich versammelten Passanten merkten natürlich, dass hier irgendetwas nicht so recht funktionierte, wie es eigentlich sollte. So zog ich den zappelnden Fisch im übergroßen Gummianzug nochmals an Land. Dieses Mal wartete Kevin aber nicht, bis die letzte (und dann mit Sicherheit auch richtige) Weste zum Ufer gebracht wurde, sondern ging ohne Lebensretter in den Fluss. Schließlich war es unwahrscheinlich, dass sich der Tote an seinen Hals klammern und ihn unter Wasser ziehen würde.

Mittlerweile war die Tauchergruppe mit ihrem Transporter eingetroffen, und die Taucher fingen an, sich auszurüsten. Kevin war jetzt am Wasserwirbel angekommen, in dem die Leiche gefangen war und langsam ihre Runden zog. Ein Strudel ist jedoch nicht zu unterschätzen. So wie der Tote nicht aus ihm hinausgetrieben wurde, schaffte es Kevin nicht, in ihn hineinzuschwimmen. Wild rudernd zappelte er am Rand der Strömung herum und wurde immer wieder abgetrieben, während in regelmäßigen Abständen der leblose Körper einen Meter vor seiner Nase, aber dennoch unerreichbar, vorbeikreiselte. Angesichts des Anzugs mit seinen angeschweißten Stiefeln, die den Träger beim Schwimmen noch zusätzlich behinderten, war ein Herankommen an den Toten einfach nicht möglich.

Gott sei Dank tauchte jetzt endlich das Feuerwehrboot auf, das dem traurigen Schauspiel ein Ende bereitete. Der schimpfende Kevin wurde von uns ans Ufer gezogen, die Kollegen im Boot bargen die fast nackte Leiche, sodass die Taucher am Ende nicht mehr einzugreifen brauchten. Fluchend eierte Kevin zum Löschfahrzeug und pellte sich aus dem Gummianzug. «Was war das gerade für einen Mist? Zweimal die falsche Weste! Seid ihr zu blöd, die Beschriftung zu lesen? Das kann doch nicht wahr sein. Da können wir nur hoffen, dass keiner der Passanten die Nummer mit dem Handy mitgefilmt hat.»

Ich durchsuchte den verbliebenen Inhalt des Sacks, der noch immer in der Kabine des Löschfahrzeugs stand. Nach kurzer Zeit fand ich das Schild, das uns den Einsatz erheblich erleichtert hätte. Der Zettel mit dem Hinweis «Manuelle Weste für den Anzugträger» war aus der Westenverpackung herausgerutscht und lag im Sack, zwischen Leinen und Helm. Na, da lag er gut.

Jenem Mann, der im Wasser gefunden wurde, war Folgendes passiert: Sein Kanu war an einer Bootsrutsche, die sich neben der Schleuse befand, um nicht jedes Schlauchboot schleusen zu müssen, abgetrieben worden. Daraufhin hatte er sich seiner Kleidung entledigt, um hinterherzuschwimmen. Wahrscheinlich bekam er während dieser Aktion einen Infarkt. Berechnete man die Zeit vom Entdecken des treibenden Körpers bis zu unserem Eintreffen am Ort, hätten wir, selbst wenn unser erster Rettungsversuch geklappt hätte, keine Chance gehabt, ihn erfolgreich zu reanimieren. Dämlich sah die Nummer mit den aufgepufften Halskrausen aber dennoch aus.

Zudem hatten wir später in der Atemschutzabteilung, in

der die Westen gewartet werden, ein wenig Erklärungsnot, wieso wir von drei möglichen Westen gleich zweimal die verkehrte gewählt hätten. Dass so etwas in der Hektik und bei fehlender Beschriftung schon mal möglich ist, wollte unser Luftbevollmächtigter natürlich nicht gelten lassen. Es stehe schließlich auch auf dem Typenschild der Weste. Richtig. In etwa fünf Millimeter großen Buchstaben, zwischen vielen Typenbezeichnungen und sonstigen Hinweisen ...

Kapitel 18
Gefangen im Wurmloch

Die Feuerwehr wird oft gerufen, wenn eine Tür schnell geöffnet werden muss. Hierfür haben die Feuerwehren der meisten Gemeinden spezielles Werkzeug, um sie mit möglichst wenig Schaden aufzumachen. Im Gegensatz zu einigen privaten TV-Sendern, die komplette Anleitungen bildgerecht umsetzen, um jedem Zuschauer unter dem Deckmantel der Kriminalitätsaufklärung schon im Nachmittagsprogramm zu zeigen, wie man Türen öffnen kann, möchte ich hier nicht näher auf die diversen Techniken eingehen.

Gründe für einen Einsatz dieser Art gibt es verschiedene: Die Nachbarin wurde seit zwei Tagen nicht mehr gesehen, eine Mutter von ihrem dreijährigen Kind ausgesperrt, während das Essen auf dem Herd anbrennt, oder jemand ruft aus einer Wohnung um Hilfe, kann aber aus irgendeinem Grund seine Haustür nicht selbst aufschließen. Entweder weil der Bewohner sich bei einem Sturz verletzt hat oder so gebrechlich ist, dass er nicht aus eigener Kraft wieder aufstehen kann.

Dass es aber auch Gründe jenseits unserer Vorstellungskraft

gibt, musste ich eines Nachts lernen, als um 3.10 Uhr die Alarmbeleuchtung in der Feuerwache aufflackerte. Aus den Lautsprechern quäkte es: «Einsatz für das LF. Isolde-Kurz-Straße 2a. HP. Tür.» Aha, dachte ich, während ich schnell in die Socken schlüpfte. Wieder jemand, der sich beim Pipimachen lang gemacht hat und jetzt nicht mehr hochkommt. Es passiert oft, dass ein älterer Mensch nachts beim Toilettengang stürzt. Auch ist diese Zeit sehr «beliebt», um während der Verrichtung einen Herzinfarkt zu erleiden.

Mit Dieter, der noch damit kämpfte, seine Augenlider offen zu halten, sprang ich hinten in die Mannschaftskabine, während Steffen und unser Anstaltsleiter die Plätze vorne im Löschfahrzeug besetzten. Vor Müdigkeit fröstelte ich, und so zog ich mir bei der Anfahrt noch die Arbeitsjacke über. Danach schaute ich etwas abwesend auf die vorbeifliegenden Hausfassaden, an denen ab und zu unser Blaulicht von den Fenstern reflektiert wurde. Das Martinshorn blieb aus. Es war um diese Zeit niemand auf den Straßen unterwegs, der für uns hätte Platz machen müssen.

Als wir in der Isolde-Kurz-Straße eintrafen, stand ein Streifenwagen vor der Tür. Die Wohnung befand sich in einem großen Haus mit Laubengängen, bei denen sich die Eingangstüren sowie jeweils ein Fenster pro Wohnung an einem außen liegenden Balkonflur befanden. Wir schnappten uns den Werkzeugkoffer und liefen zu Fuß nach oben in den zweiten Stock, wo sich der Notfall ereignet haben sollte. Bereits im Treppenhaus empfingen uns einige Nachbarn, die teils in Trainingsanzügen, teils in Morgenmänteln dort herumstanden.

Ein älterer Herr setzte uns ins Bild: «Da muss was passiert sein. Der ruft schon seit zwei Stunden, aber wir wissen nicht, wie wir ihm helfen können.»

Unser Wachführer orientierte sich weiter: «Was sagt der Bewohner denn? Ist er gestürzt?»

«Keine Ahnung, der klopft die ganze Zeit von innen ans Fenster und ruft um Hilfe. Wir wissen nicht, warum der nicht rauskommt.»

Die vor der Wohnung stehenden Polizisten schienen ebenfalls etwas ratlos zu sein, einer der Beamten sagte: «Irgendwie ist der da drinnen neben der Spur. Wir werden auch nicht schlau draus, was der für ein Problem hat.»

Hinter dem außen angebrachten Rollo des Laubengangfensters – nach Aussage der Nachbarn sollte sich dort das Bad befinden – rumorte immer noch der offensichtlich Eingeschlossene: «Hilfe, holen Sie mich hier raus! Hallo? Helfen Sie mir! Schlagen Sie doch bitte das Rollo ein!» Dieter und ich bereiteten den mitgebrachten Kasten mit dem Türöffnungswerkzeug vor, um bei Bedarf die Wohnungstür aufzubrechen, während der Wachführer Kontakt mit dem Bewohner aufnahm: «Was ist passiert? Warum können Sie denn nicht raus?»

«Ich weiß nicht, die Tür ist weg.»

«Wie, weg? Sie meinen, der Schlüssel ist weg?»

«Nein, die Tür! Die ist weg! Holen Sie mich bitte hier raus!»

Der Wachführer dachte immer noch an ein Missverständnis: «Ist die Tür abgeschlossen? Oder warum können Sie die nicht öffnen?»

Der Mann hinter dem Rollo – es war eine ältere Stimme – jammerte verzweifelt: «Nein, Sie verstehen mich nicht. Die Tür ist weg. Da ist keine mehr.» Auch nach mehrfacher Nachfrage beharrte er darauf, dass die Tür im Bad verschwunden sei. Irgendwie war diese Aussage nur schwer nachzuvollziehen: So eine Zimmertür verschwindet ja nicht einfach.

Dieter hakte nach: «Dann ziehn Se doch die Jalousien hoch, damit wir reinkönnen. Oder iss die Strippe auch weg?»

Jetzt wurde der Mann etwas ungehalten: «Wäre das so einfach, wäre ich schon draußen. Aber das Ding ist elektrisch und funktioniert nicht.»

Zwischenzeitlich trafen die Kollegen des Rettungsdiensts ein und stellten ihren Notfallkoffer und den Beatmungsrucksack ab.

«Was ist denn los?», fragten sie.

Betont gleichgültig blickte ich zum Fensterrollo, hinter dem der Eingeschlossene unentwegt lamentierte. «Die Tür ist weg», sagte ich. «Ihr wisst schon.» Die Kollegen zogen verständnislos die Augenbrauen hoch und schauten sich ratlos an. Ich freute mich über ihre verwirrten Gesichter: «Seht ihr, genauso blöd haben wir auch geschaut, als wir das hörten.»

Die Rollläden waren laut Aussage der besorgten Nachbarn, die der Herr schon über Stunden verrückt gemacht hatte, tatsächlich elektrisch zu bedienen und somit nicht von außen hochzuschieben. Es sei denn, man würde sie zerstören.

«Ich versuch mal, die Tür von der Bude, ohne sie zu demolieren, aufzukriegen», schlug Dieter vor, in der Hoffnung, dass das Türschloss nur eingeschnappt war. Fehlanzeige: Er fummelte ohne Erfolg am Türschlitz herum. «Mist, der Schapp ist zu eng. Da kommste nicht rein», ärgerte er sich.

Dann testeten wir, ob wir den Schließzylinder mit unserem Werkzeug herausziehen konnten. So ein Zylinder mittlerer Sicherheitsstufe kostete weniger als ein elektrisches Rollo. Doch der Zylinder, der in dieser Wohnungstür verbaut wurde, war wohl besonders preisbewusst gewählt worden, denn er war butterweich: Beim Ziehen fing er zwar an sich zu verbiegen, so wie es sein sollte. Doch kurz bevor wir das Abreißen der vorderen Zylinderhälfte erwarteten, gab der Kern, also der Teil, in den man den Schlüssel steckt, nach und brach ohne den restlichen Zylinder heraus. Dieter bekam die Tür so nicht auf: Der Kern war weg und der Zylinder derart verbogen, dass der Schließmechanismus klemmte. «Mist!», fluchte er, während er mit Spitzzange und Schraubendreher im verbliebenen Loch herumstocherte. «Da wird das Ding auch noch porös! So kriegen wir es nicht raus!» Der Mann in der Wohnung rief unterdessen fast pausenlos: «Hallo? Können Sie mich hier rausholen? Bitte!»

Da die Tür im Gegensatz zum Schließzylinder so stabil war, dass man mit dem Bohrhammer schneller durch die Hauswand gekommen wäre, als wenn man die Tür aufgebrochen hätte, entschied sich unser Wachführer dafür, das Kunststoffrollo mit ein wenig feuerwehrtechnischer Überzeugungsarbeit (Nicht-Feuerwehrleute sagen auch gern: Gewalt) gegen die Hebemechanik drücken zu lassen, bis die elektrotechnische Ingenieurskunst, vermutlich asiatischen Ursprungs, das Zeitliche segnete. Dieter und ich fassten also unten am Rollo an, ruckten es auf Kommando nach oben, und kleine Kunststoffteilchen rieselten aus dem Rollokasten herunter: Feuerwehr gegen Rollomotor: 1:0.

Das Bild, das sich uns bot, als wir den Rollladen hochgeschoben und verklemmt hatten, erinnerte mich an einen Verkaufsschalter. Hinter dem geöffneten Fenster des dunklen Badezimmers stand ein dickbäuchiger Mann im Schlafanzug wie in einem Kiosk. Allerdings nicht vor einem Regal voller Chipstüten und Zigaretten, sondern in der Badewanne, die sich direkt unter dem Fenster befand. Ich konnte mir gerade noch verkneifen zu sagen: «Zwei Schokoriegel und ein Feuerwehr-Magazin, bitte!»

Der in der Wanne stehende Mann war heilfroh, als er uns sah. Dieter fragte fürsorglich: «Vatter, watt iss'n passiert? Machst ja 'nen Heiden-Bohei hier mitten inne Nacht. Klemmt die Tür oder haste den Schlüssel verbummelt?»

«Stellen Sie sich vor, ich gehe auf Toilette und komme auf einmal nicht mehr da raus», klagte der alte Mann. «Die Tür ist weg! Stellen Sie sich das mal vor! Helfen Sie mir bitte raus. Wo bin ich eigentlich?»

«In Ihrer Wohnung, im Bad», antwortete ich.

Das schien ihm aber schon viel zu präzise zu sein, denn er fragte: «Und wo steht das Haus?»

Dieter drehte sich zum Wachführer um und raunte ihm zu: «Okay, Chef, der hat nicht mehr alle Latten am Zaun. Zumindest nicht in der richtigen Reihenfolge.»

Ich schob den Mann, der augenscheinlich zumindest physisch gesund war, mit sanftem Druck beiseite und stieg durchs Fenster zu ihm in die Wanne. Ich wollte nachprüfen, ob die Tür zum Bad vielleicht verklemmt war. Nachdem ich den Lichtschalter im Schein meiner Handlampe gefunden hatte, öffnete ich die Tür, die natürlich nicht einfach verschwunden war, problemlos: Sie war sogar nicht einmal abgeschlossen. Danach ging ich durch den Flur zur Wohnungstür, um meine Kollegen reinzulassen. Diese war aber verschlossen. Der Schlüssel steckte nicht, und ich konnte ihn auch nirgendwo entdecken, sodass die Kollegen ebenfalls durchs Fenster stiegen. Den verwirrten Herrn hatten sie inzwischen dazu bewegt, aus der Wanne zu klettern und ihnen ins Wohnzimmer zu folgen. Auch die Nachbarn waren inzwischen beruhigt worden, sodass sie wieder in ihre Betten zurückkehren konnten.

«Hören Sie, wo ist denn Ihr Wohnungsschlüssel?», fragte ich.

Der Angesprochene überlegte kurz: «Am Bund mit dem Autoschlüssel ... und der müsste an der Garderobe liegen.»

Da war er aber nicht, was ich ihm auch mitteilte.

«Ja, dann ... hier im Wohnzimmer, vielleicht auf der Kommode.»

Dort wurde er tatsächlich von einem der beiden Rettungsassistenten gefunden und mir übergeben. Mit wenig Hoffnung steckte ich ihn in die innere Hälfte des Türzylinders, dessen äußere Hälfte ja total ramponiert und verbogen war. Aber wir hatten Glück: Das Schloss war noch in Ordnung, der Restzylinder funktionierte, und die Tür ließ sich öffnen. Dieter fing sofort damit an, den zerstörten Schließzylinder auszutauschen, und wir hörten, wie die Rettungsassistenten versuchten, vom

Mieter der Wohnung in Erfahrung zu bringen, was denn überhaupt geschehen war.

Es stellte sich heraus, dass er im Dunkeln auf die Toilette gegangen war. Durch die Badezimmertür geradeaus zur Toilette. «Wissen Sie, ich schalte kein Licht ein, weil ich mich hier ja auskenne», erklärte er. Aber während der Verrichtung seiner geschäftlichen Aktivitäten verlor er die Orientierung und machte aus unerklärlichen Gründen gedanklich einen Zeitsprung – zapp! – in das Jahr 1981. «Und als ich mich dann vom Klo erhob, war es auf einmal wie in der Wohnung, in der ich früher gelebt habe. In der musste ich mich von der Toilette aus nach links wenden, um die Tür zu erreichen. Aber da war dann nichts, nur die Wanne vor dem Fenster.»

Verzwickte Situation. Gefangen in einem Wurmloch, in einem anderen Raum-Zeit-Kontinuum. Er verfiel in Panik, und seine einzige Idee, um den Fehler in seiner Lebensmatrix zu lösen, bestand darin, in der Wanne stehend das Badfenster zu öffnen, gegen das Rollo zu trommeln und die Nachbarn nachts um drei wild zu machen. Die riefen die Polizei, und weil die Beamten das Problem ohne entsprechendes Werkzeug auch nicht in den Griff bekamen, forderten sie uns zur Amtshilfe an.

Die Kollegen vom Rettungswagen untersuchten den «Eingesperrten» noch, und so langsam dämmerte dem Mann im beleuchteten Wohnzimmer, wieso die Tür plötzlich weg war. Nachdem er richtig wach und das Türschloss repariert war, brauchte er nicht zwingend ins Krankenhaus. Denn gegen Zeitsprünge haben die dort auch nichts. Nach einer Entschuldigung bei allen Einsatzkräften verabschiedeten wir uns. Vielleicht würde der Mann beim nächsten nächtlichen Herumwandern das Licht anmachen.

Kapitel 19
Reanimation mal anders

Dieter war einer von diesen Altgedienten, die schon Verletzte durch die Gegend geschleppt hatten, als ein Rettungswagen noch Unfallwagen hieß. Lustig, routiniert und mit einer gehörigen Portion Schwungmasse auf den Hüften war er genau der Richtige, um Neulingen beizubringen, wo der Puls klopft. Er war ein Weihnachtsmanntyp, nur ohne Vollbart, denn den darf man bei der Feuerwehr nicht haben. Wegen der Dichtigkeit, wenn man eine Atemschutzmaske trägt.

Dieter gehörte zu den Kollegen, die auch mich auf das «Retten da draußen» vorbereiten sollten. Die Geräte und Materialien zur Patientenversorgung kannte ich aus dem Lehrgang, das war die Theorie. Er sollte mir jetzt zeigen, wie man nicht nur mit Patienten, sondern auch mit der eigenen Belastung umgeht, die durch einige Notfälle unweigerlich auftritt. Denn es gibt Einsätze, bei denen man trotz aller Technik nicht helfen kann. Und dass man unter Umständen zu verantworten hat, dass nicht nur einfach irgendwas kaputt geht, wenn es mal nicht «rund» läuft, sondern womöglich ein Mensch stirbt.

Eine von Dieters Weisheiten war denn auch: «Im Zweifel sage dir immer: Der Patient hat angefangen. Wir können nicht immer alles wieder geradebiegen.» Das klingt vielleicht ein wenig banal, und so etwas Ähnliches hört man ebenfalls in der theoretischen Ausbildung, aber verstehen kann man es erst im Einsatzdienst.

Eines Tages standen wir nach der Dienstübernahme im Vorratsraum und kontrollierten die Bestände. Während ich die Medikamente durchzählte, steckte Dieter bis zum voluminösen Bauch zwischen den Regalböden und wedelte, nachdem er sich unter Ächzen wieder ans Tageslicht gepellt hatte, mit einigen Packungen steriler Kompressen herum: «Hier, die sind abgelaufen! Kannze inne Tonne kloppen. Habbich hinter die Beatmungsschläuche gefunden. Da musse natürlich auch drauf achten, dass nich zu viel vonne Pisselünten hier ins Regal gestopft wird, sonst rutscht alles hinter datt Regal runter. Und wenn das die Amtsapothekerin bei einer Kontrolle sieht, springt die dir mit dem nackten Hintern ins Gesicht.»

«Ist die denn so?», fragte ich.

«Klar», meinte Dieter. «Die ist so 'n richtiger Bürodrache. Regt sich über jeden Pups auf. Beim letzten Mal hat sie Alarm gemacht, weil der Boden im Medikamentenkühlschrank feucht war. Bleibt doch gar nicht aus, wennze da mal dran musst.»

Ich stellte mir vor, wie eine kleine, dicke Frau mit Hornbrille und Protokollblatt zeternd und schimpfend durch die Regale huschte, während die Kollegen, die gerade das Pech hatten, am Kontrolltermin Dienst zu machen, betreten und mit gesenktem Kopf vor dem Vorratsraum standen: «Ja, Frau Apothekerin … Mein Fehler, Frau Apothekerin … Passiert nicht wieder, Frau Apothekerin …» Sollte ich mal derjenige Pechvogel sein, würde ich das bestimmt nicht mehr ganz so amüsant finden, wie es mir jetzt erschien.

Unsere Kontrollarbeit wurde allerdings vom Klingeln unserer Piepser abrupt beendet: «Rettungseinsatz. Akazienweg 33. Atemnot», stand auf dem Display zu lesen. Das hieß: Wir wurden ohne Notarzt zu jemandem geschickt, der Koordinationsschwierigkeiten bei der Kontraktion des Zwerchfells hatte. Anscheinend nichts Aufregendes. Oft fährt man zur angegebenen Adresse und wird lang und umständlich darüber aufgeklärt, dass man überhaupt keine Luft bekäme und das schon seit gestern. So «richtige» Atemnotpatienten, bei denen man bereits an der Wohnungstür hört, dass sie nach Luft ringen, hat man weniger.

Auf der Alarmfahrt zum Einsatzort musste Dieter erst einmal in die Straßenkarte sehen. «Wo iss'n die Bude? Ich glaube, da war ich noch nicht», rätselte er, während er im Stadtplan blätterte. «Ach, datt geht da vonne Bettina-von-Arnim-Straße ab, nachen S-Bahnhof rechts rein, so 'ne Schmuddelgegend. Na, da bin ich ja gespannt, watt da für'n Volk auf uns wartet.» Ich schob unseren Pflasterlaster zwischen den Verkehrsinseln einer Straßenbahnhaltestelle hindurch, da vor der nächsten roten Ampel auf allen Spuren Autos warteten. Die Straßenbahntrasse hingegen war zwar Sperrfläche, aber frei. Und im Einsatz müssen wir dort fahren, wo Platz ist. Schnell war in der Zielstraße auch die richtige Hausnummer gefunden, eine Mietskaserne mit renovierungsbedürftiger Fassade. Nach dem Klingeln hörten wir aus der Sprechanlage eine Stimme, die hektisch sagte: «Kommen Sie in den zweiten Stock, schnell, kommen Sie!»

Oben wurden wir von einer etwa zwanzigjährigen Frau ohne weitere Erklärungen in die Wohnung gewunken. Wir betraten ein typisches Studentenzimmer: Regale aus einem schwedischen Sägewerk, überall Bücher, einige vernachlässigte Topfpflanzen. Auf einer abgewetzten Couch hinter einem mit Kaffeeflecken versehenen Tisch lag eine leblose Blondine. Die Frau, die uns geöffnet hatte, kam hinter uns hergelaufen und fing an zu erzählen: «Wir haben hier einfach gesessen und uns unterhalten. Plötzlich hat meine Freundin die Augen verdreht und ist umgefallen. Ohne dass vorher was war. Ich glaube, sie hatte mal was am Herzen.»

Während ich auf die Anweisungen meines Vorgesetzten wartete, ahnte ich, dass es hier nicht mit ein wenig Sauerstoff getan war. Während die Patientin so gar nicht auf ihre Umwelt reagierte, fühlte Dieter an ihrem Hals den Puls und sah ihr ins Gesicht. Schließlich eröffnete er mir: «Oh, oh ... Rea!» Das war die Kurzfassung für Reanimation.

Während Dieter die Frau, die uns in die Wohnung gelassen hatte, anwies, abermals über Notruf bei der Feuerwehr anzurufen, um der Leitstelle mitzuteilen, dass wir einen Notarzt bräuchten, schob ich den Couchtisch beiseite. Danach zerrten mein älterer Kollege und ich gemeinsam die blonde Frau vom Sofa hinunter auf den Boden. Behandlungs- und Beatmungskoffer flogen auf (damals war die Beatmungsausrüstung noch nicht in einem Rucksack untergebracht, sondern in einem zweiten Koffer), ich nahm mir eine Schere heraus, schnitt den Pullover auf und begann, der Bewusstlosen rhythmisch auf die Brust zu drücken. Während ich weiter und weiter drückte, beatmete Dieter sie und bereitete in den Pausen den Defibrillator vor.

«Sagen Se denen, der 12–83 reanimiert», wies er die kurz vor dem Nervenzusammenbruch stehende Frau am Telefon an. Sie wiederholte Dieters Worte: «12–83 reanimiert.» Hatte sie sich vorher womöglich noch damit getröstet, dass ihre Besucherin «nur» ohnmächtig sei, realisierte sie jetzt die ganze Tragweite des Problems: Ihre Freundin hatte einen Herzstillstand! Ich wiederum steckte in meiner ersten Reanimation ohne Notarzt, der sonst immer alle Anweisungen gegeben hatte. In der Theorie hatten wir das Ablaufschema zwar dutzendfach geübt. Doch dabei war es einzig darum gegangen, eine Puppe so lange zu bearbeiten, bis der Ausbilder zufrieden war. Jetzt lag vor uns eine junge Frau, und es lag allein an uns, dass die Wiederbelebung klappte. Es musste klappen!

«Erzähln Se mal watt», forderte Dieter die Anruferin auf, nachdem sie das zweite Telefonat mit der Feuerwehr beendet hatte. Er selbst drückte erneut mit dem Beutel Luft in die Lungen der jungen Frau auf dem Boden. «Watt hat sie denn am Herzen gehabt? Und wann?»

«Das kann ich Ihnen nicht genau sagen», erklärte die Angesprochene. «Es war im letzten Jahr gewesen. Ich glaube, sie nimmt seitdem auch regelmäßig Tabletten. Vielleicht weiß die Mutter mehr. Die kommt gleich, ich habe sie angerufen, bevor Sie eintrafen.»

«Ja, gut», sagte Dieter. Unter Stress konnte er sogar Hochdeutsch. «Das ist später für den Notarzt wichtig, jetzt brauchen wir erst einmal einen Kreislauf.»

Er klebte die EKG-Elektroden um meine drückenden Hände herum auf den Brustkorb und kramte das Zubehör für die Intubation, für das Legen eines Beatmungsschlauchs, aus dem Koffer. Auf dem Monitor unseres Defibrillators zeichnete sich nach dem Anschließen des Kabels an die aufgeklebten Elektroden ein Bild, wie man es von einem Seismografen kennt: Herzkammerflimmern! Und wenn das Herz flimmert, also wenn jede Muskelfaser unkontrolliert das tut, was ihr beliebt, wird kein Blut mehr durch den Körper der Patientin gepumpt. Das ist natürlich höchst ungesund. Also spulten wir das volle Lehrprogramm ab: Dieter schmierte reichlich Elektrodengel auf die «Bügeleisen», drückte sie der jungen Frau auf die Brust und schoss den ersten Stromschlag ab. Aber das EKG-Bild zappelte immer noch ziellos umher.

Während wir weiter versuchten, einen Ersatzkreislauf durch Herzdruckmassage und Beatmung aufzubauen und mit Elektroschocks das Herz bearbeiteten, damit die Muskelfasern endlich still hielten und ein Rhythmus gefunden werden konnte, betrat die entsetzte Mutter die Wohnung. Sie sah ihre Tochter zwischen Tisch und Sofa auf dem Boden liegen, überall Kabel, Infusionen, den Luftschlauch zum Intubieren, aufgerissene Verpackungen, in denen sich Spritzen befunden hatten, Beatmungsbeutel und zwei fremde Männer, die inmitten dieses Durcheinanders auf der entblößten Brust ihrer Tochter herumhantierten. Sie schlug die Hände vors Gesicht und brach in Tränen aus. Dieter bat sie, ohne seine Arbeit zu unterbrechen, bitte in der Küche zu warten. So sollte keine Mutter ihre Tochter sehen, und helfen konnte sie auch nicht. Die Freundin der Patientin berührte die Frau an der Schulter und führte sie aus dem Raum: «Kommen Sie, die Männer hier tun ihr Bestes!»

Kurz danach erschien der Notarzt mit einem Assistenten. Dieter unterrichtete ihn: «Die junge Frau hatte bei unserem Eintreffen einen Herzstillstand, irgendeine Herzkrankheit ist auch bekannt. Die Mutter sitzt in der Küche, sie weiß bestimmt mehr über die Vorgeschichte. Wir haben bisher dreimal geschockt, doch das Kammerflimmern ist nicht zu durchbrechen. Pupillen waren weit, aber nicht entrundet, sie sind jetzt wieder enger.» Weite, nicht runde Pupillen sind immer ein Zeichen für akuten Sauerstoffmangel im Gehirn. Ein Hirnschaden ist dann meist unabwendbar. Diese Patientin hingegen hatte zu Beginn der Reanimation glücklicherweise noch kreisrunde Pupillen.

Der Assistent verschwand in der Küche, um von der Mutter möglichst viele Informationen über die Bewusstlose in Erfahrung zu bringen. Die Befragung ergab aber nur, dass «der Hausarzt mal so Herzstolpern gefunden hatte» und sie deswegen ein paar Pillen bekam. «Dass junge Frauen so ein bisschen Kreislauf haben», meinte sie, «kann ja passieren. Aber dass es so ernst ist, hätte der Hausarzt doch sehen müssen!» Sie verstand die Welt nicht mehr. Der Assistent erklärte ihr, dass sich Notfälle nicht immer vorher ankündigten. Danach kehrte er zu uns zurück, um uns die wenig aussagekräftigen Informationen weiterzugeben.

Unterdessen ging die Reanimation weiter, jetzt unter den Augen des Arztes: Atemweg sichern, defibrillieren, Medikamente spritzen und ständiges Drücken auf dem Brustkorb. Schließlich verschwand das Kammerflimmern vom EKG, wenige Augenblicke später begann das Herz zu schlagen. Dieter freute sich: «Doc, wir haben einen Rhythmus.» Der Arzt fühlte zunächst am Hals nach dem Puls, dann in der Leiste. Besorgt schaute er auf das EKG-Gerät und sagte: «Es sind nur vereinzelt Pulswellen zu fühlen. Das Herz wird auch wieder schneller.» Tatsächlich: Die Herzfrequenz steigerte sich immer mehr, bis es wieder in ein Flimmern verfiel. Unsere anfängliche Erleichterung war dahin. Der ganze Zirkel mit Defibrillation, Herzdruckmassage und dem Spritzen von Medikamenten ging von vorne los.

Nach etwa einer Dreiviertelstunde wurden wir für unsere Bemühungen belohnt. Das Herz gab nach und ließ sich dazu nötigen, in einem einigermaßen brauchbaren Rhythmus das Blut durch den Körper zu pumpen. «Der Kreislauf steht», diagnostizierte der Notarzt. «Transportfertig machen. Beeilen wir uns, bevor das Herz erneut aussetzt.»

Während Dieter mit der Freundin und der Mutter der Patientin sprach, um sie zu beruhigen und ihnen zu erzählen, was jetzt weiter mit der jungen Frau geschah, räumte der Assistent das Schlachtfeld in der Wohnung auf. Es ist kaum zu glauben, wie viel Abfall bei einer Reanimation übrig bleibt. Währenddessen lief ich zum RTW, bereitete die Trage vor und kam mit einem Tragetuch unter dem Arm wieder in die Wohnung. Gemeinsam legten wir die beatmete Patientin auf das Tuch, trugen sie die Treppe hinunter und schoben sie auf der Trage ins Auto. Das Beatmungsgerät zischte mechanisch, auf dem EKG-Monitor war ein gleichmäßiger Herzrhythmus zu sehen.

Mit blauer Dachbeleuchtung und Musik fuhr ich so schnell, wie es die Straßenverhältnisse zuließen, ins Krankenhaus. Viele Gedanken gingen mir durch den Kopf: Hatte das Gehirn in der ganzen Zeit genügend Sauerstoff gehabt? Was nützt ein gerettetes Leben, wenn man nichts mehr mitbekommt, weil das Gehirn zu sehr geschädigt ist? Ein Großteil der Patienten, die wiederbelebt werden, behalten durch den Sauerstoffmangel im Hirn einen Schaden zurück, weil in dem Moment, in dem jemand umfällt, keiner der Zeugen mit der Reanimation anfängt.

Im Krankenhaus brachten wir die Frau auf die Intensivstation, wo sie weiter versorgt wurde. Gern hätte ich gewusst, was die Ursache des Dramas gewesen war, auch, wie es ihr ergangen war. Denn dann hätte ich im Nachhinein ein besseres Bild darüber gehabt, ob all die Maßnahmen, die wir durchgeführt hatten, richtig gewesen waren und Sinn gemacht hatten. Litt sie an Spätfolgen? Konnte sie ihre Freunde und ihre Familie noch wiedererkennen? Oder wurde sie in einem Pflegeheim künstlich ernährt und starrte im Wachkoma auf das Mobile über dem Bett? Hatte ich überhaupt das Recht, darüber nachzudenken, ob jemand noch eine Chance verdiente oder für ihn sowieso «der Zug abgefahren» war und er besser einfach gestorben wäre? Aber wie es im Rettungsdienst üblich ist, erfährt man selten, ob die Bemühungen etwas gebracht haben und was aus dem Patienten wird. Auch dieses Mal hörten wir zunächst nichts mehr von der Patientin. Doch dann kam es anders, wenn auch verzögert. Man begegnet sich bekanntlich oft zweimal im Leben.

Nachdem ich mich zum staatlich geprüften Rettungsassistenten weiterqualifiziert hatte, durfte ich jetzt Rettungseinsätze verantwortlich leiten, einige Medikamente geben und hatte nun meinerseits einen Kofferhansel hinter mir herlaufen.

Ich war mit Kevin auf dem Rettungswagen eingeteilt. Nach einem eher ruhigen Schichtbeginn, der nur durch den einen oder anderen Krankentransport unterbrochen wurde, hatte die Leitstelle dann doch noch einen Notfall für uns, der – wie sollte es anders sein – passend zum Abendessen kam. Auf dem

Alarmschreiben, welches der Drucker ausspuckte, stand: «Rettungseinsatz. Theodor-Storm-Straße 24, 1. OG. Defi löst aus.» Notfälle dieser Art gibt es nicht allzu oft. Wenn das Herz dann und wann ernsthafte Funktionsstörungen aufweist, die zum Stillstand führen könnten, bekommt die betreffende Person ein Kästchen in die Brust eingepflanzt, das das Herz, wenn es mal ein wenig unorganisiert herumalbert, freundlich, aber bestimmt durch einen Stromstoß wieder vernünftig an die Arbeit bringt. Für den Patienten ist das nicht besonders angenehm, aber lebensnotwendig: Ein Stromschlag von einem eingebauten Defibrillator ist vergleichbar mit einem Pferdetritt. Das Gerät ist nicht zu verwechseln mit einem implantierten Schrittmacher, der permanent einen kleinen Impuls ans Herz abgibt, um es zu stimulieren. Diesen Minimalpuls spürt der Träger nämlich nicht.

Wir fuhren mit Einsatzhorn durch den Berufsverkehr.

«Was meinen die eigentlich mit ‹Defi löst aus›?», fragte Kevin. «Ist das jetzt ein Herzinfarkt? Und wenn ja, warum hat die Leitstelle dann keinen Arzt mitgeschickt?»

«Auf unserem Alarmschreiben steht, dass der Anrufer die Person ist, um die es geht», erwiderte ich. «Ich nehme an, dass jetzt keine Rea auf uns wartet. So schlimm wird sich das am Telefon wohl nicht angehört haben.»

An der angegebenen Adresse, nicht weit von der Wache entfernt, wurde auf unser Klingeln hin wortlos der Türsummer gedrückt. Wir stiegen die knarzenden Holztreppen nach oben in den ersten Stock, dort stand auch eine Wohnungstür offen.

«Hallo? Feuerwehr!», rief ich, während wir ohne besondere Einladung den Flur betraten.

«Hier, im Schlafzimmer», ertönte die Antwort aus dem hinteren Bereich der Wohnung. Dort lag eine etwa fünfundzwanzigjährige Frau, die mir bekannt vorkam, ohne Decke in einen cremefarbenen Frottébademantel gehüllt auf dem Bett und blickte starr und ängstlich an die Zimmerdecke.

«Was ist denn los?», fragte ich, nachdem ich den Notfallkoffer neben das Bett gestellt und mich daraufgesetzt hatte. Wenn man sich hinsetzt, strahlt das Ruhe aus und vermittelt den Eindruck, dass man sich Zeit nimmt. Durch dieses Signal werden die Patienten sogleich etwas ruhiger.

«Vor etwa einem Jahr hatte ich eine Herzoperation», begann sie zu erzählen. «Seitdem habe ich auch einen Defi, und der spinnt jetzt wohl rum. Und vor etwa …» Jetzt hörte man ein leises Piepsen, ihre Stimme war nur noch ein Wispern: «Oje, jetzt geht das schon wieder los … AUA!» Das war wohl der kleine Rettungskasten mit dem Pferdetritt.

«Vor etwa zwei Stunden fing das an», erklärte sie weiter, nachdem sie sich wieder etwas erholt hatte. «Ich traue mich gar nicht mehr aufzustehen. Alle paar Minuten fängt es an zu piepsen, und dann … AUA! … Mann, das tut weh! Der Defi muss sicher neu eingestellt werden, das ist doch nicht normal, dass ich immerzu einen Schlag bekomme.»

«Haben Sie schon einmal daran gedacht, dass der Defi vielleicht gar nicht kaputt ist, sondern Sie schockt, weil Ihr Herz im Moment ein Problem hat?», fragte ich.

Schnell waren wir uns einig, dass sie in eine Kardiologie musste, um genau das zu ergründen. Während Kevin zum Auto ging, um die Trage vor die Haustür zu stellen und das Tragetuch zu holen, wollte ich dann doch wissen, warum die Frau mir so bekannt vorkam: «Darf ich Sie was fragen? Wurden Sie schon einmal reanimiert?»

«Ja», antwortete sie zögerlich und etwas irritiert. «Ich habe daraufhin den Defi bekommen.»

Ich lächelte in mich hinein. «Im Akazienweg, bei einer Freundin, nicht wahr?»

«Richtig. Woher wissen Sie das?», fragte sie erstaunt.

«Ich habe damals auf Ihnen herumgedrückt», erklärte ich nicht ohne Stolz. «Hoffentlich haben wir Ihnen keine Rippe gebrochen. Das passiert nämlich schon mal bei einer Reanimation, weil man eine ganz schöne Gewalt auf das Brustbein ausübt.»

Der nächste Stromschlag in ihr Herz unterbrach die Plauderei. Bevor Kevin zurückkehrte, sagte mir die Patientin noch, in welcher Schublade des Nachtschranks ich den Implantationsausweis des Defibrillators finden würde, in dem alle technischen Daten des bei ihr eingesetzten Gerätes standen.

Kevin, der den Raum mit dem Tragetuch unter dem Arm betreten hatte, sagte: «So, und jetzt stehen Sie bitte auf und setzen sich auf das Tuch, damit wir Sie runtertragen können.»

«Aber ich kann doch selbst laufen», protestierte sie.

Da war ich anderer Meinung: «Und wenn Sie auf der Treppe einen Schock bekommen, haben wir neben dem Herzproblem noch ein chirurgisches, sollten Sie stürzen. Und ich dann noch eines mit meinem Chef. Nee, lassen Sie mal, da tragen wir Sie lieber schön im Tuch. Ist auch besser für das Herz, wenn es nicht so angestrengt wird.»

Das leuchtete ihr ein.

Nachdem wir die Frau im Auto hatten, schloss ich das EKG-Kabel an. Auf dem Transport in die Klinik löste der Defi noch zweimal einen Stromschlag aus, und auf dem EKG-Monitor konnte man deutlich den Grund dafür sehen: Ihre Herzfrequenz wurde immer wieder zu schnell. Hatte das Herz eine gewisse Pulsfrequenz erreicht, brachte das kleine Implantat die Angelegenheit mit einem Stromschlag für ein paar Minuten wieder in Ordnung. Im Grunde war es die gleiche Ausgangssituation wie bei unserem ersten Treffen, nur dass es dieses Mal dank des kleinen Kästchens in ihrer Brust weitaus weniger dramatisch verlief.

«Seien Sie froh, dass der Apparat das macht, was er tun soll», sagte ich. «Auch wenn es für Sie gerade sehr unangenehm ist. Im Krankenhaus wird man es schon wieder richten.» Dank des Defibrillators hatte sie immerhin die Chance, dort lebend anzukommen.

Noch lange musste ich an diese Patientin denken. Schreckliche Szenarien hatte ich mir in meiner Phantasie ausgemalt, und jetzt hatte ich bei unserer Wiederbegegnung erlebt, dass es ihr im Verhältnis sogar recht gut ging. Von dieser Reanimation zehre ich noch heute, denn sie zeigt, dass es für einige Menschen eine zweite Chance bedeuten kann, wenn jemand schnell genug anfängt, richtig zu handeln, und sich an seinen Erste-Hilfe-Kurs erinnert. Es ist jedes Mal deprimierend, wenn eine solche Chance verschenkt wird.

Und falls Sie selbst einmal in die Lage geraten, einen Kreislaufstillstand zu beobachten, sollten Sie beim Wiederbeleben immer «Staying alive ... Staying alive ...» singen. Dieser alte Bee-Gees-Hit hat genau die Taktfrequenz, in der man auf den Brustkorb drücken sollte.

Kapitel 20
Schnitzeljagd bei der Feuerwehr

Dass die Arbeit bei der Feuerwehr zum Naturerlebnis werden kann, erfahren wir in der Großstadt selten. Trotzdem gibt es auch in ihr einige schöne Ecken, die direkt idyllisch anmuten. Und wenn man an diesen einen kleineren Hilfeleistungseinsatz hat, bei dem im Grunde nicht viel auf dem Spiel steht, kann man die Umgebung sogar genießen. Übungsfahrten mit dem Feuerwehrboot auf Flüssen sind zum Beispiel sehr schick, und bei Krankentransporten in Hochhauswohnungen hat man manchmal einen atemberaubenden Blick über die Stadt, während man auf die Patientin wartet, die sich Socken und Zahnbürste für den Aufenthalt in der Klinik zusammensucht. Der folgende Brandeinsatz war streckenweise sogar fast schon ein Kurzurlaubserlebnis:

Es war an einem Sommertag, der genauso warm und trocken war wie die vorherigen Tage in einer Schönwetterperiode. Am Nachmittag hatten wir eine der besagten Übungsfahrten mit dem Boot absolviert. Da Kevin demnächst an einem Bootsführerlehrgang teilnehmen sollte, wollte ihm Manfred, der bereits den Sportbootführerschein besaß, einiges zeigen: Anlegen, Ablegen, Einüben von Wendemanövern und das Kontrollieren des Fahrwassers auf neue Hindernisse. Sollte nachts ein Einsatz mit dem Alarmstichwort «Person im Wasser» kommen, weil irgendein angetrunkener Auengrillmeister beim Pinkeln in den Fluss gefallen war, musste schließlich jeder Handgriff sitzen, auch im Dunkeln. Und das Wetter lud förmlich zu dieser Übungsstunde ein.

Nachdem wir wieder auf der Wache waren und einen von Einsätzen unbehelligten Restnachmittag mit Unkrautzupfen auf dem Hof verbrachten, ertönten gegen Abend die Glocken aus den Wachlautsprechern: «Bing-Bong-Boing!» Das Alarmlicht flackerte auf, und aus den Hoflautsprechern erklang die Stimme der Zentrale: «Einsatz für das Löschfahrzeug. Flächenbrand. Wachführer bitte Leitstelle anrufen!»

Beginnt ein Einsatz mit einer derartigen Aufforderung, kann es nichts Alltägliches sein. Für einen Zimmerbrand oder einen Verkehrsunfall sind keine näheren Erläuterungen durch die Leitstelle nötig. Da fährt man einfach zur genannten Adresse hin, macht sich vor Ort ein Bild der Lage und handelt entsprechend. Soll aber der Wachführer vor dem Ausrücken Rücksprache mit unserem Callcenter halten, ist immer etwas Krummes auf der Liste. Entsprechend wenig überrascht waren wir, als unser Löschzugführer nach dem Telefonat meinte, wir würden ohne Blaulicht zum Einsatzort fahren.

«Und was sagte der Kollege von der Leitstelle?», fragte ich.

«Der gab mir zu verstehen, es habe eine Frau über Notruf angerufen.» Unser Chef winkte uns gelassen zum Löschfahrzeug. «Sie habe erklärt, würde man die Waldstraße runterfahren, ginge rechts ein Wanderweg ab. Nach ein paar hundert Metern würde eine Bank auftauchen, dort soll es kokeln. Seit drei Tagen. Da kommt es jetzt echt nicht auf die Minute an.»

In Ruhe fuhren wir los. Am beschriebenen Waldweg, der

nicht befahrbar war und steil einen Hang hinaufführte, mussten wir das Löschfahrzeug zurücklassen und zu Fuß weitergehen. Also nahmen Kevin und ich eine Schaufel, Manfred eine Axt und der Chef die Verantwortung. Hoch motiviert zogen wir los, um uns Arbeit zu suchen. Bei dem tollen Wetter war gegen eine kleine «Wandereinlage» nichts einzuwenden. So trotteten wir durch den beschaulichen Wald, ließen uns von spazieren geführten Hunden anbellen und stellten deren Besitzern die etwas peinliche Frage, ob sie vielleicht ein Feuer für uns gesehen hätten. Wir kamen uns mit den geschulterten Werkzeugen wie die sieben Zwerge vor. Zwar waren wir nur zu viert, aber heutzutage herrscht ja sowieso überall Personalknappheit. Es passte schon. Doch keine der befragten Personen konnte uns weiterhelfen.

Nach über einem Kilometer öffnete sich der Weg in ein Wohngebiet. Das Waldgebiet war hier zu Ende, und wir hatten immer noch kein Feuer gefunden.

«Und nun?», fragte ich den Wachführer. «Sollen wir jetzt einfach wieder abrücken?»

«Nein, so einfach geht das nicht. Ich rufe die Leitstelle an, die sollen sich dort die Aufzeichnung des Notrufs ein weiteres Mal anhören. Vielleicht gibt es noch einen konkreteren Hinweis, den sie überhört haben. Und wenn das nichts bringt, sollen sie die Frau zurückrufen und nachfragen, wo genau die Einsatzstelle sein soll.» Der Chef zog sein Handy aus der Tasche und sprach kurz mit der Leitstelle, die der Sache auf den Grund gehen und uns zurückrufen wollte. Einige Zeit später klingelte das Telefon, und es gab einen ganz heißen Tipp, den die Leitstelle uns nun mitteilte: «Das Feuer soll am Anfang des Weges sein. Etwas unterhalb einer Bank sind drei Stufen, da habe die Anruferin einen Pfeil aus Ästen für euch hingelegt. Sie sagt, da sollt ihr nach rechts ins Gelände.»

«Wie bitte? Schnitzeljagd?» Wir frotzelten vor uns hin.

Manni meinte: «Wenn da nach der Suche aber zur Belohnung kein Snickers unter einem Topf liegt, bin ich beleidigt.»

Und Kevin ließ im Hinblick auf das zu erwartende Gestrüpp in einer Art Baumarkt-Durchsage verlauten: «Herr Behring, bitte zur Macheten-Ausgabe ...»

Also wanderten wir den ganzen Pfad mit geschultertem Werkzeug wieder zurück. Und tatsächlich: An der beschriebenen Stelle lag ein Pfeil aus Ästen am Wegesrand, den wir auf dem Hinweg übersehen hatten. Wie spannend!

«So etwas haben wir früher in der Kinderfreizeit auch immer mit Begeisterung gemacht», meinte Manfred kichernd. Wir wussten nicht genau, ob wir staunen oder lachen sollten, als wir uns am Pfeil vorbei ins Gebüsch schlugen.

Abseits des Weges herrschte ein wildes Chaos. Der Waldmeister, der für diesen Forst zuständig war, hatte wohl schon seit längerem Betriebsferien. Vermoderte Bäume lagen kreuz und quer herum, Löcher von irgendwelchen Tierbehausungen verschluckten unsere Stiefel, Äste schlugen nach uns, und hinter dem nächsten Busch ging es steil bergab. Drei Volksdiener und ein Anstaltsleiter stolperten so durchs Unterholz und suchten etwas, das aussah, als wenn es zu heiß sei und einer feuerwehrtechnischen Dusche bedürfte. Wir kletterten über Baumstämme, kämpften uns durch Sträucher und legten uns am rutschigen Hang auf den Hintern. War mal eine richtige Abwechslung zu den üblichen urbanen Gegenden.

Nach einigen Irrungen im Gelände hatte unsere Suche Erfolg: Etwa dreißig Meter von der Zivilisation entfernt qualmte der Wald ruhig vor sich hin.

Kevin bemerkte die Einsatzstelle zuerst: «Da drüben, am Steilhang, steigt Rauch auf. Dort wird es sein.»

Unser Chef seufzte: «Na, das kann ja heiter werden. Hoffentlich ist das nicht viel, was da brennt, sonst müssen wir unser ganzes Gerät quer durch die Botanik schleppen.»

Nach ein paar weiteren Schritten standen wir auf einer kleinen Lichtung. Darauf kokelte ein Flächenbrand von etwa fünf mal acht Metern, der nicht so recht wusste, ob er auflodern oder doch lieber ersterben sollte. Unser Verantwortungsträger schaute etwas skeptisch und bremste uns in dem Drang, sofort mit den Erdarbeiten zu beginnen, um die Glut auf links zu krempeln und somit zu löschen: «Äh, Moment noch, lasst das erst mal in Ruhe liegen. Bevor wir hier alles durcheinanderwühlen, hätte ich gern noch einen Blick mit der Wärmebildkamera drauf geworfen. Brandnester und so ... Versteht ihr?» Er forderte telefonisch das Löschfahrzeug der Nachbarwache an, mit dem uns eine solche Kamera, die auf ihrem Monitor unterschiedliche Oberflächentemperaturen in verschiedenen Grautönen darstellt, gebracht werden sollte. Sein Gedanke war nicht verkehrt gewesen, wie sich später herausstellte.

«Wir gehen zurück, um die Kollegen einzuweisen und etwas Löschgerät zu holen. Ingo, halt du hier die Stellung. Nicht dass das Feuer noch ausgeht, wenn keiner guckt», witzelte der Wachführer und verschwand mit Kevin und Manfred durchs Gebüsch.

Jetzt stand ich alleine im Wald. Neben mir die gelangweilt vor sich hin kokelnde Humusschicht, vor mir eine grandiose Aussicht auf die Ruhr und die Auen bei strahlendem Sonnenschein. Den Schaufelstiel hatte ich unter mein Kinn geklemmt. Hummeln summten, Vögelchen zwitscherten, dreißig oder vierzig Meter unter mir rauschten die Autos auf der Hauptstraße entlang, der Duft von Löschknecht-Arbeit wehte von der verbrannten Fläche herüber. Ich nahm den Helm ab, ließ mir die Sonne ins Gesicht scheinen und erfreute mich an all den Dingen um mich herum. Zugleich hatte ich aber auch etwas Zeit, darüber nachzudenken, was eine Spaziergängerin weit abseits des Wegs im Unterholz zu schaffen hatte. War ihr Hund dorthin gelaufen? Genoss sie wie ich das Panorama? Oder traf sie auf der

Lichtung immer heimlich ihren Lover? Das alles war schon sehr merkwürdig.

Während ich auf die Rückkehr der Kollegen wartete, loderte hier und da ein Flämmchen auf, das ich vorsichtig mit der Schaufel ausdrückte. Ich sollte die Brandfläche schließlich möglichst unberührt lassen, damit sie richtig beurteilt werden konnte. Denn Glut verbreitet sich auch im trockenen Waldboden, ohne dass man an der Oberfläche etwas davon sieht. Schaufelt man einfach unkontrolliert Erde hin und her, kann man zwar auf diese Weise das eine oder andere Glutnest finden und löschen, andere Nester werden aber von kalter Erde nur überdeckt – und das Feuer schwelt unentdeckt weiter. Die Glut hatte jetzt immerhin mehrere Tage Zeit gehabt, sich in die Humusschicht zu fressen. Als Folge der unvollständigen Löscharbeiten würden wir dann womöglich mitten in der Nacht nochmals von einem späten Spaziergänger ins Unterholz geschickt.

Nach einer gefühlten Ewigkeit in entspannter, sonniger Atmosphäre tauchten die Kollegen wieder auf. Vorneweg unser Häuptling, dahinter der Amtsträger der Nachbarwache mit der Wärmebildkamera und als Nachhut Manfred und Kevin mit einer Kübelspritze. Das ist ein zehn Liter fassender Wasserkübel mit einer handbetätigten Pumpe, die wir zum Beispiel zum Löschen brennender Mülleimer und Kochtöpfe oder zum Wecken fauler Praktikanten verwenden. Nun fing der Leithammel der Nachbarwache eifrig damit an, durch die Kamera den Ort des Geschehens zu begutachten. Und musste feststellen, dass die Lage nicht ganz so einfach war wie zunächst gedacht: «Kratz mal da vorne was weg, da ist es hell in der Kamera», wies er mich an. «Nee, weiter links. Oh ...» Gebannt schaute er auf die vom verbrannten Laub und Humus freigeräumte Stelle am Waldboden. Das «Oh» verhieß nichts Gutes. Tatsächlich kam unter der Oberfläche eine weitläufige heiße Schicht zutage, die sich jetzt hell und deutlich auf dem Monitor der Kamera abzeichnete. Der Entschluss unseres Wachführers, der seinem Kollegen während des ganzen Prozedere über die Schulter geschaut hatte, war schnell gefasst: «Da brauchen wir ordentlich Wasser. Nicht nur die zehn Liter aus der Kübelspritze. Wir machen jetzt mal eine Wasserparty. Alles andere hat gar keinen Zweck. Hier müssen wir klotzen, nicht nur kleckern.»

Der Kollege mit der Kamera zog nachdenklich seine Stirn in Falten, während er über das steile Gelände blickte: «Da musst du aber noch Verstärkung anfordern», sagte er schließlich. «Mit unseren sechs Männern brauchen wir ewig, um die dreihundert Meter Schlauch querfeldein zu legen.»

«Stimmt», bestätigte unser Wachführer. «Schläuche haben wir ja auch noch nicht genügend vor Ort. Ich bestelle am besten eine weitere Löschgruppe nach.»

Gesagt, getan. Wieder zog unser Chef sein Handy aus der Tasche und rief die Zentrale an, um weitere Kräfte anzufordern. Als zwei Löschfahrzeuge und etwa zehn Mann eintrafen, konnte die Brandbekämpfung endlich losgehen. Während die Kollegen im Schweiße ihrer Füße damit anfingen, die Wasserdärme aus den Autos zu holen und den Waldweg entlangzuziehen, durfte ich weiter auf das warme Gestrüpp aufpassen. Ich hatte für den Fall, dass sich das Feuer plötzlich zum Inferno entwickelte, das Schippchen am Mann, um die zu frech werdenden Flammen sofort provisorisch niederzuschlagen.

Als die Leitung stand und Wasser am Strahlrohr war, fanden sich auch einige der nachgerückten Kollegen mit Schaufeln und Hacken bei mir ein, um das Feuer auszugraben. Der Chef der Nebenwache fing an, Kevin, der eifrig umherspritzte, durch die Kamera zu dirigieren. Man kann sich das in etwa wie bei einer ferngesteuerten Wasserpistole vorstellen: «Halt mal da rüber, da ist es noch heiß … nee, weiter links … und jetzt etwas den Hang runter … nein, das war zu tief.» Kevin trug nach und nach gute zwanzig Zentimeter der Humusschicht mit seinem Wasserstrahl ab. Sie floss den Hang hinunter, sodass ich Sorge hatte, gleich würde ein Verkehrsteilnehmer von der unten vorbeiführenden Hauptstraße die Feuerwehr anrufen, um aufgeregt mitzuteilen, dass ein Bergrutsch bevorstand. Glücklicherweise lief aber am Fuße der Anhöhe wohl nicht allzu viel Erde aus dem Wald, denn eine Verkehrsgefährdung wurde nicht gemeldet.

Parallel zur Spritzaktion gruben andere Kollegen unter Anweisung das Gelände um, damit Kevin anschließend die freigelegten Glutnester ablöschen konnte. Ich hatte den Eindruck, etwas unnütz herumzustehen, und fragte deshalb: «Soll ich da drüben, wo es noch qualmt, nach einem Nest suchen?»

«Nein, lass mal», meinte mein Wachführer. «Wir sollten nicht anfangen, an allen Ecken gleichzeitig den Boden aufzureißen. Wir haben nur eine Kamera. Und vor der wühlen schon genug Leute.»

Somit hatte ich nichts anderes zu tun, als mit meiner Schaufel in der Hand aufzupassen, dass uns nicht irgendwelche Wölfe in den Rücken fielen. Zumindest redete ich mir das ein, damit ich mir nicht allzu überflüssig vorkam. Zwischenzeitlich traf über unsere Handfunkgeräte eine Meldung von dem Löschwasser einspeisenden Feuerwehrwagen ein: «Einsatzleiter von LF, kommen! Der Tank ist gleich leer. Wir legen eine Versorgungsleitung zum nächsten Hydranten.» Das hieß, dass die Feuerwehrleute, die bereits die Schlauchleitung in den Wald gelegt hatten, schon wieder Schläuche rollen mussten. Ich hätte die Kollegen – mittlerweile waren etwa fünfzehn Mann am Einsatz beteiligt – dabei gern unterstützt. Aber der Wachführer hatte bestimmt, dass ich auf meine Schaufel aufpassen sollte ...

Nachdem die am Brandort herumstehenden Sträucher und Büsche nasse «Füße» hatten und der Chef der Wärmebildkamera ein gleichmäßiges Grau auf dem Monitor sah (das bedeutete, dass der anvisierte Boden kalt war), konnten wir aufräumen. Nun gut, wenigstens daran durfte ich mich beteiligen.

Eine Einsatzstelle durch eine Art Schnitzeljagd zu finden, hatte ich bis zu diesem Tag noch nicht erlebt. Hoffentlich wird nicht ein empörter Naturschützer Anzeige erstatten, überlegte ich, weil wir einem westtibetanischen Knubbelholunder die Wurzeln freigespült hatten. Die Einsatzstelle sah nach unserem Abrücken nämlich aus, als hätte dort eine Herde Wildschweine nach Engerlingen gesucht.

Später dachte ich noch, dass ich eigentlich einen Eintrag ins Verbandbuch der Wache machen müsste: «Einsatz: Flächenbrand. Ein Verletzter durch Sonneneinstrahlung. Verbrannte Platte nach Feuerbewachung bei klasse Wetter und prima Aussicht.»

Kapitel 21
Nähen? Nein, danke

An diesem Wochenende besetzte ich mit Kevin den RTW. Nachdem wir tagsüber einige Notfälle versorgt hatten, ging Kevin gegen dreiundzwanzig Uhr ins Bett. Ich entschied mich, der Mattscheibe unseres Fernsehgeräts noch ein wenig beim Flimmern zuzusehen, bevor ich eine Stunde später den gleichen Weg antrat. Da es in der alten Rettungswagenunterkunft im Krankenhaus nur einen einzigen Ruheraum gab, stellte sich bald heraus, dass es ein Fehler war, Kevin vorausgehen zu lassen. Er schlief mittlerweile. Und weil er an diesem Tag leicht verschnupft war, sägte er den halben Stadtwald um. Mist, dachte ich, das kann jetzt etwas länger dauern, bis ich bei der Lärmbelästigung einschlafe. Ich trat also kräftig gegen sein Bett: «Hey, Motorsägenführer, dreh dich mal um!» Etwas Undeutliches in sein Kissen brummelnd, tat er wie befohlen. Aber kaum hatte ich die Decke über die Ohren gezogen, ging es wieder los. Da musste ich wohl durch.

Nachdem ich irgendwann doch wegdösen konnte, wurden wir nachts gegen zwei Uhr aus unserem Stand-by-Modus geklingelt. Laut unserem Piepser sollten wir zu einer Kneipe fahren, die hauptsächlich von Afrikanern und den von ihnen bevorzugten Frauen besucht wurde. Das Schönheitsideal der männlichen Gäste schien ein etwas anderes zu sein als das von westlichen Geschlechtsgenossen: Statt Hungerhaken bevorzugten sie fülligere Begleiterinnen. So versammelten sich in besagter Bar gerade an den Wochenenden nicht nur Afrikaner der umliegenden Viertel, sondern auch ein Haufen «Pfundsweiber». Man verstand sich prächtig.

Laut der Meldung hatte es dort aber gerade eine kleine Schlägerei gegeben, und wir sollten nun einen der Verlierer abholen.

«Hoffentlich ist die Polizei schon da, wenn wir ankommen», meinte Kevin, der sich die Augen rieb, während ich das Alarmschreiben aus dem Drucker holte. «Ich habe keinen Bock, zwischen die Fronten zu geraten.»

Ich war ganz seiner Meinung. Denn im Gegensatz zu früher, als Rettungsdienstler mit Respekt behandelt wurden und alle Beteiligten akzeptierten, dass wir die übrig gebliebenen Schlachtteilnehmer nach einer Auseinandersetzung vollkommen unparteiisch versorgten, wird man heute oft als Gegner betrachtet, wenn man einem Verletzten hilft. «Ey, lasst den da liegen! Die Sau braucht keine Hilfe!» ist noch ein recht harmloser Spruch, der uns häufig hinterhergerufen wird. Kritischer wird es, wenn eine der Streitparteien meint, die Sache sei noch nicht ausgestanden. Plötzlich steht man dann mit seiner roten Rettungsdienstjacke zwischen einer Gruppe gewaltbereiter Kontrahenten, die dampfend vor Aggressionen auch handgreiflich werden, weil sich der Sanitäter, der eigentlich nur helfen will, vermeintlich auf die Seite des Feindes stellt.

Dieses Mal konnte ich Kevin aber beruhigen: «Die Meldung kam laut Alarmschreiben von der Polizei. Ich denke, die werden auf uns warten. Übrigens sind noch zwei andere Rettungswagen unterwegs, da war wohl ordentlich was los.»

Als wir in die Straße einbogen, in der sich die Gaststätte befand, sahen wir die Blaulichter von drei Streifenwagen blitzen. Die Fahrbahn war voll mit Polizisten und Kneipengästen, die aufgeregt miteinander diskutierten. Die Beamten versuchten, die Beteiligten von den Zeugen zu trennen, und nahmen die ersten Personalien auf. Als wir ausstiegen, winkte uns ein Herr der ordnenden Zunft zu sich herüber. Vor ihm stand ein Mann, geschätzte ein Meter achtzig groß, Schultern wie ein Boxer. Sein Gesicht war blutüberströmt. Der Polizist erklärte, was zu tun war: «Der Verletzte hier sagt, er habe einen Stuhl an den Kopf bekommen. Und da drüben steht die Wirtin, die angeblich von einer Flasche getroffen wurde. Die solltet ihr euch auch mal ansehen. Auf der anderen Straßenseite sind noch ein, zwei Leichtverletzte mit Platzwunden und Schnittverletzungen. Natürlich gibt es hier niemanden, der an der Schlägerei beteiligt gewesen sein will. Man kennt das ja ...»

In der Tat bleiben solche Streitigkeiten von den Anwesenden angeblich völlig unbeobachtet, es hat auch nie jemand selbst Hand an einen anderen gelegt, und alle Verletzten sind nur Opfer, die zufällig «einen mitbekommen haben». Man bleibt eben gern unter sich. Und so war auch bei dieser Auseinandersetzung völlig unklar, wer hier wem den Frack ausgestaubt hatte.

«Bring den Mann schon mal ins Auto und kümmere dich um ihn, ich schaue nach der Wirtin», rief ich Kevin zu.

Er nickte, nahm den etwa dreißig Jahre alten Afrikaner am Arm und zog mit ihm los. Immer noch trafen Streifenwagen ein, worüber ich sehr froh war, denn bislang war nicht wirklich erkennbar, ob sich beide Parteien ausreichend beruhigt hatten oder ob es womöglich bei einer falschen Bemerkung der Umstehenden wieder rundgehen würde. Auch ein weiterer Rettungswagen hielt jetzt vor der Wirtschaft. Nachdem die Kollegen ausgestiegen waren, bekamen sie von der Polizei die Verletzten der anderen Straßenseite zugeführt.

Ich drängelte mich durch die Menge der aufgeregt in verschiedenen Sprachen debattierenden Kneipengäste sowie eifrig Personalien aufschreibenden Polizisten. Die Wirtin, eine Frau mit langen blonden Haaren und viel Holz vor der Hütte, hielt sich den Kopf fest.

«Sie wurden von einer Flasche getroffen?», fragte ich.

«Ja. Ich habe drinnen die Theke gemacht, und da gab es auf einmal einen Tumult, hinten vor den Spielautomaten», setzte sie mich ins Bild. «Aber bei den vielen Leuten konnte ich nicht sehen, was da genau ablief. Es ging jedoch ziemlich schnell zur Sache, und auf einmal flog eine Bierflasche gegen meine Stirn. Hat ganz schön gedröhnt.»

«Eine leere oder eine volle Flasche?», wollte ich weiter wissen, während ich ihre Stirn untersuchte. Eine kleine Prellmarke fand ich dort, aber keine offene Wunde. Die Flasche war demnach in einem für die Wirtin recht günstigen Winkel an den Kopf geprallt.

«Eine leere. Sonst wäre ich wohl umgefallen», meinte sie etwas pikiert. Anscheinend hatte sie schon Erfahrungen mit fliegenden Flaschen gemacht.

«Ist Ihnen schlecht? Haben Sie Sehstörungen?»

«Nein, alles in Ordnung. Ich kann jetzt auch nicht weg. Wissen Sie, ich bin heute alleine in der Kneipe. Wenn hier alles geklärt ist, muss ich den Laden abschließen und aufräumen. Die haben ja ganz schön umgebaut da drin.»

Das Angebot, sie im Krankenhaus einem Arzt vorzustellen, lehnte sie ab. Ich riet ihr, sich bei zunehmenden Beschwerden sofort an die Feuerwehr zu wenden. Manchmal entwickeln sich nach einem Schlag auf den Kopf die Beschwerden erst später.

Anschließend ging ich zurück zum RTW und stieg in den Behandlungsraum ein, in dem Kevin damit beschäftigt war, den Schädel des Patienten zu reinigen, der halb auf Englisch, halb im schlechten Deutsch wie ein Rohrspatz schimpfte: «All

Germans are Nazis! Alle schlecht! I'll kill them all! I will kill all Germans! Töten – alle Deutschen. Verstehen?»

Kevin suchte unter dem großzügig verteilten Blut und den heftig gekringelten Haaren die Wunde. Einen Moment später triumphierte er: «Hab sie! Da, über dem Ohr. Etwa zwei Zentimeter lang.»

Ich begutachtete die Verletzung. Da Kopfplatzwunden immer stark bluten, ist der Anblick für Laien meist ziemlich eindrucksvoll. Diese Wunde war aber nicht sehr dramatisch. Trotzdem muss eine solche Verletzung, wenn die Ränder auseinanderklaffen, genäht oder geklammert werden, da es bei der Heilung sonst zu Entzündungen kommen kann. Und eine ordentliche Näharbeit lässt auch eine viel kleinere Narbe zurück.

«Ja, dann werden wir jetzt mal ins Krankenhaus fahren. We'll take you to hospital, you understand?», kramte ich mein Schulenglisch heraus. «There you will see a doctor.»

«Yes, yes, no problem. But, wenn komme zuruck, then I mache all Germans kaputt», drohte er, immer noch höchst erregt.

Ich war professionell genug, um zu wissen, dass er mich nicht persönlich meinte, sondern nur seine Aufregung mit ihm durchbrannte. Ich ging nicht weiter darauf ein.

Ein Polizist öffnete in diesem Augenblick die Tür des RTW. «Was ist mit dem?», fragte er. «Nehmt ihr ihn mit?»

«Ja. Der Mann muss genäht werden. Eine kleine Platzwunde. Ich denke aber, dass er sonst in Ordnung ist.»

«Muss er im Krankenhaus bleiben?»

«Nö. Wenn der nicht plötzlich Zeichen einer Gehirnerschütterung entwickelt, ist er in zwei Stunden wieder draußen. Aber die Personalien haben wir noch nicht aufgenommen.» Zweifellos hätte der Beamte als Nächstes danach gefragt, das wusste ich von anderen Gelegenheiten.

«Okay, dann kommen wir in die Notaufnahme, sobald wir hier fertig sind.» Damit warf er die Tür wieder ins Schloss.

Kevin deckte die Platzwunde des Patienten, die kaum noch blutete, steril ab, bevor er nach vorne auf den Fahrersitz umstieg. Er schaute durch das kleine Fenster zwischen Fahrerkabine und Patientenraum, wo ich das Rettungsdienstprotokoll aus der Schreibmappe fingerte. «Einmal St. Ansgar?», rief er das Ziel unserer Fahrt. Ich nickte nur, und Kevin fuhr los.

Auf dem Weg ins Krankenhaus gab mir der Mann seine Aufenthaltserlaubnis, von der ich seine Daten abschreiben konnte. Währenddessen fluchte er weiter: «Fuck Germans! Werde alle tot machen! All Germans are Nazis! Wenn komme aus Hospital, I'll kill them all!»

Da ich immer noch nicht wusste, was überhaupt passiert war, und bisher lediglich das Ergebnis kannte, fragte ich ihn, wieso man sich in der Kneipe denn so intensiv die Jacken ausgestaubt hatte. In seinem Sprach-Mischmasch versuchte er mir die Sache zu erklären: «Weißt du, in Kneipe gekommen three Nazis, you know? Drei Mann, ohne Haare, ganze nackt an Kopf. Haben angefangen meine Freunde zu schlagen, mit bottles. Ich verspreche, wenn komme aus Hospital, ich werde kill all Germans!»

Natürlich. Da ist eine Bude rumsvoll mit Afrikanern, alle gut bei Laune, die Hälfte von ihnen mit einem Kreuz wie ein Wandschrank. Und dann kommen drei Glatzen in die Kneipe, von der sie genau wissen, dass sie dort garantiert nicht auf den Rest ihrer Wehrsportgruppe treffen, und brechen einen Streit vom Zaun. Und das sollte ich unserem Patienten abnehmen? So bescheuert waren doch nicht einmal Neonazis! Na ja, das alles ging mich sowieso nichts an.

Nun versuchte ich, den Mann mit der blühenden Phantasie auf den Boden der Tatsachen zurückzuholen, denn an einen Overkill, wie er ihn androhte, mochte ich noch weniger glauben: «Sie wollen alle töten? Mich auch? I'm a German, too. You want to kill me? Ich helfe Ihnen doch!»

«No, du gut. Bist Freund. No killing. Aber all Germans mache ich kaputt, wenn komme später! Believe me!» Dann interessierte er sich nach so viel Imponiergehabe doch noch für das, was ihm bevorstehen würde. «Warum fahren Hospital? Was machen?»

«Da wird ein Arzt nach Ihrer Wunde sehen. A doctor will care for your head. Die Wunde muss wahrscheinlich genäht werden.»

«A doctor? Why?»

Ich überlegte. Anscheinend hatte er die Sache mit der Wundversorgung nicht recht verstanden. Aber was hieß «nähen» auf Englisch? Es wollte mir nicht einfallen. Nähen ... nähen ... Ich kam nicht darauf.

Der Patient beugte sich interessiert vor. «What will he do?»

«He will care for your, äh, wounded head. And he will ... äh ... nähen, one or two ... ähm ... Pieks.» Dabei machte ich auf der Hand Nähbewegungen, in der Hoffnung, er begriffe auf diese Weise, was ich meinte.

Als hätte ich ihn geohrfeigt, flog sein Oberkörper plötzlich zurück in den Sitz. Zunächst starrte er mich einen Moment lang mit offenem Mund an, dann schüttelte er heftig seine voluminöse Frisur. Aufgeregt signalisierte er mir unmissverständlich seine Ablehnung: «What? Stitching? No way, man! Nein, nein, nein! No stitching!»

Ach ja, da war das Wort, das mir partout nicht eingefallen war: stitching! Natürlich! Zufrieden, dass der Afrikaner mich jetzt verstanden und ich wieder etwas gelernt hatte, lehnte ich mich zurück und füllte das Protokoll weiter aus. «Aber sicher. Ist keine große Sache. No big thing, you understand? Just two little stitches, zweimal Pieks, and die Sache ist okay. Calm down.»

Aber er ließ sich nicht so einfach beruhigen. Alle Nazis waren vergessen und der geplante Amoklauf verschoben. Er war entsetzt. «No! No stitching! No way. Ich gehen. Please, let me out. Kann ohne stitching. I want to go home.»

Jetzt musste ich mir doch das Lachen verkneifen. Eben noch tobte der Mann vor Wut, wollte alle Deutschen umbringen, war der große Zampano, der mal richtig aufräumt in dieser schlechten Welt. Und dann hörte er, ein Kerl wie ein Baum, dass er zwei kleine Stiche zur Wundversorgung bekommen soll, die schon mancher Fünfjährige tapfer erträgt, und will zur Mutti. Herrlich, dieser Sinneswandel!

Ich ließ Kevin natürlich nicht anhalten, sondern plauderte mit dem Verwundeten, um ihn davon zu überzeugen, dass so ein paar Stiche keine lebensbedrohliche Operation seien, dass er womöglich nicht einmal etwas spüren würde und in zwei Stunden alles vorbei wäre. Dass ich ihm dabei nicht die Hand streichelte, war fast schon verwunderlich. Stattdessen füllte ich betont gelangweilt und wie nebenbei mein Protokoll weiter aus, um ihm zu zeigen, dass ich seine Verletzung auch wirklich als Kleinigkeit einstufte. Gott sei Dank ließ er sich davon etwas beruhigen. Dennoch blieb er weiterhin höchst skeptisch, was er immer wieder zum Ausdruck brachte.

Im Krankenhaus lieferten Kevin und ich den Patienten der aufnehmenden Krankenschwester aus, natürlich nicht, ohne sie von seinem wütenden Gebaren einerseits und der schon fast bemitleidenswerten Angst vor dem Nähen andererseits zu unterrichten. Als wir die Ambulanz verließen, hörte ich sie noch belustigt zum Patienten sagen, der im Behandlungsraum Platz genommen hatte: «Und gleich stitching, okay?»

Ja, sie ließ ihre Patienten gern schwitzen ...

Kapitel 22
Bandenkriege im Hinterhof

Wir hatten gerade die Schicht auf der Rettungswache am Krankenhaus übernommen und beschäftigten uns mit der Fahrzeugübernahme: Kevin putzte den Patientenraum mit einer Desinfektionslösung, ich kontrollierte die medizinischen Gerätschaften auf ihre Funktionsfähigkeit und füllte Verbrauchsmaterialien wie Spritzen und Sauerstoffmasken auf. Wir waren fast fertig, da spuckte der Alarmdrucker einen Zettel aus, gleichzeitig klingelten unsere Pager. «HP im Hinterhof. Apothekengasse», stand auf unserer Depesche.

«Na ja, das kann alles und nichts sein», meinte ich «Dass denen in der Leitstelle nicht mal etwas Kreativeres einfällt als ‹HP im Hinterhof›. Da kann man sich doch auf nichts vorbereiten.»

Egal, wir mussten los. Kevin stellte die Putzeimer an die Seite, ich holte noch schnell meine rote Jacke, dann fuhren wir mit Blaulicht hinaus in den Regen.

«Wo iss'n die Apothekengasse?», fragte Kevin, der hinter dem Steuer saß.

«In der Altstadt. Lange Straße, dann hinter der Kneipe links», protzte ich mit meiner Ortskenntnis.

Auf dem Weg zum Zielort wurden wir plötzlich heftig ausgebremst. Während wir mit viel Krach auf eine Kreuzung zufuhren, an der die Ampel «Rot» zeigte, entschied sich Kevin, über die noch freie Linksabbiegerspur an den wartenden Autos vorbeizufahren. Pustekuchen. Kurz vor Erreichen der Kreuzung meinte der Fahrer des ersten Wagens, uns Platz machen zu müssen, indem er nach links auf die einzige freie Durchfahrt auswich. Nach unserem Bremskopfstand ging natürlich das Rangieren der übrigen Autofahrer hinter dem Ausscherer los. Ich fluchte laut, während Kevin uns zwischen die durcheinander schiebenden Pkws zirkelte. Hätte der Verursacher des Chaos nicht einfach stehen bleiben können?

Der Einsatzort war eine Wohn- und Geschäftsstraße. «Der Anrufer sagte, er würde bei einem Friseursalon auf uns warten», teilte uns das Callcenter auf Anfrage über Funk mit. An der Zieladresse wurden wir tatsächlich von einem etwa dreißigjährigen Friseur in Tuchhose und schwarzem Hemd mit Firmenlogo vor einem Salon erwartet, der sich in einem größeren Mietshaus befand. Als wir ausstiegen, lief der Mann aufgeregt auf uns zu und rief: «Mein Kollege wollte im Hof eine rauchen. Da hat er den Mann gefunden.»

«Und wie gelangen wir in den Hof?», fragte ich.

«Durch den Laden, dann durch die Hintertür wieder raus. Stellen Sie sich das vor! Der lag da einfach so rum.» Es fehlte nur noch der Zusatz: «Was die Leute alles wegwerfen ...»

Wir folgten dem Haarkünstler den beschriebenen Weg. Im Hof lag im strömenden Regen unter einer Decke ein älterer Mann etwa drei Meter von der Hauswand entfernt, halb auf den Pflastersteinen des Hofes, halb auf einer Rasenfläche.

«Haben Sie den Mann schon mal gesehen?», fragte Kevin. «Wohnt der hier?»

Der Figaro zuckte mit den Schultern: «Nein. Aber ich weiß auch nicht genau, wer hier so hingehört und wer nicht. Ich bin in dem Laden nur angestellt.» Der etwa Sechzigjährige zitterte unter der Decke still vor sich hin. Ich sprach ihn an: «Hallo? Hören Sie mich?» Er antwortete nicht, stöhnte nur etwas. Vorsichtig lupfte ich die durchnässte Decke, um zu sehen, ob er verletzt war. Bei näherem Betrachten fanden wir heraus, dass der Mann lediglich Unterhemd, Unterhose und löchrige Socken trug. Knie und Unterarme waren aufgeschürft, er lag mit der Hüfte ziemlich genau auf einer etwa drei Zentimeter hoch stehenden Rasenkante

«Hallo? Haben Sie Schmerzen?» Ich rüttelte ihn leicht an der Schulter. Jetzt reagierte er. Der Mann war also bei Bewusstsein.

«Ja ... ich, äh ... mir ist kalt.»

«Haben Sie Schmerzen?», wiederholte ich. «Was ist passiert?»

Er überlegte eine Weile: «Ich weiß nicht ... Meine Hüfte tut weh. Und der Rücken. Ich habe keine Ahnung, wie ich hier hergekommen bin.» Er war sehr verlangsamt in den Antworten, schien völlig durcheinander zu sein und versuchte, sich nicht unnötig zu bewegen. Um die Vorgeschichte seiner Situation herauszufinden, war er offensichtlich keine Hilfe. Aber was war geschehen? In Unterwäsche läuft für gewöhnlich niemand in Hinterhöfen herum.

Es regnete weiterhin in Strömen. Während ich die nasse Wolldecke vom Patienten nahm und ihn in eine Rettungsfolie einwickelte, ging Kevin zur Tür, die ins Haus führte, um festzustellen, ob der Mann vielleicht auf diese Weise in den Hof gekommen war.

«Die Tür ist abgeschlossen», stellte er fest. «Hier kann er nicht durchgegangen sein.» Danach wandte er sich an den Friseurangestellten: «Ist der Mann durch den Laden gelaufen?»

«Nein. Den haben wir hier nur gefunden», antwortete der. «Keiner kennt ihn.»

Kevin kehrte zu mir zurück. Gerade prüfte ich den Blutdruck des Mannes. Der war in Ordnung. «Vielleicht hat er Unterzucker?», meinte mein Kollege. Durch zu wenig Zucker im Blut kann das Gehirn nicht richtig arbeiten, die Person ist dann desorientiert, hat Schwindel und Schweißausbrüche. Aber auch die Überprüfung des Blutzuckergehalts ergab keine abnormen Werte. «Oder er hatte einen Krampfanfall?» Auch nach Krämpfen ist jemand in einem ähnlichen Zustand und sehr müde. Aber ich glaubte, dass auch das nicht geschehen war.

Bei näherer Betrachtung des Hofes bekam ich den Eindruck, dass etwas anderes passiert war. «Schau mal, da oben im ersten Stock, da steht ein Fenster offen», sagte ich. «So wie es aussieht, muss da ein Bad sein. Ob er da rausgefallen ist?»

«Das würde erklären, wie der Mann hierhergekommen ist, obwohl die Tür zum Hinterhof verschlossen ist, und warum er bei diesem Sauwetter nicht einmal Pantoffeln trägt», stimmte Kevin mir zu. Auch die Schmerzen im Rücken und die Abschürfungen an den Armen passten dazu: Unser Notfall war ein Fenstersturz.

Wir waren uns unserer Sache zwar nicht ganz sicher, entschlossen uns aber dazu, den noch nicht alarmierten Notarzt von der Leitstelle nachzufordern. Denn wenn der Mann aus dem Fenster und dabei auch noch auf eine Rasenkante gefallen war, konnte er innere Verletzungen haben. Bei einem Beckenbruch zum Beispiel kann man innerlich so viel Blut verlieren, dass es lebensbedrohlich ist.

«Ich sag der Leitstelle Bescheid», sagte Kevin, während er zum Rettungswagen lief. «Und ich bringe auch gleich den Rest der Ausrüstung mit.» Mit «Rest» war eine Schaufeltrage gemeint, die man unter einen Patienten bekam, ohne ihn viel zu bewegen, sowie eine Vakuummatratze, die durch Abpumpen von Luft hart wie ein Gipsbett wird. Während der Kollege durch den Friseursalon verschwand, legte ich dem in der Regenflut reglos am Boden liegenden Mann eine Halskrause an, um die Halswirbelsäule zu stabilisieren. Dann untersuchte ich ihn noch einmal genauer, indem ich vorsichtig seinen Körper abtastete und die Gelenke von Armen und Beinen – soweit es bei seiner Lage möglich war – etwas bewegte. Das Ergebnis: Das Becken war stabil, der Brustkorb auch, wahrscheinlich keine größeren Brüche. Vielleicht hatte er Glück gehabt. Es ist erstaunlich, wie viel ein Körper bei Unfällen manchmal aushält.

Ich bohrte weiter nach: «Die Schmerzen im Rücken, wo sind die genau?»

Der Mann rührte sich und zeigte mit der Hand Richtung Lendenwirbelbereich. «Da unten. Die sind immer so schlimm ...»

«Wieso immer? Kennen Sie die Schmerzen? Waren die schon vorher da?»

Er stöhnte, als er den Arm wieder nach vorne drehte. «Ja, die habe ich schon lange ...» Er erzählte weiter, dass er mit den Beschwerden bei einem Orthopäden in Behandlung sei. Nun gut, zumindest rührten sie nicht von einer frischen Verletzung her.

Kevin kam jetzt zurück, bepackt wie ein Sherpa, mit Schaufeltrage, Matratze, Absaugpumpe und einer trockenen Decke, die wir sofort unter die Rettungsfolie legten, damit der Patient nicht noch stärker auskühlte. Wir waren sehr vorsichtig und bemühten uns, ihn möglichst wenig zu bewegen. Der Mann war schließlich aus einem bestimmten Grund ziemlich durcheinander: Das konnte eine Folge des Unglücks sein, zum Beispiel eine Hirnblutung, oder auch die Ursache des Sturzes. Vielleicht hatte er aufgrund einer Kreislaufstörung am Fenster das Gleichgewicht verloren und war daher herausgestürzt. Vielleicht hatte seine Verwirrtheit aber auch gar nichts mit diesem Notfall zu tun. Wir wussten es nicht. Es gab keine Zeugen. Und was der Patient von sich gab, war nicht unbedingt brauchbar. Wir konnten nicht einmal mit Sicherheit davon ausgehen, dass der Mann überhaupt einen Unfall hatte.

Während ich einen Zugang in eine Vene legte, um eine Infusion anzuschließen, versuchte Kevin von anderen Bewohnern des Hauses herauszufinden, ob der Mann im ersten Stock wohnte. Bisher war es lediglich ein Verdacht, dass er aus dem Fenster gestürzt war. In ähnlichen Lagen hatten wir schon Flüchtlinge aus der Psychiatrie gefunden, die auch nicht theaterfein angezogen waren, als sie ihr Krankenbett verließen. Kevin rief einem Bewohner zu, der sich gerade hinter einem der Fenster zeigte: «Hallo! Machen Sie mal hier unten die Hoftür auf. Die ist abgeschlossen.» Der Bewohner verschwand hinter dem Fenster, um einige Augenblicke später an der Tür wieder aufzutauchen.

«Kennen Sie den Herrn dort im Hof?», fragte mein Kollege.

Der Mann schüttelte den Kopf. «Nein. Nie gesehen. Ich weiß aber auch nicht genau, wer hier so wohnt.»

Na klasse. Die Anonymität großer Wohnhäuser zeigte wieder einmal ihre negativen Seiten. Auch der nächste Mieter, den Kevin herausklingelte, konnte nichts über unseren Patienten sagen. Die dritte Person, die er im Haus ansprach, bestätigte jedoch, dass der im Innenhof Liegende in besagter Wohnung mit dem offenen Badfenster lebte. Er wusste sogar den Namen des Mannes.

Obwohl ich den Notfallkoffer immer nur kurz öffnete, um die benötigten Sachen herauszuholen, regnete er langsam voll. Die Kompressen waren durch Nässe unbrauchbar geworden, die sterilen Verpackungen der Infusionsbestecke weichten auf. Es pisste noch immer wie aus Eimern, was dem Wärmehaushalt des Patienten nicht gerade zugutekam. Aber wir wagten nicht, den Mann zu zweit auf die Vakuummatratze umzulagern. Hatte er doch etwas an der Wirbelsäule oder am Becken, würden wir ihm womöglich weiteren Schaden oder große Schmerzen zufügen. Das Risiko wollte ich nicht eingehen.

Nach ein paar Minuten traf zum Glück der nachbestellte Notarzt mit seinem Rettungsassistenten ein. Der Mediziner machte einen weiteren Patientencheck und startete eine erneute Befragung, während der der Verunfallte sich daran erinnern konnte, in dem besagten Haus zu leben. «Ja, ich wohne da. Ich bin aus dem Fenster gestürzt, weil ich in Deckung gehen musste!»

«Wieso in Deckung? Wovor?», fragte der Arzt.

«Vor den Geschossen! Wissen Sie, die haben doch geschossen. Die Guerillabanden bekriegen sich schon wieder, das wird immer schlimmer. Und keiner tut was dagegen.» Wir hingegen hörten keine Gewehrsalven aus seiner Wohnung ... Nun gut, wenn jemand aus dem Fenster stürzt, kann das Oberstübchen schon etwas durcheinandergewirbelt werden.

Nachdem auch der Notarzt keine weiteren äußeren Verletzungen fand, hoben wir den durchnässten Mann vorsichtig, möglichst ohne ihn unnötig zu bewegen, zu viert auf die Vakuummatratze und pumpten die Luft heraus. Hierdurch lag der Mann wie in einem Gipsbett, auf diese Weise war die Wirbelsäule während des Transports stabilisiert.

Als wir das angebliche Guerillaopfer in den RTW geschoben hatten, untersuchte ihn der Arzt noch einmal eingehender, um zu entscheiden, ob eine Klinik mit einer chirurgischen Station zur Weiterbehandlung reichen würde oder ob doch lieber ein Haus der Maximalversorgung (mit diversen Spezialisten und verschiedensten Untersuchungs- und Therapiemöglichkeiten) angefahren werden sollte. Da auch diese dritte, genauere Untersuchung keinen Verdacht auf schlimme Verletzungen ergab, entschied der Medizinmann, dass wir den Gestürzten in die normale Chirurgie bringen könnten: «Wir fahren ihn in die Rochus-Klinik. Das sollte reichen. Ich glaube nicht, dass der Patient eine Neurochirurgie braucht.»

Im Krankenhaus kreuzte eine Schwester in der Aufnahme auf, die anscheinend nur Terminbehandlungen kannte. Wir schoben die Trage in die zentrale Notaufnahme, der Patient war mit Schürfwunden und Halskrause auf der Vakuummatratze festgebunden, und sie grinste uns nur naiv an: «Schade, jetzt seid ihr schon an dem Raum mit den frischen Betten vorbeigelaufen. Wartet aber, ich hole euch eins ...» Die Schwester hatte wohl noch nicht oft in der Notaufnahme gearbeitet, denn wenn ein Patient derartig versorgt auf der Trage liegt, sollte jeder Beteiligte eigentlich sofort sehen, dass wir das nicht aus Langeweile gemacht haben, sondern weil der Patient nicht mehr bewegt werden soll. Also sollte er auch nicht von einer Pflegekraft ohne weitere Untersuchungen in ein Bett geschubst werden, da hierbei alle möglicherweise noch nicht erkannten Brüche und inneren Verletzungen erschüttert werden. Glücklicherweise kam der diensthabende Chirurg gerade um die Ecke, der nach einem kurzen Blick auf unseren durchnässten Mann in Unterhosen sofort eine Röntgenuntersuchung anordnete. Das hieß: Im Interesse des Patienten soll jede unnötige Bewegung vermieden werden, bis alle Röntgenbilder ausgewertet sind. Damit entgeht man der Gefahr, eine schwere knöcherne Verletzung zu übersehen.

Wir hatten getan, was wir tun konnten. Wir fuhren zurück zur Rettungswache, noch längst war unsere Schicht nicht zu Ende. Drei Stunden später klingelte unser Melder erneut: «Verlegung von der ZNA Rochus-Hospital. Ziel: Schockraum Uni-Klinik. Mit Notarzt.» Den Namen des Patienten, den wir in der Zentralen Notaufnahme abholen sollten, kannten wir.

Im Krankenhaus lag unser «Fenstersturz» mittlerweile mit seiner Halskrause im Raum für Wundversorgung. Der Chirurg klärte den Notarzt über den Untersuchungsbefund auf: «Der Patient hat eine Beckenringfraktur vorne, einige angebrochene Rippen und instabile Brüche an der Hals- und Lendenwirbelsäule.» Wegen dieser doch recht umfangreichen Verletzungen sollte er in eine andere Klinik verlegt werden. Ein Spezialist sollte ihm eine Rolle Draht in sein Skelett einbauen. Insbesondere die

Brüche an der Halswirbelsäule machten den Ärzten Sorgen. Eine einzige falsche Bewegung – und der Patient wäre womöglich gelähmt! Aber wie es so ist: Braucht man dringend einen Spezialisten (in diesem Fall einen Neurochirurgen) und einen freien Operationssaal, kann sich der Arzt, der den Patienten abgeben will, die Finger wund telefonieren, bis er eine aufnahmebereite Klinik findet. In diesem Fall fast drei Stunden lang.

Auf dem Transport mit Blaulicht und Martinshorn – teilweise fuhren wir mit dreißig Stundenkilometern in Schlangenlinien um Schlaglöcher herum – merkte ich, dass der Patient inzwischen erheblich klarer war als an der Unglücksstelle. Da es mich interessierte, wie die ganze Angelegenheit genau abgelaufen war, fragte ich ihn nochmals: «Und? Wissen Sie mittlerweile, wie das passiert ist?»

Etwas genervt, weil ihm anscheinend jeder Arzt und jede Krankenschwester diese Frage gestellt hatte, betete er herunter: «Mein Name ist Erich Schellhorn, ich bin am 6. März 1950 geboren, wohne in der Apothekengasse 27 im ersten Stock, und ich musste den Geschossen der bewaffneten Banden ausweichen. Dabei bin ich aus dem Fenster gestürzt. Haben Sie denn von den Bandenkriegen nichts in der Zeitung gelesen? Das ist furchtbar, jeden Abend, sogar in meinem Wohnzimmer!»

Es war nur verständlich, dass ich etwas irritiert war, das jedenfalls fand ich. «Nö», entgegnete ich. «Da stand nichts in der Zeitung. Die Regierung möchte wohl nicht, dass wir das wissen ...» Da ich daran zweifelte, dass wir beide in derselben Realität lebten, wandte ich mich lieber den Papieren zu.

In der Uni-Klinik übergaben wir den Patienten an den aufnehmenden Chirurgen mit dem Hinweis, dass bei diesem Mann anscheinend schon vor dem Unfall einiges durcheinandergeraten sei. Die Guerillatheorie konnte keine Folge des Sturzes gewesen sein. Nur hatten ihn dieses Mal seine Halluzinationen fast das Leben gekostet.

Kapitel 23
Sprengkörper auf den Straßen

Silvester – aus der Sicht der verschiedenen Hilfsorganisationen ist das immer ein sehr aufregender Tag. Besonders die Feuerwehr fährt für gewöhnlich von einem Kleinbrand zum nächsten, weil immer jemand so betrunken ist, dass er es anscheinend lustig findet, Mülltonnen anzuzünden. Allerdings sind jedes Jahr auch ein paar größere Feuer dabei, da sich Raketen durch gekippte Fenster in Wohnungen verirren oder Knallkörper in Kellerlöcher fallen.

Meine Schicht auf dem Löschfahrzeug begann an diesem Silvester jedoch gegen Mittag mit einem Rettungsdiensteinsatz. Dazu muss man wissen: Kann der nächste verfügbare RTW nicht schnell genug vor Ort sein, weil er eine halbe Weltreise vom Notfallort entfernt ist, wird als «First Response» (wörtlich: «Erste Antwort») zusätzlich das nächstgelegene Löschfahrzeug geschickt. Entsprechende Ausrüstung in Form eines Rettungsrucksacks haben wir natürlich auch auf den Löschfahrzeugen, und alle Kollegen sind ja, wie gesagt, im Rettungsdienst tätig. So kann bis zum Eintreffen des RTW Hilfe geleistet werden.

Wir berieten gerade, was bei uns am Abend gegessen werden sollte, immerhin würde er lang werden.

«Ein Buffet mit Käsesuppe, Räucherlachs, Brot und ein paar Frickas – und was gegen Sodbrennen am Ende», schwärmte unser Anstaltsleiter.

«Na ja, ich wäre auch gegenüber einer Salatbar nicht abgeneigt. Salat ist gesund. So mit Putenbruststreifen und Dressing», schlug Kevin vor.

Zwar erzählte er immer was von gesunder, vegetarischer Ernährung, schummelte dann aber doch Fleisch und einige kalorienreiche Zutaten unter seine Salate, frei nach dem Motto: «Tofuwurst schmeckt am besten, wenn man sie kurz vor dem Servieren durch ein Schnitzel ersetzt.»

«Buffet – mit allem!» Der Wachführer bestand auf seiner Idee. «Guck mal auf meine Schulter, dann weißt du, wessen Vorschlag besser ist.» Ein Wink mit dem Zaunpfahl: Wer den höheren Dienstrang hat, hat damit auch automatisch recht.

Steffen warf nur gelassen das Wort «Chili» ein. Weil er kochen sollte, worauf wir uns geeinigt hatten, machte er sowieso die letzte Ansage. Da konnte der Chef träumen, wovon er wollte.

Weiter kamen wir in der Planung jedoch nicht. Der Alarmgong ertönte, gefolgt von der Stimme der Leitstelle: «Einsatz LF, First Responder. Adenauerring 25. Herz vor Büdchen.» Dem Alarmschreiben aus dem Drucker war zu entnehmen, dass der Rettungswagen und der Notarzt vom anderen Ende der Stadt kommen mussten. Wir besetzten also das Löschfahrzeug und fuhren mit Alarm los.

Auf dem Weg zum Adenauerring standen wieder einmal einige Verkehrsteilnehmer wie einbetoniert vor den roten Ampeln und machten uns erst nach zusätzlichem Hupen äußerst widerwillig Platz. «Gehört das Verhalten bei Annäherung von Fahrzeugen mit Sonderrechten heute eigentlich nicht mehr ins Fahrschulprogramm? – Aber wenn sie selbst betroffen sind, dann kann es ihnen nicht schnell genug gehen, bis wir da sind», wetterte Kevin, der in dieser Schicht als Maschinist das Auto fuhr. Immerhin war mit dem Alarmstichwort «Herz» verbunden, dass der Notfall durchaus lebensbedrohlich sein konnte.

Als wir in unsere Zielstraße einbogen, winkte auf dem Gehweg vor dem Kiosk ein Obdachloser mit speckigen, verschlissenen Klamotten und einem zugewachsenen Gesicht. Wir hielten vor ihm an und stiegen aus.

Steffen sprach ihn an: «Was ist denn los? Sie haben Herzschmerzen?»

Der alte Mann nickte heftig, und aus seinem zotteligen Bart heraus hörte man: «Ja, ja, habbich. Der Mann inne Bude hat freundlicherweise den Rettungsdienst gerufen. Iss so inne Brust, weisse. Schlimm, datt …»

Ich bohrte nach: «Seit wann ist das so? Ist das schon bekannt bei Ihnen?»

Jetzt geriet er ins Plaudern: «Ja, weisse, datt hab ich schomma dann und wann, so auch wennet so feuchtkalt iss, wie jetzt heute. Ich bin ja nachts auch schomma draußen, ne, also, wennse mich aussen Zuch schmeißen. Sonst penne ich nämlich auch gerne mal im Zuch, die S-Bahn nach Haltern. Am Ende umsteigen und wieder ein Weilchen knacken. Mache ich schon lange. Nur heute geht wahrscheinlich nich, wegen der vielen Partys. Da iss die Bude rumsvoll. Weisse, ich bin nämlich schon acht Jahre auffe Platte. Da lernze so watt. Und da lernze auch datt Trinken. Habe ja heute auch schon bisschen watt reingeschraubt. So 'n paar Zündhütchen aber nur, echt jetzt. Bin aber nicht dicht, verstehsse? So richtig einen einfahren mach ich ja nur nachen Ersten. Wegen die Kohle. Gibt ja nich so viel … Außerdem hat man dann ja schnell Bambule mitti Bullen. Aber nich mit euch, ne, ihr seid okay. Ganz nette Leute seid ihr, echt jetzt …»

Steffen unterbrach seine Lebensgeschichte: «Ja, und wie geht es Ihnen momentan?»

«Na ja, Kohle habbich keine mehr, aber watt willze machen. Vielleicht krieg ich später noch watt für 'ne Wurst zusammengeschnorrt. Habe ja noch nix gegessen heute.»

«Nein, ich meine, mit Ihrem Herzen!»

Ach, da war ja was. Das fiel ihm jetzt auch wieder ein: «Sicher, sicher! Das brennt da so ...» Er deutete irgendwo auf den Unterbauch. «Also, mich iss auch ganz schwindelig, und ich glaube, ich muss brechen, verstehsse?»

Unser Chef, der sich das Ganze aus dem Löschfahrzeug heraus angehört hatte, gab der Leitstelle eine Rückmeldung, dass der Notarzt nicht erforderlich sei und seine Fahrt abbrechen könne. Uns wurde nämlich langsam die Absicht des «Patienten» klar: Ende Dezember ist es ja nicht mehr muckelig warm wie im Sommer, und unser «Notfall» hatte sich wohl etwas Schöneres vorgestellt, als sich um Mitternacht von angetrunkenen Jugendlichen Böller in die Tasche stecken zu lassen. Also jammerte er dem Kioskbetreiber vor, dass er Schmerzen in der Brust hätte. Silvester im vierten Stock eines Krankenhauses, im warmen Zimmer, einschließlich Mahlzeit und Nasszelle, ist ja was Feines. Und anders als in den öffentlichen Schlafstellen wurde man im Krankenhaus nicht so oft bestohlen.

Aber wir von der Feuerwehr sind ja auch Menschen. Zumindest ab und zu. Also gaben wir dem Mann den heißen Tipp: «Passen Sie mal auf, wenn der Arzt im Krankenhaus Sie fragt, dann haben Sie einen Druck auf der Brust, so, als wenn da einer draufsitzt. Und stechen tut es auch. Und zwar da, unter dem Brustbein. Die Schmerzen gehen dann so in Richtung linker Schulter, alles klar? Vielleicht bekommen Sie ja auch ein wenig schlecht Luft. Und morgen, wenn die Laborergebnisse da sind, sieht die Welt schon ein bisschen anders aus. Verstanden?»

Er nickte dankbar: «Ganz feine Jungs seid ihr. Wirklich toll!»

Als der Rettungswagen eingetroffen war, zog Steffen den Transportführer an die Seite und raunte ihm zu: «Hör mal, der Mann hat nix. Der will einfach heute Nacht sicher im Warmen liegen. Silvester, viele Besoffene unterwegs, verstehst du? Nehmt den mit, lasst ihn aufnehmen, und wenn der morgen gefrühstückt und sich gewaschen hat, haut der ab. Verspätetes Weihnachtsgeschenk ... Verkauft ihn mal schön an die Internisten.»

Der Kollege nickte, wir stiegen wieder ins LF und fuhren zurück zur Wache. Ob der «eingebildete Patient» im Krankenhaus auch aufgenommen wurde, haben wir nicht mehr erfahren.

Den Rest des Tages verbrachten wir mit Schneeschaufeln auf dem Wachgelände und einer Besprechung der neuesten Dienstanweisungen. Beides nicht sehr beliebt, aber notwendig. Gegen 17 Uhr wurden wir dann von der Leitstelle rausgeschickt, um einen im Schnee festgefahrenen Krankenwagen zu befreien. Kein Notfall, also nicht eilig, aber nicht weniger notwendig. Bei unserem Eintreffen stapfte uns auf dem eingeschneiten Garagenhof eines Hochhauses der Sanitäter mit einem Satz Schneeketten entgegen, die den Namen nicht verdienten. Dieses filigrane Kleinod in seinen Händen war mit der Last eines Krankenwagenrads offensichtlich überfordert gewesen: Die Kettenstränge baumelten in verschiedenen Längen vom Spannring herunter.

«Offene Kettenfraktur dritten Grades. Musst du schienen. Eindeutiger Fall», witzelte ich.

Kevin schaute entgeistert an den zerfledderten Kettensträngen herunter: «Wo hast du diesen Mädchenschmuck denn her? Von Bijou Brigitte? Vom Ständer mit den Fußkettchen?»

«Nein, die hat mir unsere Werkstatt rausgegeben», erwiderte der Sani verärgert. «Sind nicht soooo toll.»

Kevin winkte ab: «Da gibt es ja im Kaugummiautomaten bessere ...»

Weiter hinten stand der Krankenwagen, der sich im hohen Schnee festgefahren hatte. Da der Hof abschüssig war, rutschte er bei Befreiungsversuchen immer weiter von der Ausfahrt weg. Hier half nur «Manpower»: Mit vereinten Kräften, etwas Stochern auf den Eisplatten und zwei Kilogramm Ölbindemittel (Salz dauert auf Schnee zu lange, Granulat war aus, aber Ölbinder ist auch klasse) und ein paar Tröpfchen Beamtenschweiß (sehr kostbar!) war die Karre wieder frei.

Kevin konnte beim Anschieben einen Blick in den leeren Patientenraum des Krankentransporters werfen. Er schwitzte trotz der Kälte. «Habt ihr wenigstens euren Patienten ordentlich durch den Schnee ins Haus bekommen?», fragte er.

Die beiden Sanitäter schauten etwas irritiert: «Nö, die Patientin wartet noch darauf, dass sie einsteigen kann. Einweisung durch den Hausarzt. Sie steht da drüben.» Sie deuteten zum Hauseingang hinüber, wo tatsächlich eine winzige Person in einem Pelzmantel stand, Strickmütze auf dem Kopf, die Reisetasche neben sich. Freundlich winkte sie und fragte: «Geht's jetzt los? Können Sie mir bitte mit der Tasche helfen?»

Kevin, Steffen und ich wechselten ärgerliche Blicke. Es war von den beiden Sanis völlig unnötig gewesen, auf den tief verschneiten Hof zu fahren, da die Dame anscheinend noch sehr gut zu Fuß war. Mit etwas Hilfe hätte sie ohne Probleme zur geräumten Straße gehen können. Missmutig brummte ich: «Den kaputten Schmuck gebt beim Juwelier ab, und danach holt ihr euch ein paar vernünftige Ketten auf der Hauptwache ab. Ach, und das nächste Mal solltet ihr die Anfahrt besser erkunden.» Einsatzende.

Dann war erst einmal Ruhe. Abgesehen von der Tatsache, dass wir zum Abendessen Chili zubereiten wollten, aber in ganz Nordrhein-Westfalen kein Gehacktes mehr aufzutreiben war und wir stattdessen auf Gulasch mit Nudeln umschwenken mussten, hatten wir eine schöne, beschauliche erste Schichthälfte. Gut, das Gulasch war auch lecker. Nur der Weihnachtsrestlebkuchen, der vorher, nachher und zwischendurch gereicht wurde, verursachte Sodbrennen. Aber wir waren ja nicht zum Vergnügen auf der Wache. Das Essen war dienstlich, und da musste man seine eigenen Befindlichkeiten zurückstellen.

Abends um kurz vor elf ging es weiter: Hilferuf des Löschzugs Mitte, eine Wohnung sollte brennen. Es seien auch noch Menschen drin! Wir sprangen auf unseren roten Löschbomber, zogen uns, während der Maschinist losfuhr, die Schutzkleidung über und hörten über Funk, dass die ersten eingetroffenen Kräfte schnell Entwarnung gaben. Alles halb so wild, nur ein Kleinbrand. Ein brennendes Weihnachtsgesteck war von den Bewohnern selbst gelöscht worden, eine Person hatte sich dabei eine leichte Rauchvergiftung eingefangen. Wir wurden wieder abbestellt.

Kurz nachdem wir die Wache erreicht hatten, bekamen wir über Funk den nächsten Marschbefehl: «Fahrt doch bitte in die Eichendorffstraße, da steht ein Rettungswagen und bekommt seinen Patienten nicht durch den Schnee ins Auto.» So etwas nennt man «Tragehilfe». In einem engen Wohngebiet, in dem die Straßen und Wege schlecht geräumt waren, musste ein Mann mit Verdacht auf Herzinfarkt ins Krankenhaus. Liegend, damit er sich und sein Herz nicht weiter anstrenge. Und da die Trage, auf der er lag, sehr kleine Räder hatte, wurden Schnee und Eisklumpen auf den Wegen zum Problem. Nach beherztem Zufassen mit vereinten Kräften lag dann auch dieser Patient im Rettungswagen – und das alte Jahr ging zu Ende.

Die Raketen, die um Mitternacht gezündet wurden, hatten sich für die Bevölkerung zumindest in unserem Viertel nicht gelohnt: Eine halbe Stunde vorher war eine Nebelsuppe aufgezogen, die mich an den Horrorfilm *Nebel des Grauens* erinnerte. Die Raketendinger zischten ab – und verschwanden im Nichts. Von den Sternchen nach dem Puff sah man meist nichts.

«Und wieder drei Euro im A...», amüsierte ich mich bei jedem Knall, der ohne Effekt blieb.

Nach dem Neujahrsanstoßen (leider nur mit O-Saft) ging gegen halb eins das Alarmlicht an, der Gong ertönte. Containerbrand? Wohnungsbrand? Oder ein Feuer in einer Lagerhalle, das von uns auch scherzhaft Wasserwerfer- und Brötchenfeuer genannt wird? Etwas, mit dem man jetzt rechnet? Nein, keineswegs: «Achtung, Einsatz für das LF. Schwimmzentrum Elsterweg, dort Chlormelder.» Die Gaswarnanlage der Wasseraufbereitungsanlage hatte angeschlagen. Am anderen Ende der Stadt. Das war jetzt eine längere Anfahrt.

«Was ist denn mit den dort zuständigen Kräften? Haben die Fünfer einen anderen Einsatz?», fragte Steffen unterwegs den Wachführer.

«Ja, ich habe eben mit der Leitstelle telefoniert. Die sind bei einem gemeldeten Wohnungsbrand. Aber wir sind trotzdem nicht die Ersten am Einsatzort: Die Vierer sind auch dahin unterwegs.»

Die vor uns eingetroffenen Kräfte der Wache 4 stellten bei der ersten Erkundung keinen Gasgeruch fest, und aufgrund dieser Diagnose disponierte die Leitstelle uns um: «Brechen Sie Ihre Anfahrt ab und fahren Sie in die Schulstraße, dort ist ein Containerbrand. Mehrere Anrufer haben das bestätigt.»

«Verstanden. Wir drehen um», quittierte unser Chef. Das Blaulicht blieb an, Kevin wendete das Feuerwehrfahrzeug an der nächsten Kreuzung.

Nach einigen Minuten trafen wir in der Schulstraße ein und fuhren den gemeldeten Bereich ab.

«Schon was gesehen?», fragte ich nach vorne.

«Nö. Nichts. Wurde bestimmt schon von Anwohnern gelöscht ...» Der Wachführer und Kevin schauten angestrengt in die nebelige Nacht. Vereinzelt sah man auf der Straße feiernde Menschen, die immer noch nicht ihr Feuerwerk verbrannt hatten. Zerbrochene Flaschen, Massen an Papierfetzen von Böllern und deren Verpackungen, aber kein brennender Container. Von hinten, wo Steffen und ich als Angriffstrupp saßen, konnte man sowieso kaum etwas erkennen.

Nachdem uns im Vorbeifahren eine Gruppe von Leuten angeschaut hatten, als wären wir vom anderen Stern, hatten sie die glorreiche Idee, uns zuzuwinken, als wir den Bereich noch ein zweites Mal absuchten. Sie hatten nämlich, wie wir nun erfuhren, das Feuer gemeldet. Weiterhin teilten sie uns mit, dass sich der brennende Container auf dem Grundstück befinden würde, vor dem sie standen, hinter einer Trennmauer. Auf dem Grundstück leuchtete hell eine Straßenlaterne, sodass das «Containerleuchten» überstrahlt wurde. Kein Wunder, dass wir das Feuer nicht entdeckt hatten. Der Rauch, der aus dem Container quoll, verschmolz mit dem Nebel: perfekt getarntes Schadenfeuer! Aber der mündige Bürger hilft ja. Wenn auch erst im zweiten Anlauf…

«Muss wohl unheimlich schwer sein, uns zu zeigen, wo wir hinsollen», ärgerte sich der Wachführer. «Nehmt mal den Schnellangriff vor. Ist anscheinend nichts Wildes.»

Wir stiegen aus, zogen den Schlauch von der Haspel und machten mit der unerlaubten Abfallverbrennung kurzen Prozess. Noch während wir den Schlauch wieder aufspulten, gab unser Chef über Funk die Meldung: «Container gelöscht. Aufräumarbeiten. In wenigen Minuten wieder einsatzbereit.»

Die Leitstelle freute sich: «Ja, dann sehen Sie mal zu, dass Sie in die Mühlenstraße kommen. Dort soll auf dem Gehweg Pappe brennen.»

Unser Vorgesetzter verdrehte die Augen. «Leute, wir haben einen Folgeeinsatz. Kleinbrand. Macht mal hinne!», rief er uns zu. Konnten die Anrufer in solchen Nächten Kleinigkeiten nicht selbst löschen? War es wirklich nur etwas Pappe, konnte das Feuer womöglich schon aus sein, bevor wir dort eintrafen.

Nachdem der Schlauch im Auto verstaut war, sprangen wir in

die Fahrzeugkabine und fuhren zwei Straßen weiter. Wir waren schnell genug: Dort brannte tatsächlich noch etwas Pappe mitten auf dem Gehweg, etwa in der Größe zweier Pizzakartons.

«Das ist fast schon eine Frechheit, uns dafür zu rufen», polterte ich.

«So was haben wir als Rotzige ausgepinkelt», stimmte Steffen mir zu, als er den «Großbrand» sah. Die Messlatte für angebliche «Notfälle», die man nicht alleine bewältigen konnte, war trotz dieser für uns sehr arbeitsreichen Nacht unvermindert niedrig.

Drei Männer im zeugungsfähigen Alter standen fassungs- und phantasielos neben den müde flackernden Pappresten herum und waren nahezu verärgert, als wir nicht in aller Eile einen Wasserwerfer auf dem gegenüberliegenden Dach positionierten, um eine Riegelstellung zu den angrenzenden Gebäuden aufzubauen, sondern nur leicht lustlos mit den Stiefeln und einer Schaufel Schnee auf den Abfall scharrten.

«Ja, glauben die denn, dass wir für so einen Mumpitz unseren schönen Schlauch aus dem Auto ziehen?», murrte Steffen beim Stiefelballett. Deutlich zeigten wir damit den entgeisterten Anrufern, dass sie den Kleinbrand auch selbst hätten löschen können. Beleidigt zogen sie von dannen.

Kurz danach kehrten wir zur Wache zurück. Steffen schaute nachdenklich den Menschen draußen zu, wie sie weiterhin Feuerwerkskörper auf die Straßen warfen: «Soll das jetzt noch die ganze Nacht dauern? Die knallen doch schon den Februarlohn weg.»

Müde schaute ich zu ihm rüber: «Sei froh, dass es bislang keinen Großbrand gab. Sonst wären wir nonstop im Einsatz gewesen.»

Um zehn vor eins rückten wir erneut aus: «Fußverletzung bei Strobel, Erna», stand als Einsatzgrund auf dem Alarmschreiben. Alle Rettungswagen waren belegt, mit Schnapsleichen, Schnittverletzten und Sturzopfern. Aus diesem Grund fuhren wir erst einmal alleine los. Der nächste freie Rettungsbomber sollte unser sein.

«Erna ist bestimmt auf eine Sektflasche getreten», riet einer von uns.

«Nee, die hat versucht, 'nen Böller wegzukicken.»

«Oder den Nachbarshund ...»

Der Maschinist kurvte das große Löschfahrzeug durch torkelnde Fußgänger und bengalisches Feuer.

Bald hatten wir die angegebene Adresse erreicht. Nach dem Klingeln an der Eingangstür eines großen Wohnblocks wurde uns zunächst nicht geöffnet. Bei drei Typen, die in ihren dunklen Jacken wie Schränke aussehen, hätte ich vielleicht auch nicht geöffnet. Wenn ich Erna Strobel gewesen wäre.

Meine Laune war dennoch nicht die beste: «So dringend kann es ja nicht sein, wenn man uns gar nicht erst in die Wohnung lässt. Womöglich zieht sich die Patientin gerade an und kommt gleich die Treppen runtergesprungen, um ins Krankenhaus gebracht zu werden.»

Aber stetes Klingeln zeigte irgendwann Wirkung, die Tür ging endlich auf.

An der Wohnungstür im vierten Stock empfing uns eine Frau um die siebzig. In weißen Socken. Ohne Blut daran. Sie lebte allein in einer aufgeräumten Ältere-Dame-Wohnung mit röhrendem Hirsch, blinkendem Jesus-Herz und geschnitzter Uhr an der Wand.

«Sind Sie die Patientin? Ich dachte, Sie sind am Fuß verletzt?», fragte Steffen, als wir in ihrem Wohnzimmer standen.

Sie zeigte auf ihre Schulter. «Schauen chier, tut iimmer wäh, iimmer märr. Muss Krankänchaus», sagte die Frau.

«Was ist denn passiert? Wo sind Sie denn verletzt?»

«Schauen Schultärr. Chabe große Schmärzen.» Sie entblößte ihre Schulter, ein Eispack kam zum Vorschein. Zur Demonstration hob sie mit schmerzverzerrter Miene den Arm bis über den

Kopf. Wir sahen: keine offene Wunde, keine Fehlstellung der Gelenke oder Knochen. Tolle Fußverletzung!

«Wie ist denn das passiert?», wiederholte Steffen.

«Bin gefallen, auf Schuultärr, chat erst nicht wäh gätahn, abär jätzt iiimmer schliiimmärr.»

Wir schöpften einen Verdacht: «Und wann war das?»

«Iist gäwääsen um etwa zehn. Choitä Moorrgän. Chat garrnicht Schmäärzen erst. Abär gägän funf chat angäfangän. Jätzt tut säähr wäh. Muss Krankänchaus. Jätzt.»

Wir waren etwas entsetzt. Mal im Ernst: Da draußen tobte der Mob, der Rettungsdienst war ausgelastet bis zur Grenze, Mülltonnen und Zimmer brannten, und dieser Frau fiel jetzt, etwa fünfzehn Stunden nach dem Sturz, ein, dass die Schulter doch etwas wehtat. Und machte zur Demonstration noch lustig Gymnastik mit dem so schmerzenden Arm? Ein Taxi hätte in diesem Fall genügt, um sich in der Röntgenabteilung einer Klinik vorzustellen. Zum Glück traf der Pflasterlaster gerade ein, sodass wir uns nicht weiter ärgern mussten. Wir übergaben die Patientin mit einem Grummeln an die Kollegen und meldeten uns bei der Leitstelle wieder frei.

Auf dem Rückweg hörten wir über Funk, wie die Freiwillige Feuerwehr einen Einsatzauftrag erhielt: «Fahrt doch mal in den Lindenweg, dort soll ein Container brennen.» Von der Leitstelle kam kurz danach Info: «Im Lindenweg sollen mehrere Baustellen sein. Sucht mal die ganze Straße ab.» Eine weitere Hiobsbotschaft folgte: «Gebt beim Eintreffen sofort Rückmeldung, dort soll auch eine Küche brennen. Unklare Meldung. Ich schicke euch noch einen Löschzug hinterher.» Im nächsten Moment klingelte am Gürtel unseres Wachführers der Piepser. Wir waren die Verstärkung für die freiwilligen Kollegen. Dieses Jahr übertreiben sie es aber in dieser Straße! Den Lindenweg hatten wir noch in guter Erinnerung – ich sage nur: Studentenwohnheim und tropfender Wasserhahn.

Mit Alarm fuhren wir durch die mit Sprengkörpern beworfenen Straßen zu einer Wohnsiedlung, in der eine Mietkaserne neben der anderen stand. Im Lindenweg selbst sah es etwas unübersichtlich aus: Die Straße stand mit mehreren großen roten und kleinen blauen Autos voll, Dutzende Bewohner hatten sich zum Spektakel eingefunden und diskutierten mit der Polizei über die Freiheit des Bürgers, diesem Happening beiwohnen zu dürfen. Alle fünfzig Meter flackerte ein großer Müllcontainer, und die Freiwilligen, die als Erste eingetroffen waren, betraten gerade das Haus, in dem es im Erdgeschoss in der Küche brannte. Action! Unser Chef war nach den vergangenen Einsätzen geradezu verblüfft über das Szenario. Doch schnell hatte er sich gefangen: «Bei der Küche sind schon zwei Löschfahrzeuge, die kommen klar. Wir fangen mit dem brennenden Sperrmüllhaufen an. Kevin, fahr das Auto an die Seite, sodass die Kollegen, die mit der Drehleiter eintreffen, keine Schwierigkeiten haben.»

Kevin machte die Pumpe klar, Steffen und ich zogen den Schnellangriffsschlauch aus dem Auto und fingen an, den Müll abzulöschen.

Das Feuer in der Küche war zum Glück recht schnell unter Kontrolle, wie wir über den Einsatzstellenfunk hörten: Ein auf dem eingeschalteten Herd vergessener Kochtopf hatte erst selbst Feuer gefangen und dann die Dunstabzugshaube darüber in Brand gesetzt. Außer dem Stolz einiger Gaffer, die auf polizeiliche Anordnung die besten Zuschauerplätze verlassen mussten, war niemand verletzt worden. Die nachrückenden Kräfte suchten sich alle ihren eigenen brennenden «Plastikdeckel», denn mehr als eine dampfende Plastikplatte bleibt von einem Kunststoffcontainer nach einem Feuer meist nicht übrig. Insgesamt mussten in dieser Straße vier Müllcontainer gleichzeitig gelöscht werden. Irgendein Chaot hatte ganze Arbeit geleistet. Wie viele Menschen dadurch gefährdet waren, sollte eines der

Feuer auf ein Wohnhaus übergreifen, interessierte den oder die Täter wohl wenig.

Nach etwa neunzig Minuten war die Einsatzstelle «kalt» und wieder geräumt, das Problem übervoller Müllcontainer in dieser Straße gelöst. Wahrscheinlich würde man hier nächstes Jahr auch wieder alles anzünden, was einen Deckel hat.

«Wir können uns ja schon in Bereitschaft stellen», lachte Kevin.

Damit war unsere Silvesternacht überstanden, um drei Uhr konnten wir sie bei Lebkuchen ausklingen lassen.

Bei dieser Gelegenheit: Den Silvestergefahren kann man vorbeugen: die Mülltonnen hinter das Haus schieben, die Werbung aus dem Briefkasten holen und alle Fenster verschließen. Bei längerer Trockenheit sollte man die Blumenkübel auf dem Balkon oder im Vorgarten entweder befeuchten oder ins Haus holen: Schon mehrfach wurden wir zu Schwelbränden auf Balkonen gerufen, weil der Torf unter den Pflanzen kokelte oder auf dem Balkon gelagerte Dinge brannten. Bei Verwendung von Tischfeuerwerk sollte ein Eimer Wasser bereitstehen, mit dem man später auf der Straße auch die Reste eines nachbrennenden Batteriefeuerwerks ablöschen kann, wenn es erforderlich sein sollte. Und Raketen startet man am besten aus den im Verlauf des Abends geleerten Flaschen – die allerdings in einer Getränkekiste stehen sollten, damit sie nicht umkippen. Zu jedem Raketenset sollte eine Kiste KöPi gehören … Vor dem Verlassen des Hauses zum kollektiven Böllern ist es sinnvoll, alle Kerzen und sonstige offene Feuer in der Wohnung zu löschen.

Sollte doch einmal ein Mülleimer oder ein Container in Brand geraten, kann man ihn (wenn es gefahrlos möglich ist) von Hauswänden oder geparkten Autos wegziehen, damit das Feuer sich nicht ausbreitet. Dann ist uns schon ein ganzes Stück geholfen.

Bitte haben Sie kein schlechtes Gewissen, wenn Sie uns die Einsätze reduzieren: Es bleiben noch genug andere Notfälle übrig.

Kapitel 24
Suizid am Betonmast?

Die Nacht war schon zur Hälfte rum. Kevin und ich hatten im Ruheraum der Rettungswache bereits das Licht gelöscht, als uns die Alarmmelder um halb drei wieder hochschreckten. «Verkehrsunfall. Konrad-Adenauer-Ring, in Höhe 203. Eingeklemmte Person», leuchtete es auf dem Display. Wenn eine derartige Meldung geschickt wird, ist es oft nicht so schlimm, wie es klingt: Kann der Leitstellendisponent nicht eindeutig vom Anrufer erfahren, ob der verunfallte Autofahrer im Fahrzeug bleibt, weil er nicht aussteigen kann oder nicht aussteigen will, entscheidet er sich vorsichtshalber für das Stichwort «eingeklemmte Person». Häufig stellt sich die zweite Variante heraus. Dieses Mal war es allerdings anders.

Wir besetzten den Pflasterlaster, schickten der Leitstelle über Funk die Nachricht, dass wir unterwegs seien, und fuhren mit Blaulicht los. Der Notarztwagen würde etwa zeitgleich eintreffen, da sich die Unfallstelle ziemlich genau zwischen unseren Standorten befand.

«Bin ja mal gespannt, ob das wieder nur heiße Luft ist», sagte ich. Kevin antwortete nicht. Schweigsam lenkte er unser Fahrzeug durch die einsamen Straßen und war damit beschäftigt, wach zu werden.

Da ein Krankenwagen der Hilfsorganisationen zufällig in der Nähe der Unfallstelle unterwegs war, traf er als erstes Einsatzfahrzeug im Konrad-Adenauer-Ring ein. Trümmer übersäten die in Schwarz getauchte Straße, ein Auto mit zerfetzter Front stand quer auf der Fahrbahn, das Dach war in der Mitte nach oben geknickt. Offensichtlich hatte der Fahrer auf den Straßenbahnschienen, die dort in der Mitte der Fahrbahn entlangführten, die Kontrolle über sein Fahrzeug in einer leichten Kurve verloren und war mit hoher Geschwindigkeit gegen einen Betonmast und wieder zurück auf die Straße geschleudert worden. Durch die halb abgerissene Fahrertür konnten die Kollegen auf den leeren Fahrersitz blicken, über dem der schlaffe Airbag aus dem Lenkrad hing. Der Fahrer war nicht zu sehen. Auch kein Blut auf dem weißen Airbag. Über Funk hörten wir die erste Rückmeldung der Kollegen: «Alleinunfall eines Pkw, kein Fahrer im Fahrzeug. Wir erkunden weiter.» Während sie die durch den Unfallknall aufgeschreckten Anwohner, die auf die Straße gelaufen waren, über den Verbleib des Fahrers befragten, meldete kurze Zeit später das Löschfahrzeug unseres Bezirks über Funk sein Eintreffen an der Einsatzstelle. Einige Momente später hielten auch wir vor der mit Trümmern übersäten Einsatzstelle, auf der anderen Seite der Unfallstelle traf der Notarzt ein.

Noch war keine Hektik am Fahrzeugwrack entstanden, da das verbogene Auto ja leer war. Die erste Vermutung, dass der Insasse aus dem Fahrzeug geschleudert worden sein könnte, bestätigte sich nicht. Bei einer genaueren Besichtigung des Pkws entdeckte unser Chef im Dunkeln erst eine Hand im vorderen Radkasten, schließlich konnte er auch ein Stück des Arms und den Kopf zwischen den Trümmern erkennen. Durch die

Wucht des enormen Aufpralls war der möglicherweise nicht angeschnallte junge Mann nach vorne katapultiert worden, zwischen verbogener Tür und Armaturenbrett hindurchgerutscht, bis er auf dem Radkasten neben dem Motorraum liegen geblieben war. Hinter der Autotür, die auf der Scharnierseite abgerissen war, und dem verbogenen Kotflügel war er in der Dunkelheit kaum auszumachen. Der Einsatzleiter konnte bei dem Mann, der sehr verdreht im Wrack steckte, keinen Puls feststellen, eine Befreiung war aber trotzdem notwendig. «Schere und Spreizer vor», kommandierte er die Löschfahrzeugbesatzung. «Fangt mit dem Entfernen der Tür an. Die ist sowieso schon fast ab.» Die Kollegen begannen mit dem Aufbau von Scheinwerfern und den hydraulischen Rettungsgeräten. Der Notarzt, der zwischenzeitlich ausgestiegen und zum Wrack gekommen war, ließ sich vom Einsatzleiter einweisen.

«Der Fahrer ist dort hinter dem Kotflügel eingeklemmt», sagte der Chef ruhig. «Wie es aussieht, ist er wohl tot. So einen Aufprall überlebt ja auch keiner.»

Der Arzt wühlte, nachdem er den Kopf des Mannes ausfindig gemacht hatte, seine Hand zwischen Körper und Blech hindurch, bis er an die Halsschlagader gelangte. Etwas erschrocken rief er uns nach ein paar Sekunden sein Ergebnis zu: «Der hat ja doch noch einen Puls! Schwach, aber ich glaube, ich habe da was gefühlt.»

«Crashrettung», rief der Chef der Mannschaft zu.

Gewöhnlich wird angestrebt, dass der eingeklemmte Patient bei der Befreiung keinen weiteren Kratzer mehr bekommt, er wird möglichst schonend, in enger Absprache mit dem Notarzt, gerettet – wenn man die Zeit dazu hat. Bei einer Crashrettung hingegen zählt nur das nackte Leben, auch unter Inkaufnahme weiterer Verletzungen. Was nützt einem Eingeklemmten zum Beispiel ein tadelloses Bein, wenn die vorsichtige und langwierige Befreiung dazu führt, dass er in der Zwischenzeit verblutet?

Hastig wurde jetzt der Generator für die Rettungsgeräte gestartet, und bald darauf brach die Fahrzeugtür unter der Gewalt des Spreizers endgültig aus ihrem Rahmen. Auch das dünne Blech des Kotflügels setzte dem hydraulischen Gerät keinen nennenswerten Widerstand entgegen, und der Mann konnte binnen weniger Momente aus dem Fahrzeugwrack gehoben werden. Kevin und ich hatten schon die Trage aus dem Rettungswagen geholt und neben dem verunfallten Wagen abgestellt, auf die der Fahrer jetzt abgelegt wurde. Nachdem wir den Patienten, einen etwa zwanzigjährigen Mann mit blondem, kurzem Haar, im Rettungswagen hatten, wurde rasch das EKG-Gerät angeschlossen, auf dem tatsächlich noch Herzaktionen zu sehen waren.

«Schere, Intubation, Zugang!», kommandierte der Notarzt. Ich streckte ihm die Schere entgegen, während ich mit der anderen Hand die Sachen für die Intubation zusammenstellte. Kevin schob eine Kanüle in die Hand des verunfallten Mannes, der Mediziner schnitt dessen Kleider auf, um ihn genauer zu untersuchen. Meine Vorbereitungen zur Intubation waren beendet, und Kevin bereitete eine Infusion vor. Der Arzt hatte zeitgleich seinen ersten Check beendet. Das Becken sei nicht stabil, ließ er uns wissen, es ließe sich schmetterlingsartig auseinanderdrücken, und ein Oberschenkel sei gebrochen. Andere Verletzungen konnten wir ohne Erklärungen erkennen: Der Brustkorb sah so eckig aus, als würde ein Karton darin stecken, das Gesicht wies mehrere tiefe Platzwunden auf. Zudem ließ sich unter der blonden Kurzhaarfrisur mit etwas Druck ein Knochenbruch verschieben. Die Pupillen des Mannes waren schon unterschiedlich weit und unrund, was darauf hindeutete, dass das Gehirn langsam seine Arbeit einstellte. Aufgrund der vorgefundenen Lage des Mannes konnte man davon ausgehen, dass er zusätzlich starke innere Verletzungen hatte. Der Puls war kaum zu fühlen, und er hatte keine Atmung mehr. Der junge Mann hatte keine Chance, lebend aus dieser Nummer herauszukommen. Das EKG-Bild beruhigte sich recht bald in eine gerade Linie, der Blutdruck war nicht mehr messbar: Der Mann war tot.

«Wir brauchen nichts mehr zu machen, da ist zu viel kaputt», sagte der Notarzt monoton. «Wahrscheinlich ist er innerlich verblutet. Zu schwer waren die Verletzungen, um diesen Unfall überleben zu können. Allein die Fraktur des Beckens und des Oberschenkels hätten den tödlichen Blutverlust verursachen können.»

Wir lehnten uns zurück, um uns herum die aufgerissenen Tüten der ausgepackten medizinischen Hilfsmittel, ein vorbereitetes Beatmungsgerät, das wir nicht mehr benötigten, und ein Mensch auf der Trage, der vor ein paar Minuten vielleicht noch Musik aus seinem Autoradio gehört hatte.

«Tja, da machst du nix, und dann auf einmal ...», seufzte ich.

Kevin legte die vorbereitete Infusion auf die Arbeitsfläche zwischen den Einbauschränken, als es an der Tür des Patientenraums klopfte. Ein Polizist fragte nach dem Zustand des Fahrers. Unsere Antwort: «Da konnten wir nichts mehr machen. Wir hatten zwar noch einen schwachen Puls, aber dann wollte er nicht mehr.»

«Habt ihr denn schon die Personalien?»

Kevin und der Doc durchsuchten die Taschen der aufgeschnittenen Jeans und fanden eine Geldbörse mit einem Führerschein. Und in der vorderen Tasche einen zusammengefalteten Zettel. Nach dem Auffalten stellte der Notarzt fest, dass er wohl auf Polnisch geschrieben sei und er nichts damit anfangen könne.

«Gib mal her, ich hatte mal eine polnische Freundin», forderte ich ihn auf. «Vielleicht kann ich noch etwas übersetzen.» Vor fast zwanzig Jahren hatte ich etwas Polnisch gelernt – zu irgendetwas musste das ja gut gewesen sein. Tatsächlich erinnerte ich mich an das eine oder andere Wort. In dem in sauberer Handschrift verfassten Text konnte ich ausmachen, dass der Brief an die Eltern des eben Verstorbenen gerichtet war. Weiterhin verstand ich noch, dass es um «Liebe» und «wichtige Menschen» ging. Und im letzten Satz bat er seine Eltern um Entschuldigung. Ich hielt seinen Abschiedsbrief in den Händen. War es also kein Unfall, wie von uns zunächst angenommen, sondern eine Selbsttötung wegen einer enttäuschten Liebe? Oder hatte er andere Probleme und wollte seinen Eltern in dem Brief versichern, dass ihm alles leidtäte? Unsere Spekulationen änderten nichts an der Tatsache: Er war jetzt tot. Und dabei war er gerade halb so alt wie ich.

In Absprache mit der Polizei ließen wir uns von unserem Callcenter in der Gerichtsmedizin ankündigen. Nach dem hiesigen Bestattungsgesetz darf man keine Toten im Rettungswagen transportieren, aber was sollten wir machen? Den Toten wieder ins Auto setzen? Wir hätten um diese Uhrzeit einen Bestatter, der eine Rufbereitschaft mit der Polizei vereinbart hatte, kommen lassen müssen. Das hätte mindestens eine halbe bis dreiviertel Stunde gedauert. Der Bestatter hätte dann den Leichnam übernehmen und für uns in die Gerichtsmedizin bringen müssen. Da ging es schneller, wenn wir es selbst machten. Die anschließende Reinigung des Patientenraums war sowieso fällig, und der Bereitschaft habende Bestatter würde es uns danken, wenn er heute Nacht durchschlafen durfte.

In der Gerichtsmedizin schoben wir den Verunfallten auf der Trage in den Kühlraum. Der etwa vier mal sechs Meter große Raum war auf einer Seite mit den aus Krimiserien bekannten Edelstahltüren ausgestattet, die übrigen Wände und der Boden waren cremefarben gefliest. Ein Edelstahltisch auf Rollen stand in einer Ecke. Ein Mitarbeiter der Gerichtsmedizin, mit einem Kittel über einem Pullover bekleidet und in Gummischlappen, zog den Tisch heran: «Hier können wir euren Kunden draufpacken. Dann muss er hier stehen bleiben, im Lagerraum ist momentan alles voll.» Beim Anheben des Körpers blieb die aufgeschnittene Kleidung des Mannes auf unserer Trage liegen. Augenblicklich ohrfeigte mich eine schwere Wolke: Nach seinem Tod hatte der Patient noch einen gehörigen Haufen in seiner Hose hinterlassen!

Wenn ich mich an eines im Dienst nie gewöhnen werde, so sind das diese Gerüche. Ich wandte mich sofort ab und ging ein paar Schritte vom Tisch weg, um vor mich hin zu würgen. Kringel tauchten vor meinen Augen auf, und ich hatte das Gefühl, mein Magen würde sich umdrehen. Gänseblümchen riechen anders.

Gott sei Dank ist hier alles gefliest, dachte ich, da wird die Reinigung des Bodens nicht lange dauern, wenn ich alles raushabe. Jedoch kam es nicht zum Äußersten. Hinter mir beendeten der Diensthabende der Klinik und Kevin feixend die Umlagerung. Ich fasste mich wieder, und wir schoben unsere Trage durch die zugige Tordurchfahrt vor der Kühlkammer. Kevin merkte, dass ich meine Probleme mit den Hinterlassenschaften des Toten hatte. «Was ist los mit dir? Schlechte Werte?», scherzte er. Aber er nahm mir das Entsorgen des beschmierten und duftenden Plastikschonbezugs auf der Trage ab. Es geht nichts über nette Kollegen!

Den Rettungswagen putzten und räumten wir allerdings wieder gemeinsam auf. Gegen halb fünf Uhr waren wir fertig mit allem und konnten uns wieder einsatzbereit melden. Da es keinen Einsatz gab, legten wir uns in den Ruheraum der Wache.

Als ich im stillen Zimmer auf dem Bett lag, kreisten meine Gedanken um den Fahrer, der in unserem RTW gestorben war. Was musste passieren, damit ein so junger Mensch keinen anderen Ausweg mehr sah, als sich selbst zu töten? Dass er seinen eigenen Tod geplant hatte, war aufgrund des Briefes offensichtlich. Aber wollte er sich wirklich an dieser Stelle umbringen?

Diese Kurve hatte schon einige Male bei uns für Arbeit gesorgt, denn aufgrund der Straßenverhältnisse konnte man dort schnell die Kontrolle verlieren, wenn man mit zu hoher Geschwindigkeit unterwegs war. Und eine Zeugin hatte ausgesagt, dass er sie noch kurz vor dem Unfall waghalsig überholt hätte. Der Mast am Straßenrand ließ sich in der Dunkelheit auch nur schlecht erkennen. Häufig war er durch parkende Autos verstellt und erst zu sehen, wenn man schon die halbe Kurve hinter sich hatte. Es war also schwer, ihn absichtlich zu treffen. Wollte er sein Leben wirklich genau an dieser Stelle beenden, oder war alles nur ein dummer Zufall? Hatte ein aufgewühlter, unaufmerksamer Fahrer seinen Tod beabsichtigt, aber auf den Straßenbahnschienen unbeabsichtigt die Kontrolle verloren?

Wie auch immer: Für seine Eltern, die vielleicht in diesem Moment den zerknitterten, befleckten Abschiedsbrief von einem Polizisten überreicht bekamen, für sie würde sich das Leben ändern. Für sie würde es egal sein, wo ihr Sohn Suizid begangen hatte. Für sie zählte nur eines: Ihr Sohn war tot.

Kapitel 25
Gynäkologischer Notfall. Oder auch nicht

Eine allergische Reaktion kann gefährlich sein. Lebensgefährlich sogar. So entwickeln sich nicht nur je nach Reaktion Übelkeit und Hautrötungen, sondern es können auch Schwellungen auftreten, die – wenn sie sich auf die Atemwege erstrecken – bis zum Tod führen können. Andere Allergien beschränken sich auf einen Juckreiz oder einen Ausschlag der Haut und sind eher lästig denn gefährlich.

Ein wichtiges Unterscheidungsmerkmal zur Einschätzung zwischen «gefährlich» und «harmlos» ist die Zeit, in der sich die Reaktion entwickelt: Treten die Symptome rasch und heftig auf, wie zum Beispiel Schwellungen im Gesicht, ist durchaus der Einsatz des Rettungsdienstes nötig, um den Betroffenen in eine Klinik zu bringen, damit Gegenmaßnahmen eingeleitet werden können. Wer unter einer lebensbedrohlichen Allergie leidet, weiß aber auch meist davon und hat entsprechende Medikamente parat. Sollten sich die Symptome jedoch langsam und über Stunden entwickeln, kann man die Sache beobachten und bei Bedenken einen Hausarzt aufsuchen.

Frauen, die schwanger sind, sollten bei bekannten gefährlichen Allergien jedoch aufmerksam sein. Ein von uns vorgenommener Rettungswageneinsatz war allerdings eine vorschnelle Reaktion:

Nachts um halb zwei krakeelte der Melder in die Stille des Ruheraums hinein, in dem Steffen und ich die Matratzen abhorchten. «Gyn. Notfall. Alter Postweg 30. Pat. im 7. Monat», stand auf dem Display. «Na, hoffentlich keine Fehlgeburt», entfuhr es mir nach dem Lesen der Meldung.

Schleunigst liefen mein Kollege und ich zum Rettungswagen und fuhren zur angegebenen Adresse. Das hektisch blinkende Blaulicht wurde von den Straßenschildern zurückgeworfen, und zum Glück hielt uns um diese nachtschlafende Zeit nur wenig Verkehr auf. Still sortierte ich meine Gedanken: Die nächste Gynäkologie war jetzt in welchem Krankenhaus? Falls es eine Blutung sein sollte, würden wir überhaupt etwas tun können – außer die Patientin schnell einpacken und in die Klinik fahren? Wie mochte eine Fehlgeburt aussehen? Musste das abgestoßene Gewebe für Untersuchungen mitgenommen werden? Und warum kam kein Notarzt mit? Laut Alarmschreiben war ein solcher nicht eingeplant. Auf jeden Fall fuhr Steffen recht zügig, um nicht schon bei der Anfahrt die Chancen für das möglicherweise in Lebensgefahr schwebende ungeborene Kind zu vermiesen.

Die Adresse war ein Wohnheim in Plattenbauweise. Im Flur standen verschiedene Leute gelangweilt herum, vom Sechsjährigen bis zum Greis. Und das um diese Uhrzeit! Da uns keiner ein Stockwerk genannt hatte, klapperten wir alle Etagenflure ab, Steffen mit dem Beatmungsrucksack und dem Koffer für Baby-Notfälle, ich mit dem Notfallkoffer und dem EKG-Gerät, und riefen nach unserer Patientin. In irgendeiner Wohnung musste sie doch stecken: «Hallo? Rettungsdienst! Wer hat uns gerufen? Hallo?» Die umstehenden Bewohner grinsten nur verständnislos. Schließlich meldete sich ein junger Mann: «Ich habe angerufen! Wegen meiner Frau.» Steffen war schon etwas ungeduldig geworden: Erst ruft man um Hilfe, ordert hektisch und laut einen Rettungswagen, und dann pflanzt man sich wieder gemütlich vor den Fernseher. Ist anscheinend ein extrem dringender Notfall. Seinem Gesichtsausdruck konnte ich entnehmen, was er dachte.

Nun erschien auch die Frau in der Apartmenttür. Wir fragten die ungefähr Zwanzigjährige, die sich mit einem kugeligen Bauch unterm Shirt und einem Pfund Damenspachtel im Gesicht zu ihrem nicht sehr wach dreinblickenden Mann gesellte, was denn der Grund für den Notruf sei.

«Sehen Sie mal, im Gesicht! Hier!», sagte sie und trat einen Schritt auf mich zu.

«Watt iss'n da?»

«Ja, hier, sehen Sie nicht? Die Pickel! Ich habe bestimmt eine allergische Reaktion. Und ich bin doch schwanger!»

Steffen und ich schauten uns etwas irritiert an.

«Wie jetzt? Worauf sind Sie denn allergisch?», fragte mein Kollege.

«Nachmittags habe ich eine neue Kosmetik ausprobiert, und am Abend ging es los. Seitdem habe ich diese Pickel! Und weil ich schwanger bin ...»

Tatsächlich: Wenn man den Kopf so drehte, dass das Licht schräg auf das Gesicht traf, konnte man auf den Wangenknochen, unter der dicken Schminkschicht, winzige Erhebungen erahnen. Und schwanger war sie auch, zweifellos.

Sie erklärte uns nun, dass sich der Ausschlag nach dem Auftragen einer Gesichtsmaske gebildet hatte. Auf unsere Nachfragen bestätigte sie, dass sie keine Atembeschwerden hätte, keine Schwellungen, keine Schmerzen, nicht einmal ein Jucken. Nur Pickelchen ...

«Aber ich bin doch schwanger», wiederholte sie. «Und das

sieht auch bescheuert aus. Das werden immer mehr ...» Sie fing zu stammeln an, da sie selbst nicht mehr wusste, wie sie uns ihre «Reaktion», mittlerweile kurz vor zwei, als Notfall verklickern konnte.

Steffen bekam gestaute Halsvenen: «Sie wollen uns jetzt nicht ernsthaft sagen, dass Sie uns wegen der Pickel gerufen haben?»

«Äh ... doch ...»

Der Kollege platzte: «Also, wir rasen jetzt wie die Blöden durch die Nacht und machen den Verkehr strubbelig, weil Sie Pickel haben? Verstehe ich das richtig? Wissen Sie eigentlich, was so ein Einsatz die Kassen kostet? Im Stadtteil nebenan hat vielleicht jemand einen Herzinfarkt, und der muss warten, weil wir mit Ihren Hautproblemen beschäftigt sind?» Madame Make-up schwieg, stattdessen erinnerte ihr Gesicht an ein Testbild: bunt und inhaltsleer. «Glauben Sie nicht», fuhr Steffen fort, «dass es vielleicht zuträglich für Ihr Problem wäre, wenn Sie sich zumindest nachts mal abschminken, damit die Haut sich etwas erholen kann? Wir sind der Rettungsdienst, zuständig für lebensbedrohliche Notfälle. Kein Kosmetik-Notdienst!»

Bevor Steffen noch etwas sagte, was zu einer Beschwerde führen könnte, schob ich ihn beiseite: «Lass uns gehen. Das bringt doch nichts.» Dann wandte ich mich der verdattert dreinblickenden zukünftigen Mutter zu: «Und Sie werden morgen beim Hausarzt vorstellig, sollten die Pickel bis dahin nicht weg sein. Der macht in etwa sechs, sieben Stunden seine Praxis auf.»

Ihr Mann stand die ganze Zeit still hinter ihr. Ihm wurde die Sache bei genauerem Nachdenken anscheinend peinlich.

Wir kehrten dem Pärchen den Rücken. Langsam schien auch ihr klarzuwerden, dass sie etwas überreagiert hatte.

«Mitten in der Nacht den Rettungsdienst nur wegen so ein paar unansehnlicher Hautunreinheiten rufen», schimpfte Steffen, der sich nicht beruhigen konnte, auf dem Weg zum RTW.

«Demnächst kommen wir, weil sie sich ihre Kunstfingernägel abgebrochen hat. Dieses Anspruchsdenken!»

An diesem Fall konnten wir wieder einmal sehen, dass die Menschen in ihrer Hilflosigkeit nicht mehr wissen, was ein echter Notfall ist und was nicht. Einsätze dieser Art werden immer häufiger – und letztlich zu einem großen Problem. Denn für jeden dieser «Notfälle» wird eine Rettungseinheit blockiert, die in derselben Zeit vielleicht zum Retten von Leben gebraucht wird.

Kapitel 26
Ein Jedi-Ritter mit Atemmaske

Dieter steuerte unser Löschfahrzeug an einem Neujahrsmorgen gegen ein Uhr von einem Fehleinsatz zurück, bei dem wir zu einem angeblichen Dachstuhlbrand alarmiert worden waren. Dort eingetroffen hatten wir den gemeldeten Brand als qualmenden Kamin identifiziert. Gerade fing ich an zu überlegen, wie es denn mit meinen Vorsätzen fürs neue Jahr aussah, als die Leitstelle über Funk meldete: «Fahren Sie zur Kastanienallee 47, dort brennt es vermutlich im Keller.» Der Wachführer quittierte unseren Einsatz: «Kastanienallee 47, Kellerbrand. Verstanden, wir sind unterwegs.» Dieter schaltete das Blaulicht ein und beschleunigte die dreizehn Tonnen unseres Dienstfahrzeugs. Steffen und ich, in dieser Schicht waren wir der Angriffstrupp, zogen wieder unsere Brandschutzjacken an, die wir gerade erst nach dem Fehlalarm ausgezogen hatten, und setzten uns die Atemschutzgeräte auf den Rücken. Einen Moment später meldete sich die Leitstelle erneut: «Wir haben einige weitere Anrufer. Das Treppenhaus soll schon verqualmt sein. Mehrere Personen sind in ihren Wohnungen eingeschlossen.»

«Na, das kann ja was werden», unkte Steffen. «In der Straße steht doch ein Hochhaus neben dem anderen. Zig Menschen in einem Gebäude. Hoffentlich geraten die Bewohner nicht in Panik und hängen schon am kleinen Finger an der Balkonbrüstung, wenn wir vorfahren.»

Wir hörten noch, wie der Abteilungsleiter, der der Feuerwehr der halben Stadt vorsteht und ebenfalls auf der Anfahrt zur gemeldeten Adresse war, den Leitstellendisponenten über Funk anwies: «Dann erhöhen Sie vom Stichwort ‹Keller› auf ‹B3›.»

«B3», also «Brand der Stufe 3», bedeutete, dass jetzt noch zwei weitere Löschzüge, die jeweils aus drei Fahrzeugen bestehen, alarmiert wurden. Ein großes Feuerwehraufgebot war also zu erwarten.

Als wir nach ein paar Minuten Anfahrt als erste Einheit die Kastanienallee erreichten, quoll dichter Rauch aus der Haustür. Sofort war uns klar: Die Tür zum Keller musste offen stehen, sonst wäre der Hausflur rauchfrei geblieben. Jetzt war das Treppenhaus von unten bis oben in Wolken gehüllt, und wer seine Wohnung nicht verlassen hatte – mehrere Anwohner standen auf der Straße herum –, war in ihr gefangen. Wir konnten nur hoffen, dass diese Mieter die Türen geschlossen hielten. Was uns immer wieder verwundert: Machen sie die Haustür auf und die Schwiegermutter oder die Zeugen Jehovas stehen davor, ist sie in Sekundenbruchteilen wieder zu. Schlägt ihnen aber Rauch aus dem Treppenhaus entgegen, fehlt dieser Reflex. Die Bewohner laufen auch kopflos ans Fenster, um es zu öffnen. Der entstehende Durchzug sorgt dann dafür, dass die ganze Wohnung in wenigen Augenblicken verqualmt ist.

Während unser Chef durch Befragen der Umstehenden zu klären versuchte, wo genau es brannte und wer noch im Haus vermisst wurde, bereiteten wir unseren Löschangriff vor: Dieter machte die Pumpe klar, Steffen und ich legten die Schlauchleitung bis an den Hauseingang.

Nachdem ich die Schlauchreserve gelegt hatte, die wir bei unserem weiteren Vorgehen mit in den Keller ziehen würden, forderte ich vom Maschinisten per Handzeichen Wasser an. Als er die Leitung öffnete, schlug die Schlauchleitung wie eine Schlange hin und her, bis sie prall gefüllt hinter uns lag. Steffen prüfte kurz, ob der Schlauch vor dem Eingang ohne Knoten war, es durften keine Probleme beim Nachziehen auftreten. Als er sich wieder zur Treppe wandte, war ich bereits zwei Schritte an der Wand entlanggegangen, um die Kellertreppe zu suchen.

«Ingo? Ingo!», hörte ich ihn hinter mir rufen. Ich drehte mich in die Richtung um, aus der ich die Stimme hörte, entdeckte aber nichts von meinem Kollegen. Nur diffus etwas Licht im dichten Rauch.

«Hier vorne, am Strahlrohr», gab ich ihm den Tipp, wo er mich finden konnte. Einen Augenblick später konnte ich seinen verschwommenen Umriss ausmachen. Die Sichtweite von höchstens dreißig Zentimetern ließ nur ein Vortasten mit Hilfe der von mir mitgenommenen Wärmebildkamera zu. Sie leistete gute Dienste. Da der fahle Lichtschein der Haustürbeleuchtung nicht einmal bis zur ersten Treppenstufe hinabreichte, hätten wir ohne die Kamera keine Orientierung in der grauen Suppe gehabt.

Die Brandhitze, die aus dem Keller aufstieg, drang durch jede Ritze der Schutzkleidung. Immer mit einem ausgestreckten Bein nach vorne tastend, krochen wir im Entengang nach unten. Nach ein, zwei Metern peilte ich durch die Wärmebildkamera, um zu sehen, wo wir uns befanden. Danach konnten wir den Schlauch wieder etwas nachziehen. Unsere Befürchtung stimmte, als wir die Treppe geschafft hatten: Der Keller war zwar mit einer Brandschutztür ausgestattet, da diese aber mit einem Türkeil offen gestellt war, konnten Rauch und Hitze ungehindert in das Treppenhaus steigen und somit den Bewohnern den Fluchtweg versperren.

Die Kamera hielt ich jetzt ständig ein paar Zentimeter vor meine Atemschutzmaske. So arbeiteten wir uns langsam, aber auf direktem Weg an zwei Räumen vorbei und durch einen Fahrradkeller hindurch, dem hellen Teil im Kamerabild und damit dem Brandherd entgegen. Deutlich war auf dem Monitor zu erkennen, wie die heißen Brandgase aus einem Raum am Ende des Kellergangs drangen. Von Steffen, der dicht hinter mir war, nahm ich nur ab und zu den Strahl der Lampe wahr, der durch den Rauch hüpfte. Er selbst konnte aufgrund des Rauchs nicht über meine Schulter hinweg bis zum Kameradisplay sehen, darum musste er sich allein am von mir gezogenen Schlauch orientieren und den Geräuschen meines Atemschutzgeräts folgen. Wäre ich aus Spaß im Kreis gekrochen, hätte er es nicht gemerkt. Aber wir waren nicht zum Spielen hier ...

Auf einmal ließ sich die Schlauchleitung nicht mehr nachziehen. Etwa fünf Meter vor dem Raum, in dem das Feuer wütete, wurde unser Angriff gestoppt. Steffen nahm Funkkontakt zu Dieter auf: «Maschinist für ersten Angriffstrupp, kommen!» Verschiedene Gespräche, teilweise durcheinander geführt, quäkten aus dem Funkgerät. Wir erhielten jedoch keine Antwort. «Maschinist für ersten Angriffstrupp, kommen!», wiederholte Steffen. «Unsere Leitung hakt irgendwo fest.» Wieder keine Antwort. Oben vor dem Haus war die Hektik wohl so groß, dass Dieter uns nicht hören konnte.

Eigentlich ist es eine Todsünde, wenn sich ein Trupp bei einem sogenannten Innenangriff, er also in einem Gebäude auf sich allein gestellt ist, trennt. Sollte in unserem Fall Steffen oder mir etwas passieren, wäre niemand dort, der es rechtzeitig bemerken würde und den jeweils anderen retten könnte. Wir mussten aber weiterarbeiten, wir hatten schließlich nicht unendlich Zeit. Und da wir noch einige Meter vom Brandraum entfernt waren, konnten wir es vertreten, eine Ausnahme zu machen.

Steffen fasste mich an der Schulter. «Ich bekomme keinen Kontakt. Bleib du hier», sagte er zu mir. Durch seine Atemschutzmaske klang er etwa wie Darth Vader aus *Star Wars*. «Ich taste mich am Schlauch zurück und versuche herauszufinden, wo das Problem liegt.»

Ich nickte und hörte, wie sich seine Atemgeräusche entfernten. Ruhig blieb ich mit dem Strahlrohr in der Hand an der Kellerwand hocken und beobachtete die Umgebung durch die Kamera. Einige Fahrräder und Sperrmüll konnte ich erkennen. Das Lampengehäuse an der Decke war durch die Hitze aufgeweicht, verformte sich nach unten und wurde immer länger. Einige Kabel, die unter der Decke installiert waren, hatten sich aus den Klammern gelöst und hingen in Affenschaukeln halb herab. Am Ende des Flurs konnte ich deutlich den Türrahmen des letzten Raumes ausmachen: Dunkle Bereiche auf dem Display bedeuten kühlere Gegenstände, helle Bereiche verweisen darauf, dass etwas heiß ist. Der Türrahmen wurde fast weiß dargestellt. Dort wartete das Feuer auf uns.

Einige Momente später hörte ich Steffen.

«Ingo?»

«Hier vorne. Immer noch am Rohr.»

«Ich musste bis hinauf zum Eingang. Direkt vor der Rauchgrenze hatte sich eine Schlauchkupplung am Treppengeländer verhakt.» Er tastete sich weiter am Schlauch entlang, bis er gegen mich stieß. «Das hätten die Kollegen auch ohne unseren Hinweis sehen können», schimpfte er. «So ein Mist ... Siehst du schon, wo wir hinmüssen?»

«Ja. Etwa fünf, sechs Meter vor uns kommt aus einer Tür die Hitze. Da wird das Feuer sein», teilte ich ihm meine Einschätzung mit.

Vorsichtig krochen wir weiter an der Kellerwand entlang, bis ich mit der Kamera durch die offen stehende Tür in den Brandraum sehen konnte. Darin war etwa einen Meter hoch

Sperrmüll angehäuft und flackerte unter großer Rauchentwicklung vor sich hin. Weil der Gang vor dem Raum sehr eng war, konnten Steffen und ich nicht nebeneinander arbeiten. Also musste ich ohne seine Hilfe abwechselnd durch die Kamera erkunden, wo die Flammen aus dem Müllberg aufstiegen, um dann auf gut Glück in diese Richtung einen Wasserstrahl abzugeben. Steffen saß in der Zwischenzeit hinter mir und musste wohl oder übel ausharren.

Die größten Flammen waren aber auch mit dieser Ein-Mann-Methode recht zügig niedergedrückt. Steffen gab zwischenzeitlich über Funk eine Rückmeldung an die Einsatzleitung: «Hier erster Angriffstrupp. Brandraum gefunden, es brennt gelagerter Sperrmüll. Das Feuer ist größtenteils gelöscht. Zum endgültigen Löschen brauchen wir aber die Belüftung, sonst können wir hier nichts sehen.» Die Antwort des Einsatzleiters war nicht so erfreulich, aber immerhin hatte man uns gehört: «Die Drehleiter mit dem Lüfter ist noch nicht eingetroffen. Die kommt vom anderen Ende der Stadt. Ihr wisst schon: Silvester, da ist viel zu tun. Sobald die aber eingetroffen ist und wir genügend Leute übrig haben, bauen wir das Gerät auf.»

Das Ziel der Überdruckbelüftung war es, den Rauch aus Treppenhaus und Keller herauszudrücken, damit wir unter Sicht und ohne die Wärmebildkamera arbeiten konnten. Wir wollten nicht auf dem brennenden Sperrmüllhaufen herumkraxeln, ohne auch nur ansatzweise in dem völlig mit Rauch gefüllten Keller etwas erkennen zu können. Bei einem Sturz hätten wir uns zwischen den eingelagerten Kinderwagen, Schirmen und Gardinenstangen sonst was in den Körper rammen können! So fanden wir uns in einer etwas seltsamen Situation wieder: Über den Funkverkehr hörten wir, dass die nachfolgenden Kräfte truppweise ins Haus geschickt wurden, um Bewohner zu suchen und bei Bedarf in den noch rauchfreien Wohnungen zu betreuen. Wir hörten, wie Fluchthauben nachgefordert wurden, weil einige Bewohner aus bereits verrauchten Wohnungen ins Freie gebracht werden mussten, und wie ein Rollstuhlfahrer über die Drehleiter, wäre sie erst einmal da, gerettet werden sollte. Kurz: Da oben im Haus war schwer was los, und Steffen und ich hockten im Dunkeln vor dem Brandraum und über den Löschwasserpfützen wie Kellerratten. Zur Untätigkeit verdammt, putzten wir gemächlich unsere von Rauch und Wasserdampf beschlagenen Maskenscheiben, gaben zwischendurch etwas Wasser auf die Punkte, die am hellsten auf dem Monitor angezeigt wurden und die sich immer wieder ausbreiteten. Wir beobachteten, wie die Glut am Türrahmen müde aufleuchtete, bevor wir sie mit einem kurzen Wasserstrahl löschten. Und wir warteten darauf, dass endlich die Belüftung aufgebaut wurde. Das Feuer war weitgehend gelöscht, die Hitze zog aber nur langsam ab, weil die Wände dermaßen aufgeheizt waren, dass aufgespritztes Wasser augenblicklich verdampfte.

Nach ein paar Minuten wurden wir ungeduldig. «Hier muss doch langsam mal etwas passieren», drängelte ich. «Frag mal nach, was jetzt mit dem Lüfter ist.» Steffen schnappte sich das Funkmikrophon: «Einsatzleitung von Angriffstrupp, kommen! Was ist denn jetzt mit unserer Belüftung?»

«Dauert noch etwas», schnarrte die Antwort aus dem Kasten. «Die Leiter ist immer noch nicht hier. Und dann brauche ich ja auch einen Trupp, um das Ding aufzubauen.»

«Das kann doch nicht wahr sein», ärgerte ich mich. «Wie lange sollen wir denn hier hocken? Ohne den Lüfter können wir nicht endgültig alle Glutnester löschen, und bis dahin steigt weiter Rauch ins Treppenhaus hoch. Dadurch müssen die Kollegen mehr Leute herausführen, und das Personal fehlt dann sowieso, um den Lüfter zusammenzusetzen. Da beißt sich die Katze doch in den Schwanz!»

Steffen antwortete mit einem typischen Ruhrpott-Wort: «Wattwillzemachn.»

Aus der Ferne hörten wir die Martinshörner anrückender Kollegen. Und dann, nach verdammt langen Minuten der Untätigkeit, vernahmen wir über Funk, dass eine Drehleiter eingetroffen sei.

«Jetzt frag doch noch mal, ob sie unseren Lüfter nicht vergessen haben, sonst kommen wir hier nicht vorwärts», forderte ich Steffen ungeduldig auf.

Nach einigen Versuchen, im überlasteten Funkverkehr zwischen die laufenden Gespräche zu kommen, erreichte Steffen endlich die Führung: «Einsatzleitung für den ersten Angriffstrupp, kommen! Was ist mit unserem Lüfter?»

«Ich habe im Moment keine freien Kräfte, um ihn aufbauen zu lassen. Sobald die nächsten Kollegen frei werden, sollen die das machen», so der Einsatzleiter.

Steffen seufzte. «Das ist zum Mäusemelken. So lange habe ich noch nie wartend vor einem Feuer gesessen!»

Einige Augenblicke später bekamen wir über Funk mitgeteilt, dass das ersehnte Gerät endlich aufgestellt wurde. Doch als es in Betrieb genommen wurde, waren im Treppenhaus und in den Wohnungen zwischenzeitlich so viele Fenster geöffnet worden, dass der Lüfter nicht den erforderlichen Überdruck im Gebäude aufbauen konnte. Der ausgeblasene Wind verpuffte irgendwo im Haus. Immerhin konnten wir im Keller vage feststellen, dass der Rauch seine Richtung änderte.

Nach weiteren zwei oder drei Minuten hatten wir sogar so viel Sicht, dass wir im spärlichen Licht unserer Handscheinwerfer anfangen konnten, den Sperrmüll auseinanderzupflücken, um die letzten Flammen zu löschen. Zwischen Regalbrettern, Matratzen, Küchengeräten und Altkleidern stießen wir immer wieder auf qualmende Glutnester. Steffen sah immer wieder auf das Druckmanometer seines Atemschutzgeräts, das einen

Luftvorrat für etwa eine halbe Stunde hat. Er tippte mir auf die Schulter: «Du, die Luft wird bald knapp. Wir sollten uns den nächsten Trupp runterschicken lassen.»

Ich setzte noch einen verkohlten Kinderwagen unter Wasser, dann sagte ich: «Gut. Mittlerweile dürfte auch genug Personal an der Einsatzstelle sein.»

Steffen griff zu seinem Funkgerät und teilte dem Abteilungsleiter unser nahendes Einsatzende mit, während ich weiter auf dem Müllberg kämpfte. «Ich schicke euch gleich zwei Kollegen», wurde uns geantwortet.

Wir stocherten noch im Sperrmüll herum und zerrten die verbrannten Reste auseinander, bis ein weiterer Atemschutztrupp hinter uns stand. «Ihr könnt jetzt Schluss machen, wir sollen das übernehmen», sagte der Truppführer, den ich unter seiner Maske nicht erkennen konnte.

«Okay», begrüßten wir die Neuankömmlinge. «Da drüben in der Ecke hat sich der Brand am tiefsten in den Müll gefressen. Der Schutt vor dem Regal wurde von uns schon auf links gedreht, da ist alles kalt.» Wir übergaben den Kollegen das Strahlrohr und die Wärmebildkamera und traten den Rückweg durch den rußgeschwärzten Keller an.

Als wir aus dem Haus traten, sahen wir, wie über die Drehleiter einige Kinder aus den Wohnungen geholt wurden, eifrig fotografiert von den üblichen Katastrophenreportern. Unser Wachführer, der schon auf uns wartete, sagte lakonisch: «Die Fotos, die wir morgen in der Zeitung sehen.»

«Klar», entfuhr es mir. «Etwas Lobbyarbeit kann uns nicht schaden, und Kinder oder Tiere gehen in der Presse immer.»

«Da hast du wohl recht», grinste der Chef. «Wir werden jetzt übrigens von den Kollegen der Freiwilligen Feuerwehr ausgelöst. In ein paar Stunden sollen wir noch einmal die Einsatzstelle kontrollieren. Anordnung vom Abteilungsleiter.»

Wir packten unsere Ausrüstung zusammen, fuhren zurück

zur Wache und machten das Löschfahrzeug für den nächsten Einsatz klar: neue Schläuche einräumen, die benutzten Geräte reinigen, den Stromgenerator wieder betanken.

Bei der erneuten Kontrolle der Einsatzstelle, kurz vor der Ablösung gegen acht Uhr morgens, trafen wir auch auf den Mieter des ausgebrannten Kellers. Der ältere Herr mit Vollbart hatte die Nacht mit Verdacht auf eine Rauchvergiftung im Krankenhaus verbracht und begleitete uns nun in den gelüfteten und abgekühlten Keller. «Da waren noch zwei Kästen Bier drin! Sind die wohl noch zu gebrauchen?», fragte er und fingerte aus dem Brandschutt eine geschwärzte Flasche: «Mist, die ist ja noch warm. Ärgerlich.» Wir schauten uns belustigt an. Wenn das Bier die einzige Sorge des Mannes war, konnte ihm nur bewusst sein, dass seine gesammelten Habseligkeiten auch vor dem Brand nur aus Sperrmüll bestanden hatten.

«Also, ich an Ihrer Stelle würde das Bier sowieso nicht mehr trinken», riet Steffen. «Immerhin wurde es nicht nur einmal gekocht, und an der Flasche befindet sich eine Schicht Ruß, die nicht besonders gesund ist.»

«Und das entgangene Pfandgeld für die Kisten melden Sie dann der Hausratversicherung», lockerte ich die Situation etwas auf.

Während unser Wachführer den Brandschutt auf letzte Glutnester absuchte, begann der ältere Herr zu plaudern: «Als ich gemerkt habe, dass es in meinem Keller brennt, bin ich hier rein und habe das Vorhängeschloss an der Tür entfernt. Damit Sie zum Löschen schnell in den Raum kommen, ohne die Tür aufbrechen zu müssen.»

«Sie waren nach Brandausbruch noch hier im Keller?», fragte ich ungläubig.

«Ja sicher. Ich musste doch die Tür für Sie aufschließen.»

Bei der Gelegenheit hatte er wohl auch gleich die Brandschutztür festgeklemmt, dachte ich bei mir.

«War denn nicht schon alles verqualmt?»

«Doch. Aber ich weiß ja, wo mein Keller ist. Ich habe mich hier entlanggetastet, und wenn ich an diesem Mauervorsprung bin, weiß ich, dass dahinter rechts meine Kellertür ist. Dafür muss ich nicht sehen können», erklärte der alte Mann, fast schon ein wenig beleidigt.

Wir waren entsetzt über so viel Naivität. Manche Leute scheinen noch nie davon gehört zu haben, dass Rauchgase lebensgefährlich sein können.

Unser Wachführer klärte den Hausbewohner über den Grund auf, warum er die Nacht im Krankenhaus verbracht hatte. «Sie sagten eben, als wir vor dem Haus standen, dass Sie beim Husten so einen dunklen Auswurf hätten. Das ist der Rauch, den Sie sich in die Lungen gezogen haben und der jetzt langsam wieder herauskommt. Seien Sie froh, dass bei Ihrer Aktion alles gutgegangen ist. Sie könnten jetzt auch tot sein. Einen Moment länger im Rauch, dann wären Sie bewusstlos geworden und die Kollegen hätten Sie aus dem Keller ziehen müssen. Dann hätten Sie jetzt nichts mehr von der Rente.» Etwas pikiert zog der Angesprochene seinen Kopf ein.

Als feststand, dass die Kollegen in der Brandnacht ordentlich gearbeitet hatten und keine Glutnester mehr im Schutt waren, fuhren wir zurück zur Wache, wo unsere Ablösung schon wartete. Mein Problem war dann noch mein Helm: Die Oberfläche war vom Ruß dunkelgrau, das Visier fast komplett undurchsichtig. Das ging ja gar nicht. Wie das aussah! Und alles von Steuergeldern bezahlt!

Nach der Schicht polierte ich eine Stunde mit verschiedenen Mitteln am Helm herum, bis er wie neu aussah. Sogar das Visier war nach entsprechend liebevoller Zuwendung wieder zu gebrauchen, wenn es auch durch die ätzende Wirkung des Rauchs dauerhaft angebräunt wie eine Sonnenblende und die vordere Kante leicht geschmolzen war.

Ich hatte schließlich einen Ruf zu verlieren. Nämlich den des «unheimlichen Helmeputzers». Einige Kollegen fanden ihren Helm «über Nacht» so vor, als hätten sie ihn gerade aus der Kleiderkammer bekommen. Einer, der mir vorher versichert hatte, es sei ihm egal, wie sein Helm aussehe, drohte mir nach der ungefragten Reinigung sogar Prügel an. Der Zustand der knitterfreien Mütze war ihm wohl doch nicht so egal, als die «Beweise für seine Einsatzerfahrung» in Gestalt von Verschmutzungen weggeputzt waren. Ich hingegen bin der Meinung, dass man seine Erfahrung im und nicht auf dem Kopf tragen sollte.

Kapitel 27
Akuter Wahnsinn

Steffen und ich kamen morgens von einem Rettungseinsatz zurück. Nachdem wir uns die vergangene Nacht mit Notfällen, die wieder einmal keine waren, herumgeschlagen hatten – eine heftige Erkältung, ein Zecher, der seinen Rausch auf einer Parkbank ausschlafen wollte –, hatten wir gerade einen Patienten mit einem Schlaganfall in die Neurologie eines Krankenhauses gebracht. Der erste richtige Einsatz in dieser Schicht.

Jetzt standen wir in der Nähe einer Feuerwache an der Straßenkreuzung und warteten darauf, dass die Ampel uns die passende Farbe zeigte. Da fiel er uns auf: Ein junger Mann, etwa zwanzig, mit T-Shirt und Jeans bekleidet, stand auf einem Bein und wild mit den Armen fuchtelnd an der Ampel. Dabei erzählte er sich selbst etwas. Sehr angeregt.

«Was ist das denn für 'ne Type? Hat der was genommen?», witzelte ich.

«Der hat bestimmt eine lange Nacht gehabt», meinte Steffen.

«Nö, nicht wirklich», konterte ich, «dafür steht der auf einem Bein zu gerade.»

Wir schauten ihn uns eine Weile an. Als die Ampel auf Grün sprang, hüpfte der seltsame Kerl auf dem einen Bein gazellengleich über die Straße.

«Der hat ja gar keine Schuhe an!», rief Steffen aus.

«Die wurden ihm bestimmt geklaut, als er nach seiner Party im Park eingeschlafen war», vermutete ich.

Wir amüsierten uns noch einen Moment, doch dann war der Hüpfer aus unserem Blickfeld entschwunden, und wir vergaßen ihn. Etwas «scheckig in der Birne zu sein» ist schließlich keine Straftat. Und mancherorts schon fast normal: Wenn man zum Beispiel im Hauptbahnhof einer beliebigen Großstadt einen Kaffee trinkt und dabei Leute beobachtet, ist das manchmal interessanter als Kino. Merkwürdige Outfits, lustige Frisuren und mit sich selbst ins Gespräch vertiefte Leute sind da gang und gäbe.

Kaum auf unserer Wache am Krankenhaus eingetroffen, machten sich unsere Klingelkästchen bemerkbar. Die Adresse auf dem Display kam uns bekannt vor: «Schillerstraße. HP vor Pizzeria.»

«Das ist bestimmt der Springer von eben», vermutete ich.

Da wir in dieser Schicht schon mehrfach zum Besten gehalten worden waren, war Steffen so richtig gut drauf. Mit dem HP-Hinweis werden wir ja oft zu Betrunkenen geschickt, die uns dann den «sterbenden Schwan» vorspielen und uns als billiges Taxi missbrauchen wollen, um irgendwo im Warmen ihren Rausch auszuschlafen. Und so sagte er: «Ey, wenn das jetzt wirklich der Typ von eben ist, dann mache ich den wieder flott. Der fährt garantiert *nicht* mit. Schließlich konnte der gerade noch laufen. Der kann selbst zusehen, wie er in ein Bett kommt.»

Mit Blaulicht fuhren wir zur Schillerstraße und wurden von vier Kollegen der nahe gelegenen Feuerwache auf dem Parkplatz vor der Pizzeria in Empfang genommen: «Wir gucken aus dem Fenster, und da liegt der Typ mitten in der Ausfahrt des

Lokals. Irgendwie ist der ja gut drauf, aber etwas stimmt dennoch nicht.» Leicht ratlos stand das Quartett um den am Boden liegenden jungen Mann herum.

Ja, es war tatsächlich der Gazellenspringer, weiterhin ohne Schuhe, dafür mit löchrigen Socken. Er hatte es sich auf seinem harten Platz einigermaßen bequem gemacht, zappelte säuglingsgleich mit den Beinen in der Luft und brabbelte lächelnd irgendetwas vor sich hin. Steffen war sichtlich am Rande seiner Geduld. Nach der letzten Nacht, in der wir ja fast nur für Mumpitz unterwegs waren, schien dieser Patient der Einsatzserie von Betrunkenen und Hypochondern die Krone aufzusetzen. Er sprach den Mann deshalb auch etwas barsch an: «Hey! Was'n los? Aufstehen! Eben bist du doch noch gelaufen?» Aber der Angesprochene ließ sich trotz des Tonfalls nicht davon abhalten, weiter selig zu glucksen und vor sich hin zu murmeln. Er war dieser Welt völlig entrückt.

Dennoch mussten wir Kontakt zu ihm aufnehmen. Im besten Fall sollte er uns ein paar Fragen beantworten, damit wir im Bilde waren, was er denn hier so ohne Schuhe überhaupt machte. Bei Betrunkenen funktioniert eine solche Kontaktaufnahme gut, wenn man sie etwas «ärgert» und ihnen ein bisschen wehtut, sollte An-der-Schulter-Rütteln nicht reichen. Viele wollen nämlich einfach nur in Ruhe gelassen werden und haben die Hoffnung, dass wir wieder verschwinden, wenn sie sich tot stellen. Je nach Witterung oder Örtlichkeit ist das aber nicht möglich. Also «ärgerte» Steffen den Ausfahrtsokkupanten, indem er ihm mit den Fingerknöcheln leicht auf dem Brustbein rieb. Das ist ungefährlich, aber äußerst unangenehm, und man bekommt die meisten Schläfer damit wach. Auch dieses Mal klappte es. Der Typ reagierte. Das Brustbeinreiben legte bei ihm einen Schalter um, denn er fing plötzlich an zu schreien und zu zetern: «Ey! Lasst mi in Ruh, ihr Arrrschlöcher! I muss no wachsen! Lasst mi in Ruhe wachsen! Teufel! Teufel! Ihr seid dreckert!»

Mit letzterer Formulierung war mehr als klar, dass der junge Herr einer Bevölkerungsgruppe aus dem Alpenraum entstammte. Zudem waren jetzt die letzten Zweifel beseitigt, dass er, sagen wir, psychisch beeinträchtigt war, da seine Schimpftiraden absolut keinen Sinn ergaben. Im nächsten Moment sprang er sogar recht munter auf. Und obwohl wir alle – immerhin waren wir zu sechst – sofort etwas Abstand nahmen, ging er auf uns los, schlug um sich, trat und brüllte zusammenhangloses Zeug.

Da der Patient jetzt völlig ausrastete und unter Absonderung eines zunehmend kryptischen Wortsalats uns immer weiter attackierte, entschieden wir nach etwa zehn verdammt langen Sekunden, uns geschlossen auf ihn draufzuschmeißen und ihn am Boden zu fixieren, damit er weder sich noch uns verletzte. Und vor allem nicht auf die nächste Kreuzung rannte.

Die Lage war aufgrund der ungleichen Kräfteverteilung schnell geklärt. Ihm blieb lediglich eine Chance, um sich zu befreien. Er hätte dazu Steffen in den Oberschenkel beißen müssen. Glücklicherweise bemerkten wir seine Absicht schnell genug, sodass mein Kollege gerade noch rechtzeitig sein Bein aus der Schusslinie bringen konnte. Was wir außerdem bemerkten: Sein T-Shirt rutschte beim Handgemenge hoch, und es blitzten ein paar EKG-Klebeelektroden auf seiner nackten Brust hervor. Aha, der Mann war also aus einem Krankenhaus stiften gegangen.

«Wir brauchen die Polizei für eine Ordnungsverfügung», überlegte Steffen laut.

«Der braucht keine Polizei», sagte ich, «der braucht einen Exorzisten, so besessen wie der ist. Soll ich mal zur Kirche rüberlaufen?»

«Nee», flachste Steffen zurück, wobei ihm vom Fixieren des zappelnden und wütenden Süddeutschen der Schweiß auf die Stirn trat. «Dann sollte der Notarzt kommen. Ohne Beruhigungsmittel können wir den Mann nicht transportieren. Bestell mal bei der Leitstelle einen Mediziner.»

Da auch fünf Männer reichten, um den Patienten am Boden zu halten, lief ich zum Rettungswagen, drückte am Funkgerät die Taste für den «dringenden Sprechwunsch» und gab der Leitstelle einen kurzen Überblick durch: «Wir haben eine gewalttätige, psychisch auffällige Person, die greift uns an. Wir brauchen Polizei und einen Arzt. Das Löschfahrzeug der Wache 3 ist erst mal nicht verfügbar, die Besatzung rollt sich mit dem Pat.» «Pat» ist im dienstlichen Sprachgebrauch die Abkürzung für «Patient».

«Okay, ich schicke euch was», kam es von der Leitstelle über Funk zurück.

Die fünf Kollegen fixierten weiter den tobenden Patienten, der nicht aufgab, nach allem zu treten und zu beißen, was sich ihm bot. Kämpferisches Volk eben, diese Eingeborenen am Fuße der Alpen.

Kurze Zeit später hatten sich zwei Polizisten, die aufgrund der Anforderung durch unsere Leitstelle zu Fuß von der nahen Wache herübergeschlendert waren, in die Kampfarena begeben und beaufsichtigten nun interessiert, aber doch aus einigem Abstand die sich im Knäuel rollenden Kollegen. Ein Streifenwagen tauchte nach etwa zwei Minuten auch noch auf, und der Streifenführer stellte seinen bereits anwesenden Kollegen die naheliegende Frage, wieso der Delinquent noch keine «Acht» angelegt bekommen habe. Kleinlaut mussten die beiden Beamten zugeben, dass sie keine Handfesseln mitgebracht hatten. Damit kann ja keiner rechnen, wenn man zu einer gewalttätigen Person gerufen wird, dass man womöglich den staatlichen Modeschmuck benötigt ... Der Streifenführer half den Kollegen natürlich bereitwillig und gönnerhaft mit Handfesseln aus, was die Gegenwehr des Patienten erheblich behinderte. Na ja, spucken und treten konnte er trotzdem noch.

Nachdem der Mann gefesselt auf die Trage unseres Rettungswagens verfrachtet und mit Sicherheitsgurten verschnürt war, legte der mittlerweile eingetroffene Notarzt eine Kanüle in die Armvene des sich heftig Wehrenden und spritzte ihm ein Beruhigungsmittel. Das nahm etwas den «Drive» heraus, und der Patient, vermutlich auf einem Drogentrip, wurde langsam friedlicher.

Während die gespritzten Chemikalien ihre Wirkung entfalteten, erzählte uns einer der Streifenpolizisten, worum es hier überhaupt ging: Der Mann war am Vorabend auf der Polizeistation aufgetaucht und hatte angegeben, Drogen konsumiert zu haben. Daraufhin wurde er in die internistische Aufnahme eines Krankenhauses gebracht, in der man ein Drogenscreening durchführte. «Die haben da aber anscheinend nichts Auffälliges gefunden, und weil der Typ nicht randalierte, haben sie ihn in die Überwachungsstation einquartiert», mutmaßte der Beamte. Dort schienen ihm aber die Farben nicht zu passen, die er in seinem benebelten Zustand wahrgenommen hatte. Oder die Töne, die er hörte. Also riss er seine EKG-Strippen vom Körper und sprang aus dem Fenster im ersten Stock. Ohne Schuhe. Und verletzte sich dabei leicht an der Ferse. Das erklärte die gazellenartige Gangart an der Kreuzung.

Die Suche der Polizei nach dem Entflohenen blieb zunächst erfolglos. Bis über Funk etwas von einem «Durchgedrehten bei Pizza-Luigi» durchkam. Das ist er bestimmt, dachten sich die Beamten, die uns dann doch beim Fesseln des widerspenstigen Hüpfers halfen.

So fuhren wir mit einem nun sichtlich ruhigeren Drogenjünger in Richtung Psychiatrie. Mit Sondersignal, denn ich wollte dort sein, bevor unsere hauseigenen Mittel aus dem Medikamentenfundus des RTW in der Wirkung nachlassen würden: Der Notarzt und Steffen waren im Patientenraum schließlich allein mit dem Krawallo!

Bei unserer Ankunft im Krankenhaus verhielt der sich zwar immer noch ruhig, aber trotzdem noch sehr, vorsichtig ausgedrückt, speziell. Er behauptete, er hätte Forrest Gump im Hintern, jenen nicht gerade hellen Helden aus dem gleichnamigen Film. Ganz, wie er auf Nachfrage versicherte. Ich wollte das jetzt aber nicht kontrollieren. Außerdem wohne er in der Hirschvogelgasse (wahrscheinlich gleich neben dem Wolperdingerweg), denn er sei beim Naturschutzbund. Er bezahle auch regelmäßig seine GEZ. Ob ich ein Türke sei, fragte er mich. Ich würde so aussehen. Und wenn ich kein Türke sei, ob ich seine Abfahrtszeiten nehmen könnte. Da ich weder einen Zug noch eine Skischanze sah, lehnte ich freundlich ab. Was er sonst noch so von sich gab, war so wirr, dass sich mein Arbeitsspeicher im Kopf weigerte, dafür Platz zu verschwenden. Kennen Sie das? Vom Patienten kommt ein geistiger Klopper, und während man noch versucht, das Gehörte mit dem real existierenden Universum in Einklang zu bringen, ist schon der nächste Spruch vorbei. Wahrscheinlich nicht, denn dafür muss man beim Rettungsdienst arbeiten.

Nach der Patientenübergabe fragte ich die Psychiaterin: «Der Mann hat doch einen Drogentest gehabt. Wieso wurde da nichts festgestellt?»

«Nun ja», antwortete sie, «einige Tests haben zum Beispiel mit LSD ihre Probleme. Die zeigen das nicht an.» Unser Patient hatte offensichtlich auch seine Probleme, zeigte diese aber deutlich.

Einsatzende.

Folgerichtig befand ich später, beim Ausfüllen des Wachbuchs, in dem wir alle dienstlichen Vorkommnisse dokumentieren, dass für diesen Einsatz unser Standardstichwort «HP Straße» nicht ausreiche. Schließlich hatte die Person «total neben der Spur» gestanden und sechs Feuerwehrleuten sowie zwei Polizisten ganz schön Schwierigkeiten bereitet. Hinter der

Einsatznummer formulierte ich es etwas differenzierter: «Akuter Wahnsinn.» Das war zwar keines der sonst verwendeten Stichworte, um einen Einsatz zu begründen, aber trotzdem sehr treffend. Fand ich.

Kapitel 28
Die Dame ohne Unterleib

Psychische Notfälle sind mir oft unheimlich. Eigentlich hat ja jeder von uns einen kleineren oder größeren Knall. Aber wenn die mentale Fehlverdrahtung so heftig ist, dass ein Arzt eine Ordnungsverfügung veranlasst (im Volksmund: «Zwangseinweisung»), ist es schon sehr weit gekommen. Auslöser für eine solche Verfügung ist oft eine geäußerte Selbsttötungsabsicht. Diese Menschen sind vom Leben gebeutelt, durch einen Verlust, Schulden oder ein Beziehungsdrama. Wenn wir dann bei ihnen erscheinen, sind sie einfach nur fertig, geben aber zumeist Ruhe und lassen sich helfen. Sie sind weitgehend berechenbar und machen kaum Probleme. Schließlich setzen auch sie ihre Hoffnungen auf die erwartete Hilfe im Krankenhaus.

Schwieriger wird es, wenn jemand eingewiesen wird, weil er in seinem Wahnsinn der Realität entrückt ist. Die Person lebt in einer parallelen Welt, die eher weniger als mehr Gemeinsamkeiten mit jener hat, die wir als «normal» bezeichnen. Die Ordnungsverfügung ist dann allerdings nicht dem bloßen Umstand zu verdanken, dass der Mensch, über den eine solche erlassen wird, nicht «unter uns» leben kann. Eine Ordnungsverfügung kann nur erwirkt werden, wenn der Patient «eine Gefahr für sich oder eine andere Person» darstellt. Da sie das Grundrecht der Freiheit bricht, muss sie von einem Richter bestätigt werden (in akuten Fällen im Nachhinein), um nicht rechtswidrig zu sein. Als rechtfertigender Grund gilt zum Beispiel, dass jemand in seinem Wahn auf Verwandte oder fremde Menschen losgeht, randaliert oder seine Wohnung anzündet. Diese Menschen sind unberechenbar. Da ihre Wahrnehmung eine andere ist als unsere, sehen sie auch in anderen Dingen eine Bedrohung und können daher aus uns unerfindlichen Ursachen von jetzt auf gleich aggressiv werden. Eben war der Sani noch der gute Mensch, der dem eigenen Sohn ähnlich sieht, plötzlich wird er Teil einer Verschwörung mit dem Ziel, den Patienten aus dem Weg zu schaffen, vergiften zu wollen, einzusperren ...

Personen, die so reagieren können, fahre ich sehr ungern, weil ich nie weiß, ob ich mich im nächsten Moment einer Attacke erwehren muss oder bespuckt werde. Einmal wurde eine Heckscheibe aus dem Rettungswagen getreten, ein anderes Mal eine Beule in die Heckklappe geschlagen. Ich habe von hinten an der Kehle eines «Durchgedrehten» gehangen, um einen Angriff auf Angehörige abzuwenden. Glücklicherweise fährt bei kritischen Fällen immer ein Polizist im Patientenraum mit, der von Berufs wegen in Selbstverteidigung und dem Brechen von Gegenwehr geschult ist.

Es gibt allerdings auch Patienten, die nicht ganz normal erscheinen, die dabei aber nicht unbedingt gefährlich sind. So hören wir oft von Angehörigen uneinsichtiger Patienten, die trotz einer Erkrankung nicht in die Klinik wollen, oder von Nachbarn eines Menschen, der sich und seine Wohnung verwahrlosen lässt: «Das ist doch unzumutbar! Können Sie den nicht zwangseinweisen?» Aber so einfach geht das nicht. Eine stinkende und zugemüllte Wohnung reicht nicht aus. Auch ein Mensch, der gesundheitliche Probleme hat, aber trotzdem klar im Kopf ist, kann nicht einfach gegen seinen Willen in ein Krankenhaus verfrachtet werden. In Deutschland hat jeder das Recht, zu verwahrlosen oder seine Gesundheit zu schädigen. Sonst könnten wir ja jeden Raucher problemlos einsacken.

Einen Mann, bei dem der Grat zur Ordnungsverfügung noch nicht überschritten war, trafen wir in einer sehr eigenen Wahrnehmungswelt an. An und für sich wären viele Männer ja froh, wenn sie von ihrer Frau behaupten könnten, sie würde nicht so viel sprechen. Der Mann aber, der um halb zwei nachts die Feuerwehr anrief, war nicht ganz so begeistert davon. Im Gegenteil. «Meine Frau sitzt hier neben mir auf dem Sofa, schaut durch mich hindurch und spricht nicht mit mir», sorgte er sich. Der Disponent der Leitstelle schloss auf eine Erkrankung in Richtung Schlaganfall der Frau und schickte uns mit einem entsprechenden Stichwort auf den Piepsern los: «Kolpingstraße 16. Neurolog. Notfall bei Schöller.» Steffen und ich quälten uns aus dem Ruheraum und liefen zum Rettungswagen, nicht ahnend, dass dieser Einsatz alles andere als gewöhnlich verlaufen würde.

Wir fuhren durch die verlassenen Straßen einer Reihenhaussiedlung und suchten zwischen Hecken und schlecht beleuchteten Windfängen nach der angegebenen Hausnummer. Deren Entdeckung ist gerade in den etwas «besseren Gegenden» manchmal nicht so einfach, da plakative Ziffern für uns zwar praktisch sind, von den Hauseigentümern aber oft als störend im Fassadenbild empfunden werden. Im Notfall müssen die dann womöglich etwas länger auf Hilfe warten.

Steffen fand das Ziel als Erster. Doch als wir dort klingelten, öffnete uns niemand. «Seltsam. Der Anrufer hatte aber doch diese Adresse angegeben. Und auf der Klingel steht auch der Name, wir können also nicht verkehrt sein», wunderte ich mich.

Steffen machte ein paar Schritte rückwärts, um das gesamte

Haus in Augenschein zu nehmen: «Da ist aber auch alles dunkel. Da stimmt was nicht.»

Steffen rief die Leitstelle an, die über den Einsatzleitrechner eine Anfrage an das Melderegister machte. Etwas irritiert beendete er das Telefonat: «Unter dieser Adresse sind zwar die Frau Schöller und der Sohn gemeldet, aber den Mann, der angerufen hat, konnten sie über die Rufnummernidentifizierung an einer anderen Adresse lokalisieren. In der Ottostraße 6. Und nun?»

«Vielleicht ist die Frau bei ihm», rätselte ich. «Immerhin ist hier, so wie es aussieht, niemand zu Hause. Lass uns mal in die Ottostraße fahren. Einfach wieder zum Standort zurückfahren, da wäre mir nicht ganz wohl dabei.»

Also stiegen wir in den RTW und fuhren die nächste Adresse an, die ebenfalls in unserem Wachbereich lag. Die Hausnummer 6 war ein Hochhaus. Den Namen des Anrufers fanden wir zwischen Dutzenden von Klingelschildern. «Das muss im dritten Stock sein. Jetzt bin ich ja gespannt», sagte ich.

«Da oben brennt in einer Wohnung auch noch Licht», bemerkte Steffen.

Der Türsummer ging, nachdem wir geklingelt hatten. Mit dem Fahrstuhl fuhren wir in den dritten Stock hinauf. An einer Wohnungstür empfing uns ein etwas übergewichtiger Mann in den Sechzigern in Motorradkleidung (nachts um mittlerweile fast zwei Uhr!) und schickte uns durch die gepflegte Wohnung ins Wohnzimmer.

«Sehen Sie», erklärte er, «sie sitzt schon die ganze Zeit da und spricht nicht. Das ist doch kein Zustand!» Er deutete auf das Ecksofa – wo allerdings niemand saß. Auf dem Polstermöbel stapelten sich lediglich einige Sofakissen und eine große Nackenrolle, zur Hälfte mit einer Wolldecke zugedeckt. An dieser zupfte der Herr jetzt vorsichtig herum und sagte: «Die hat auch irgendwie keine Gliedmaßen. Erklären Sie mir das doch mal bitte!»

Der Mann glaubte, die Kissen wären seine Frau, die dort auf

dem Sofa saß. Bei der weiteren Befragung bekamen wir heraus, dass er seit etwa neun Jahren von ihr und ihrem Sohn getrennt lebt.

Auf alles Mögliche wird man in der Ausbildung vorbereitet: Gerätemanagement, Reanimation und Amputatversorgung. Aber auf eine imaginäre Frau ohne Arme und Beine? Da ergibt die Suche im Oberstübchen leider keinen Treffer.

Ich tastete mich behutsam vor: «Hören Sie, wir haben jetzt ein Problem, Ihre Frau sitzt dort nicht auf dem Sofa.» Ich ging zu dem Stapel Kissen, faltete vorsichtig die Decke zusammen und legte die Kissen langsam auseinander. Den Mann behielt ich dabei im Auge, um zu sehen, ob er sich gefallen ließ, dass der Rettungsdienst «seine Frau» auseinandernahm. «Das sind nur Kissen, die hier gestapelt sind. Sehen Sie? Ich glaube, Sie haben da im Halbdunkeln etwas Verkehrtes wahrgenommen.»

Er schien nun zu begreifen, dass er wohl einem Trugbild aufgesessen war. «Ja, ja, jetzt sehe ich das auch ... Das ist mir aber peinlich! Ich weiß nicht, wie das passieren konnte.»

Steffen schaute immer noch verdutzt die Kissen an. Ich baute dem Fan von Motorradkleidung eine Brücke: «Womöglich sind Sie im Halbschlaf zur Toilette gegangen und haben die Umrisse verwechselt. Hatten Sie vor dem Notruf schon geschlafen?»

Er stimmte mir zu. «Ja. Und dann habe ich Sie gerufen und mich angezogen. So muss es gewesen sein. Richtig. Wissen Sie, ich muss ja auch so starke Medikamente gegen mein Parkinson nehmen, da kann das schon mal passieren. Ist mir sehr unangenehm.» Der etwas zerknirschte Mann versprach uns, so bald wie möglich zum behandelnden Neurologen zu gehen, um die Medikamentendosis anpassen zu lassen.

Einsatzende.

Dachten wir.

Am Morgen um halb acht tauchte derselbe Mann auf seinem Motorrad im Krankenhaus an der Wache auf und teilte der Frau am Empfang mit, er müsse dringend einen Arzt sprechen, seine Frau würde bewusstlos zu Hause liegen. Die Frau rief sofort die Feuerwehr an, und als das Gespräch beendet war, spazierte der Motorradfahrer wieder zu seinem Gefährt und fuhr einfach weg.

Die Adresse auf den Meldern, die einen Moment später an unserem Hosenbund klingelten, kannten wir: Kolpingstraße 16. Es war die erste Adresse, die wir in der Nacht zuvor vergeblich angefahren hatten. Aber vielleicht war die Ehefrau diesmal anwesend und konnte weiterhelfen. Tatsächlich wurde uns auf unser Läuten hin geöffnet. Die Frau wirkte völlig in Ordnung. Sie sagte, nachdem wir ihr von den vergangenen Vorkommnissen erzählten: «Ach je, der ist in letzter Zeit so durcheinander, wissen Sie. Das liegt an den Medikamenten, die er gegen sein Alzheimer und sein Parkinson nehmen muss. Da halluziniert er schon mal. Ist kaum noch auszuhalten mit ihm, wir haben auch nur wenig Kontakt. Der wurde sogar gewalttätig, hat mich geschlagen! Ich habe das nicht mehr ausgehalten und mich von ihm getrennt.» Sie machte sich nun aber doch Sorgen und meinte, sie wolle ihren Mann gleich anrufen und nach dem Rechten hören.

Wir fuhren also in die Ottostraße. Wieder öffnete Herr Schöller uns in seinen Motorradklamotten, wieder bat er uns herein. «Ich habe schon auf Sie gewartet», meinte er. Die Sofaecke mit dem Plüschfrauentorso schien dies übrigens auch getan zu haben, jedenfalls waren die Kissen wieder nett drapiert und mit der Wolldecke halb zugedeckt.

«Schön, dass Sie so schnell kommen konnten», fuhr der Mann fort. «Ich glaube, hier stimmt was nicht. Wissen Sie, es ist ziemlich seltsam, wenn man mit seiner Frau telefoniert, die man neben sich sitzen sieht.»

Ich seufzte. Der Mann tat mir mit seinen Halluzinationen leid. Nochmals baute ich «seine Frau» auseinander und räumte das Sofa ordentlich auf.

Nachdem wir ihn überzeugt hatten, dass er wirklich mit seiner Frau telefoniert hätte, die auch wohlauf sei und nicht auf dem Sofa sitzen würde, sah er ein, dass er wohl doch sofort (und nicht erst «so bald wie möglich») einer neuen Behandlung bedurfte. Er versprach uns, noch an diesem Morgen den Neurologen aufzusuchen.

Endgültig Einsatzende.

Übrigens: Der Herr besitzt einen gültigen Führerschein und einen Pkw. Meistens fährt er aber auf seiner Suzuki GS 500 E herum.

Jetzt wissen Sie bestimmt, warum ich meinen Beruf so liebe.

Das für dieses Buch verwendete FSC®-zertifizierte Papier
Lux Cream liefert Stora Enso, Finnland.